最先端を走る二人の歴史家、ジョー・グルディとデイヴィッド・アーミテイジは呼びかける。

「万国の歴史家諸君、団結せよ！」

今、権力に真実を伝えることができるのは歴史家なのだ。

だから、どのように伝えるかが重要になってくる。

さまざまな将来計画の目標は、五か月や五年先よりも五〇〇年先の方が良いのはなぜなのか。

この矛盾だらけの現在をもたらした原因をさかのぼって理解するのには、「歴史」特に「長期の歴史」が、不可欠となっている。それはなぜなのか。


本書『これが歴史だ！　21世紀の歴史学宣言』は、歴史家と現代社会における歴史の役割に関心を抱く人びとすべてに、戦闘準備を呼びかける。グルディとアーミテイジは、この数十年間進んでいた歴史の個別専門化の後に、「長期」の物語が回帰していることに注目した。これが歴史研究の未来にとって、また、この長期の物語をいかにして伝えるかの課題にとって、実に重要だと言う。

この挑発的にして考え抜かれた一冊は、デジタル時代における歴史学と人文科学の役割をめぐる論争へ、価値ある闘いを挑む。


今、本書を手にとって下さったあなたも、きっと、この議論に参加して下さることでしょう。

私たちは、本書『これが歴史だ！』を推薦します！

トマ・ピケティ（パリ経済学校、経済学、『二一世紀の資本』の著者）

実に重要、痛快な本だ。歴史学でも、広く社会科学でも、あまりにも長きにわたって専門化が進んできた。「長期持続への回帰を」というアーミテイジとグルディの主張は、正にその通り！　気候変動、不平等、資本主義の行く末といった大問題に対して、よりグローバルに、長期的に、分野を超えて立ち向かう事を訴えている。本書そのものが、その重要な一里塚になるだろう。必読である。

トマス・ベンダー（ニューヨーク大学、歴史学）

今日の歴史研究に対する挑戦的な本書は、とてもよく描かれている。洗練されていて、造詣も深い。「短期」やミクロな歴史が取って代わった一九七〇年代以降、長期持続や連続性に対する認識が失われてきたと批判するアーミテイジとグルディは、歴史が社会での意義や有用性をほとんど無くしてしまっていると主張する。二人がここに示してくれた「歴史学がもつ豊かな歴史」こそ、「より豊かで大きくすぐれた歴史を社会に示す必要がある」と説得的に訴えるための根拠そのものなのだ。

ダニエル・ウルフ（クィーンズ大学〈カナダ〉、歴史学）

歴史の有用性と、二つの問題――短期的思考と、乏しいか一部の証拠にしか基づかない未来予知――への対抗手段としての歴史の可能性を説くグルディとアーミテイジの議論には説得力がある。本書は簡潔にして明瞭であり、二人は、過去とそのデータが適切に研究されれば、経済不況から気候変動までの広範な問題をめぐる公共政策や民主的論議に知見を提供できると改めて主張する。さらに、歴史家たちがほぼ一世紀にわたって心理的にみずからの研究を縛りつけてきた歴史学の留め金を引っ張るか、むしろ壊してしまえと、挑戦状を突きつけてもいる。

デイヴィッド・クリスチャン（マッコーリー大学〈オーストラリア〉、歴史学、『ビッグヒストリー』の著者）

数年よりも長い尺度で考える者がいなくなったら、われわれは孫の将来を真剣に考えられるだろうか。グルディとアーミテイジは、今や歴史家たちが、ミクロな歴史の豊かな洞察とビッグ・データの膨大な資料を武器にして大きな全体像を考えるようになってきたことを濃密かつ壮大に描いている。「人新世」という人類の時代にあって、過去を知り、それをきわめて大きなスケールで知るのが大切だと、二人は主張する。

ユーリンカ・ラブラック（ケンブリッジ大学、歴史学）

歴史学は常に、さまざまな伝統を洗練させていく多くの作業をともなう巧みな技であり続けるだろう。だが、本書は、勇ましい「宣言」である。歴史学が長期的な問題に焦点を当て倫理的な義務に向き合うことで、現代の重大な難局に対して緊急に必要な展望を示すべきだと説く。「近年の英米の歴史研究は〈短期的思考〉だと捉える見方」と、「歴史はより良き社会のために他にとりうる道があるのだ」という熱烈な主張。この二つの攻撃は、論争を引き起こし、たちまち教室での議論を活気づかせることだろう。

ゲオルク・G・イッガース（ニューヨーク州立大学バッファロー校、歴史学、『二〇世紀の歴史学』の著者）

広く一般の人びとに歴史を役立てようとする重要な試みである。職業としての歴史学を支配してきた狭い専門主義を免れて、現在の生態系と不平等のグローバルな危機を歴史の脈絡に据え、歴史研究にもたらされるデジタル化の衝撃を考慮に入れながら過去、現在、未来の長期のつながりを考えている。

ジョン・トッシュ（ローハンプトン大学、歴史学、『歴史の探究』の著者）

デジタル化されグローバル化される未来において、歴史家が批判的な問題解決者としての役割を果たしうるという刺激的な予測。グルディとアーミテイジは、そのために歴史家は長期持続の知識を取り戻し、多要因性の理解を今日支配的となっている実践的な学問分野に大胆に当てはめてみなければならないと論じている。

ラドミラ・ジョーダノヴァ（ダーラム大学、歴史学、『実践における歴史』の著者）

この時宜を得た有益な歴史書で、アーミテイジとグルディは戦闘準備を命じている！　知識と技術を使って大きく考えよ、長期持続の思考とデジタル技術の可能性を受け入れよ、と歴史家たちに力説している。とりわけ、ますます細分化した学問分野が、公共的な役割を引き受け、不平等や気候変動といったわれわれの時代における最大の問題に、倫理的ユートピア的精神で取り組むよう希望している。過去を研究する人びとが未来について考えることに貢献するよう訴えている。「批判的社会科学としての歴史学を！」という著者たちの宣言は、すでに歴史学が担う公共の目的を了解した人びとばかりか、歴史学の度量の広い見解をこれから受け入れようとする人びとにとって十分考慮するに値する。

クレイグ・カルフーン（ベルグラン研究所〈ロサンゼルス〉、社会学）

今日の公共政策や世論に必要な視野が失われていく過程のなかでも、最も重大なのは、歴史的視野が失われていることである。アーミテイジとグルディは、より多くの過去の知識を持つばかりか、歴史の広くて深い理解が人びとの知識にとって重要でもあると、警鐘を鳴らしている。

ベサニー・ナウヴィスキー（ヴァージニア大学、デジタル人文学）

公的な領域で長期的思考を迫られる今日ののっぴきならない状況下で、大きな問題《ビッグ・クエスチョン》に応えうるのは、ビッグ・データである。グルディとアーミテイジは、歴史学という学問分野の新しい道ばかりか、分野を超えて歴史学を活用する道も示す。長期持続への回帰は理論的に健全であり、技術的に実現可能であり、政治的に不可避であることに、納得させられる。

ディペシュ・チャクラバーティ（シカゴ大学、ポストコロニアル研究・サバルタン研究）

人類が現在かかえる将来への不安に対して、歴史家がみずからの研究成果を用いて発言できるような大きくて深い歴史をという認識は近年弱まっていた。スケールが大きく活気あふれる本書は、こうした問題をめぐる従来の議論を最も巧みに論じているだけではない。グルディとアーミテイジは、ほかならぬ歴史学の将来は、歴史家が世論を方向づけられるかにかかっているとし、同僚の歴史家を鼓舞する行動号令を発している。時宜を得た歓迎すべき刊行である。

これが歴史だ！

21世紀の歴史学宣言

刀水歴史全書92

ジョー・グルディ＆D・アーミテイジ 著
平田雅博・細川道久 訳

刀水書房

The History Manifesto
by
Jo Guldi and David Armitage

Japanese translation rights arranged with
Cambridge University Press
through Japan UNI Agency, Inc., Tokyo

謝　辞

本書『これが歴史だ！　21世紀の歴史学宣言』は、歴史学の将来、長期持続の回帰、公共文化における研究者の役割についての多くの議論から生まれた。ジョー・グルディはジェレミー・ドクィズネー・アダムズとデイヴィッド・ニレンバークが本書の議論のきっかけを作ってくれたことを思い出す。デイヴィッド・アーミテイジもアリソン・バシュフォードやダリン・マクマホンとの交流が思考の転換点となったことを記憶している。議論が共同作業になり、セミナーのペーパーが論文に姿を変え、論文が本書へと膨らんだ。われわれは、他のさまざまな用事や仕事の合間をぬって本書のための作業を進めた。グルディは、とりわけザカリー・ゲイツが辛抱強く助けてくれたことに感謝し、アーミテイジはハーヴァード大学歴史学部のスタッフに敬意を表する。二人ともザカリー・デイヴィスの手際の良い創意に富んだ調査協力に感謝する。

われわれは、草稿の一部をイェール大学ロースクール、ブラウン大学歴史学部、パリのリートホールで披露した。そういった機会にコメントや励ましをいただいた聴衆の皆様に深く感謝する。また以下の方々の感想や反応にも感謝する。ジェニー・アンダーソン、マギー・エイヴェリー、オマー・バルトフ、ピーター・バーク、ジェニファー・バーンズ、ハロルド・クック、サイモン・デデオ、マット・デズモンド、ポール・フリードマン、ステラ・ガーヴァス、ジョン・ギリス、トム・グリフィス、リン・ハント、ダニエル・ジュット、ジェレミー・ケスラー、ダン・スメイル、アナ・スー、ジョン・ウィット、ダニエル・ウルフ。『アナール』の編集者たち、とりわけエティエンヌ・アナイムとアントワーヌ・リルティにも感謝する。本書の第一章と第二章のもととなる『アナール』への論文掲載の援助をしてくれた。

本書『これが歴史だ！』は、類い稀な共著作品である。著者だけにとどまらず、著者とケンブリッジ大学出版局との共同作品でもある。並外れた先見の明をもつ出版人リチャード・フィッシャーは、われわれの使命を当初から支持し出版局のトップとして助けてくれた。リッツ・フレンド＝スミスの編集者としての活力、情熱、意気込みなくして、本書が企画され、もちろん、刊行にこぎつけられることもありえなかった。クリスティナ・サリギアンニドオーとロザリン・スコットは、前例のないほど切迫した出版スケジュールを慎重にして優美にこなしてくれた。バーバラ・ドハティーは、申し分ない入稿用原稿整理者として、同様にゴールまで無茶な疾走をしてくれた。キャロライン・ディーペーヴェンは記録的な早さで見事な索引を作ってくれた。ケンブリッジ大学出版局が『これが歴史だ！』のオープンアクセスとオンライン出版を確約したことは、革新的で刺激的である。われわれは、この試みによって幅広い議論が開かれるのを歓迎する。

どうか、ウェブサイト（http://historymanifesto.cambridge.org/）での議論に参加してください。

二〇一四年七月

ジョー・グルディ（プロヴィデンス、ロードアイランドにて）
デイヴィッド・アーミテイジ（シドニーにて）

刀水歴史全書92　これが歴史だ！　21世紀の歴史学宣言　目次

図表一覧

装丁　的井　圭

これが歴史だ！

21世紀の歴史学宣言

序章　人文科学のかがり火？

妖怪がわれわれの時代をさまよっている。短期という妖怪である。

われわれは、気候変動、不平等といった危機がますます大きくなっている時期に生きている。このうちのどの問題に取り組もうとも長期的思考が必要なのにそれがまったく欠如している。これが危機を深めている。気候変動に関しては、海面が上昇して低い土地や沿岸の地域を脅かしているというのに、世界じゅうの都市は廃棄物をため込み、人びとの行動は未来世代のための海、陸地、地下水を汚染している。不平等に関しては、国家間の不平等は縮小しているというのに、国民内部の経済的な不平等が増大している事態に直面している。その一方で、国際的な階層秩序は、中国が最後に世界規模の経済を支配していた一八世紀末以来、目にしなくなっている状況に立ち戻っている。安全はどこにあるのか、自由はどこにあるのか。われわれの子供たちはこれからどんな場所を故郷と呼ぶのか。こういった前代未聞の変化に対応しようとする人がいるにしてもいったい誰なのか。こういった疑問への回答が聞けるような長期の問題を扱う官公庁は一つもない。それどころか、人間生活のほぼあらゆる側面は数か月ないし数年の時間尺度で計画と審査がなされ、一括りにして対価が支払われている。これらの事業や設計を短期の縛りから解き放つ機会はないも同然である。結局、長期の問題は提起するに値しそうもない。

選挙が終わってもいつまでも選挙運動が続く時代でも、政治家が立てるプランはせいぜい次の選挙までの訴えにすぎない。政治家は公共の場での演説で子や孫を引き合いに出すものの、どの問題を優先させるかの決め手となるのは二年から七年ある次の選挙までの期間である。その結果、インフラや学校の取り壊しにつぎ込む資金は少なくなり、今すぐ仕事を約束する発案には多くの資金がつぎ込まれることになる。たいがいの企業の役員会がその将来を計画する方策の決め手となるのも同じ短期の見通しである。三か月ごとの締めは経営陣が定期的に利益を発表しなければならないことを意味する（1）。人的資源への長期投資はバランスシートから姿を消しており、投資はされなくなった。国際機関、人道団体、非政府組織（NGO）も同じ理屈にしたがい、事業計画は一年、長くとも三年の期限を設定せざるをえない。官僚から、役員会メンバー、有権者と国際援助の受け手に至るまで、誰一人として、この短期主義のたえざる脅威からは免れ得ないようにみえる。

もちろん、この傾向に強く抗う人びともいる。カリフォルニアの電子理想郷論者ステュアート・ブランドは、時間幅を拡大する意識を推進するロング・ナウ《長い現在》財団を創設した。「文明は急テンポで病的なほどの近視眼的思考にはまり込んでいる。この近視眼的思考に対する何らかの矯正策があってしかるべきである。それは、長期的な見方と長期間の責任を引き受けることを促す何らかの装置ないし神話であり、

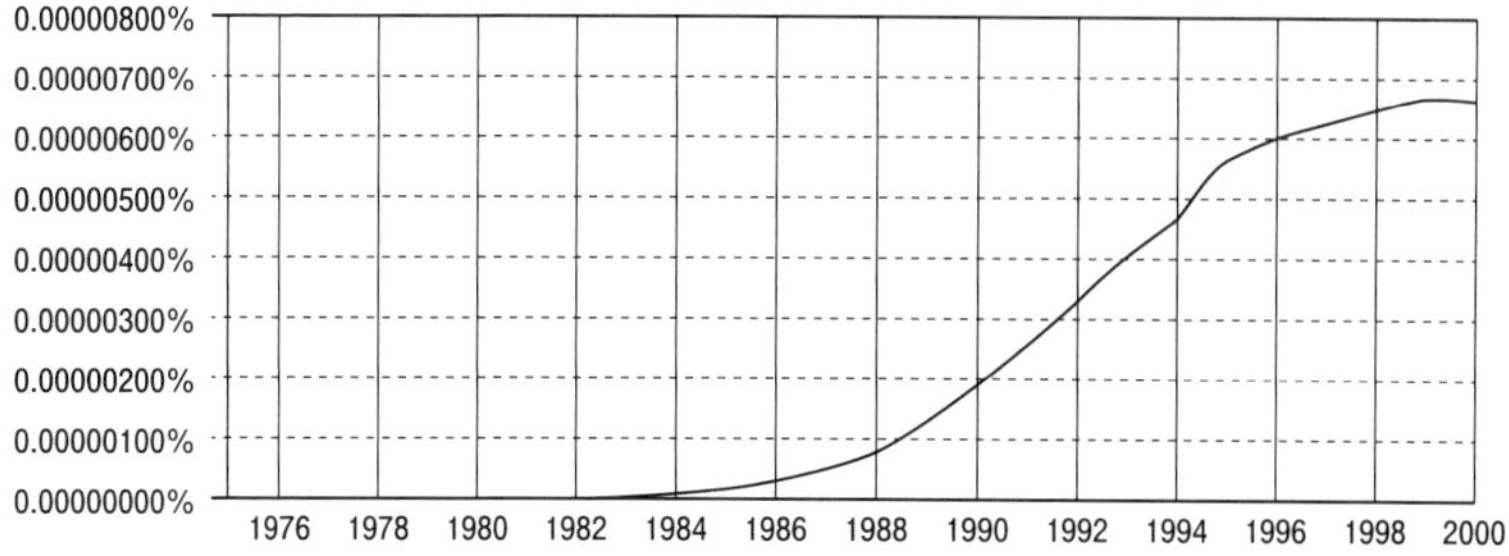

図１　「短期主義」という用例の頻度，1975年頃〜2000年
出典：Google Ngram viewer

そこでの「長期」とは短くとも数世紀単位で計測されるものだ」と彼は書いた。この短期主義の問題に対抗するブランドのカリスマ的な解決策は、数世紀単位さらには千年紀単位で時間を正確に計測するように設計された、一万年の時間枠で動く装置であるロング・ナウ時計（一万年時計）である(2)。

しかし、われわれの文化にある長期的な視野の欠如はそのままである。この病気には「短期主義」という名前すらある。短期主義は実践する者こそ多いもののこれを擁護する者はいない。それは今やわれわれの諸機関にあまりに深く根付いているために慣習と化している。すなわち、頻繁に模倣されるもののめったに正当化はされず、不平は盛んに聞かれるが診断はそれほどなされない。一九八〇年代に少なくとも英語の命名がなされると、その後はその使用例がうなぎ登りに上がった（図1参照）。

現時点で短期主義に対する最も野心的な診断は「未来世代を考えるオックスフォード・マーティン委員会*」によるものである。二〇一三年一〇月に世界貿易機構（WTO）元総裁のパスカル・ラミーが主宰した政府任命の学識経験者《ブルーリボン・パネル》による会議は報告書『今こそ長期成する最大の課題を果たそうとする試みを突き崩す膠着状態をわれわれが集団として打破できないこと」であった。報告書のトーンはとうてい楽観的とは言えなかったが、意気込みは前向きで未来志向であった。そのモットーは序文に引用され、フランスの元首相ピエール・マンデス゠フランス［一九〇七〜一九八二年］のものとされる「統治することは先を見ることである」という言葉であろう(3)。

*二〇〇五年に創設された研究機関オックスフォード・マーティン・スクールが主体となった世界的課題の調査委員会。

短期に代わる長期を想像するのはそれほど難しくはないかもしれないが、長期的思考を実践に移すのはかなり難しいかもしれない。機関であれ個人であれ未来を見通そうとしても、この仕事に取りかかる方法についての知識は欠乏している。われわれは通常、事実よりも理論に助けを求める。たとえば、歴史には終わりがあるとか、世界は温暖化、「フラット化」、人口過密化していると聞かされてきた(4)。人間の出来事はことごとくさまざまなモデルに還元できるとも聞いた。これらのモデルは、物理学に由来したり、経済学ないし政治学によって翻訳されたり、狩猟採集時代の祖先までさかのぼる進化論によって説明されたりしている。経済モデルを相撲力士に当てはめたり、旧石器時代の人類学を年代決定の慣習に適用したりする論説もある(5)。これらの教訓は繰り返しニュースに流れ、その提唱者は著名インテリの地位まで上り詰めている。彼らの手法はわれわれの世界をあやつる不変のてこがあることを示している。しかし、彼らにしても、われわれの時代に見られる経済的階層秩序の変容、性同一性の変動、金融業の再編は、ほとんど説明していない。ほんの稀な議論でしか、われわれを取り巻く長期的変化、それも意義のある可視の長期的変化の存在に気づかない。われわれを取り巻く世界は明らかにモデルに還元できない変化する世界である。こういった長い時間の流れをしっかり見守り、他者のために解釈する訓練を受けるのは誰なのか。

未来を検証する仕事についていると自認する人びとでさえも近視眼的にしか過去を見ていない。スチュアート・ブランドのロング・ナウ時計は一万年先の未来を見るが、過去の方はほんの一〇〇年前の昔も振り返らない。マーティン委員会は、特に人口増大、移民の流れ、雇用、不平等、持続可能性、健康管理といった多様な「巨大潮流」の証拠を探したが、この委員会には、これらの潮流が人の寿命期間、あるいは数世紀、千年紀の真の長期間にわたっていかに変化を遂げてきたかを語ってくれる歴史家が含まれていなかった。じじつ委員会が『今こそ長期を』に引用した事例のうち一九四〇年代末以前の事例はあまりない。この報告書の重要な章が「未来を見るために過去を振り返る」というタイトルになっているにもかかわらず、自称未来学者が取り上げる証拠の大半はここ三〇年の事象であった。このような歴史的近視眼は彼らが克服しようとしている短期主義の兆候に他ならない。

われわれを取り巻く世界は長期的思考を切実に求めている。政治学部であれ、食卓であれ、世界じゅうの市民は政治的停滞や二大政党制の限界について不満を述べている。自由放任資本主義に真に代わるものがないことは、世界銀行から世界貿易機構に至る現代の世界統治組織の特徴である。通貨も国民も海面も変動する。一世代前には最も安定した職を得ていた先進国経済の専門職ですらもはや安泰ではない。かくも移ろいやすい人生の旅路に備えて、個々人にはいかなる教育を授けたらよいのか。若い人はいかにして耳を傾けたり意思疎通をはかったりすることばかりか、諸機関を判断したり、どの技術が約束を保証するのか失敗に至るのかを見極めたり、国家や市場、またこの両者の連関を流動的に考えたりすることも学ぶようになるのか。われわれはどこから来てこれからどこへ行くのかを見通しつつ、彼らはこれらをいかにして行いうるのか。

長期的思考の場としての大学、人文科学の危機

未来を知ろうとして過去について考えるのは実際はそれほどむずかしくはない。どこの家族にもある世代間の緊張に気づくとき、われわれはたいてい初めて家族内の変化を認識する。こういった家族のいさかいにあっても、われわれは未来を見ようとして来し方を振り返る。同じように、活動家であれ企業人であれ、機転の利く人物であれば、日々の活動をこなしていくなかで過去から現在、はたまた未来へと移っていく変化に対する嗅覚を当てにする。同時代人よりも先に経済変動に気づくことは、財産形成になりうる。これは旧貧民地区に富裕層が移り住むことに他の開発業者に先んじて気がつく不動産投資家にあてはまる。企業による前例のない権力の増大、以前の法律の廃止といった政治的な変動に気づくと、ウォール街占拠といった運動を引き起こすものとなる。年齢や収入の安定性に関係なく、われわれのすべては変動する世界を認識しようとしている。あらゆるケースで、過去と未来のつながりを理解することは次に来るものに備えて行動するのに不可欠となる。

しかし、誰がこういった長期的な発展としての変化について書くのか。われわれが積み重ねた過去の資料をたずさえて輝かしい未来を探す人びとを誰が育てるのか。しばしば諸世紀や複数の時代は、ジャーナリストが関心を持つにはあまりに長すぎて広すぎるために謎になってしまう。ほんの稀な議論でしか、重要で可視の継続性の存在に気づかれない。誰が、こういった長い時間の波動にしっかり対応し、次いで他人のために解釈する訓練を受けるのか。

大学にはより長期の時間尺度で思考するための場としての特別な資格がある。歴史的に、大学は人間が創った機関のなかでも最も回復力があり耐久力があり持続力がある機関の一つである。インドのビハール州にあるナーランダ大学は、仏教徒の教育機関として一五〇〇年前に創設され、今再び学問の場としてよみがえっている。ヨーロッパの大学では、ほんの数例だが、ボローニャ（一〇八八年）、パリ（一一五〇年頃）、オックスフォード（一一六七年）、ケンブリッジ（一二〇九年）、サラマンカ（一二一八年）、トゥールーズ（一二二九年）、ハイデルベルク（一三八六年）の創設は、一一世紀から一四世紀にさかのぼり、ハーヴァード大学［一六三六年設立］とかイェール大学［一七〇一年設立］が認可される数十年前の一六世紀半ばのペルー、メキシコにも大学があった。* 対照的に二〇世紀の企業の繁栄期間は平均で七五年と算出されている。多くの大学と長さで匹敵する会社はわずか二社**かもしれない(6)。

*ペルーの国立サンマルコス大学とメキシコのメキシコ国立自治大学は一五五一年設立。
**いずれも日本の企業、五七八年創業の建設会社の金剛組と七一八年創業の粟津温泉の旅館法師。

大学は宗教機関と並んで伝統の伝達者であり、深い知識の庇護者である。大学は利益とかすぐ応用がきくかには拘泥せずに研究が行われる革新の中心であってしかるべきである(7)。利益とはやや無縁なために、大学には長期間にわたる資料を使って長期の問題を熟考してみる特別の空間が与えられてきた。オセアニア最古(一八五〇年創設)の大学シドニー大学の学長マイケル・スペンスが指摘しているように、大学は「長期にわたるインフラ重視の研究投資ができる唯一の組織」であり続けている。「企業は数年しかない投資への見返りを求めます。大学がこれと似たようなやり方を取ったら、二〇年、三〇年、五〇年といった時間幅での研究を世界規模で支援できる組織は他になくなってしまいます」(8)。

しかし、利益に関わらない長期の研究を促進する大学の特殊な役割は、長期的思考自体とともに危機にさらされている。大学の歴史の大半を通じて、人文科学は、伝統を次世代に伝えそれを批判的に検証する責任を担ってきた(9)。人文科学の科目には、今では言語学、文学、美術、音楽、哲学、歴史学があるが、もともとの考え方では、法律学、医学、神学といった専門職的な科目以外の論理学、修辞学を含むすべての科目に広がっていた。その教育上の目的ははっきりと何かに役立てることではなかった。理論や事例を検証し、問題設定をしその解決策を練ることであって、実践的な目的や戦略を提案することではなかった。中世の大学が近代の研究主体型大学に変わっていき、私設財団が公的な管理と財政支援の傘下に入っていくにつれて、人文科学の目的は次第に再検証され批判にさらされるようにもなった。少なくともこの一〇〇年間で、人文科学が教えられ研究されるところではどこであれ、その「有用性」や「価値」をめぐる論争が見られた。人文科学の擁護にとって重要となるのは、数百年いや数千年にもわたる価値をめぐる問題を伝え、かつ諸価値を問題としていく人文科学の使命である。短期主義に対する対抗手段を求めていくにはこの問題から始めなければならない。

しかしながら、われわれがどこに目を向けても、人文科学は「危機」にあると言われている。もっと具体的に、アメリカ歴史協会の前会長リン・ハントは最近「歴史学」の分野は「危機にあり、それは大学における予算の危機を意味するだけではない」と論じた(10)。これは決して新しいことではない。歴史学的視点の強みは、人文科学は少なくともこの五〇年間で繰り返し危機に見舞われてきたことを知っていることである。脅威は国によって異なるし、一〇年ごとに変化もしているが、敵の方は一貫している。人文科学は「ソフト」にも見えるし、いわゆる「ハード」な科学と比較すると成果もはっきりしない。経済学や法学といった専門職志向の学問分野とは対照的に、贅沢で、道楽でさえある。すすんで競争して、ソフトウェア、工学、薬学の得意先会社との高利益を生む関係を結んだりもしない。しかも、テキストの綿密な読み込み、抽象的な価値の評価、有益性の根拠を反芻してみる批判思考の推進といった人文科学のはっきりした方法を味気ないものにしかねない新たな技術にはからきし弱い。人文科学は、重要ではないもの（役に立たない）、時代遅れのもの（活性化していない）、ますます脆弱なもの（技術に乗り遅れている）である。人文科学の敵と懐疑主義はわれわれをそのように信じ込ませている(11)。

大学の危機はいくつかの理由から深刻になっている。教育と出版を通じた知識の蓄積と流布は過去五〇〇年のうちのどの時点よりも深い変化を遂げつつある。世界じゅうの多く、特に北米では、学生と親たちは、ひたすら専門知識を求める推進装置として改組された大学を継承している。そこは、物理学、経済学、神経科学といった花形の学部にしばしば支配され、記録的な量での論文の生産をめざし、他の学問の伝統には無関心となっている。直近の「人文科学の危機」も盛んに議論されその原因も幅広く論じられている。人文科学コースへの登録者は歴史的な高水準からはっきりとした落ち込みを見せている。大規模公開オンライン授業（MOOCs、ムークス）は、少人数教育や教員と学生による綿密な双方向過程の消滅を予知しているようだ。人文科学を含む諸科学の諸科目間の境界が移り変わっているために、こういった人文科学への関わり方は古めかしいもの、不必要なものとの様相を呈している。公収入や私的な寄附の減少によって、大学の外からは有用性を促され、大学の内からも実用性を証明するよう圧力をかけられている。人文科学の教員にとって、こういった内外からの挑戦との闘いは、多くの頭を持つヒドラとの闘いのようである。勝利を収めるごとに新たな敵が現れるために、ヘラクレスのように、英雄的だが、ひっきりなしに続く闘いである。

管理者、研究者、学生も皆同時にこういった挑戦のすべてに直面して戦っている。彼らは大学の持つはっきりした価値、そのなかの人文科学と歴史的社会科学の価値を保持する前向きの道の探究に努めなければならない。重要なことは、彼らには、顧客からの資金援助、次の景気循環、次の選挙に密着しすぎた専門分野の視野の狭い関心の背景をさぐってみる専門家が必要なことである。実際、短期主義の危機にあっては、われわれの世界には過去と未来との関係についての情報を求める拠り所がどこかに必要である。われわれが言いたいのは、歴史学、その学問分野とテーマは、まさにこの危機の時代に必要とされる調停役となりうるということだ。

短期主義から長期持続へ

多くの大学の歴史学部でさまざまな人びとが短期主義の解決策を探してきたが、この試みはごく最近までまったくの失望に終わったかもしれない。後の章で記すように、かつて歴史家は大きな規模の物語を語ったが、四〇年近く前には、たいていの、とまではいかなくとも多くの歴史家はそれを止めてしまった。二世代間、およそ一九七五年から二〇〇五年までの間に、彼らの研究はたいてい、五年から五〇年までの生物学上の時間枠で行われた。これは人間が大人として生存する長さに近かった。歴史研究の時間枠の短縮はアメリカ合衆国で書かれた博士論文で研究対象とする期間にそのまま示されている。合衆国は、ドイツの博士課程教育モデルを初期に採り入れ、その後、世界一、歴史学博士を生み出した国である。一九〇〇年に合衆国の歴史学の博士論文が対象とする年数幅は平均でおよそ七五年であった。一九七五年までにはそれは三〇年近くになった。史料の駆使、増大する研究文献の全体的な把握、ますます精緻な細部にこだわって再構築し分析せよとの命令。これらすべては歴史学の専門主義の品質証明となった。本書では以下で、この時間的集中――いや縮小といってもいいかもしれない――はなぜいかに起こったのかに触れる。さしあたり、短期主義は、二〇世紀の最後の四半世紀で衆目を集める問題となり学術的に追跡されるようにもなったと注記しておけば十分である。

専門的な歴史家が歴史の知識をまとめてみる仕事を信用のおけない著述家に譲り、同時にかつて社会科学、特に経済学、の同僚への政策にたいして持っていた影響力もすべて失ったのもこの時期であった。学術的な歴史と非学術的な歴史の乖離は広がった。歴史を公人としての生活の指針にするとの古来からの目的は、その二〇〇〇年後に崩壊した。「歴史的な時間の短縮」とともに「歴史学という学問分野は、奇妙な仕方で、歴史的であることをやめた」(12)。歴史学部は動揺をもたらす新たな挑戦にますますさらされた。登録者数の減少がめだつ人文科学の繰り返される危機。管理者とその政治的な上司からの「インパクト」を立証せよとのいっそう立ち入った要求。近接する学問分野が、受講者を増やし、知名度が広がり、世論の形成に明確な影響力を次第に持つなかにあって、歴史学の今日的な意味について自信がゆらぐという内なる危機。

しかし、今では長期趨勢と長期幅が戻りつつある兆候がある。歴史学の博士論文の時間幅はすでに広くなりつつある。職業的な歴史家も再び二〇〇年から二〇〇〇年以上の時期を扱うモノグラフを書いている。今や四万年にもわたる人間の過去の「ディープ・ヒストリー」から一三〇億八〇〇〇年前のビッグバンまでさかのぼる「ビッグ・ヒストリー」まで、歴史的地平の世界は拡大している。歴史学の多くの分野で大きな《ビッグ》語りは確実に戻ってきた(13)。長期持続への回帰は、本書で診断し推薦もする歴史家の時間尺度の拡大を叙述する方法となる(14)。この一〇年で、大学を超えて、ビッグ・データが隆盛し、及び長期の気候変動、統治、不平等といった問題が提起されたために、数世紀、数千年紀にわたる過去の展開の仕方について、またこれが未来におけるわれわれの生存と繁栄について、何を語ってくれるのかについての問いに回帰することになった。これは歴史家の仕事に新たな責任感ばかりか緊急性の認識をもたらした。歴史学の公共的な未来の実践者が指摘するように、歴史家は「過去の形成の物語をいかに語り、現在はその潜在性をいかに理解し、世界の未来への干渉となるかを認識しなければならない」(15)。

こういった研究の形態や認識論は新しいものではない。歴史学の用語としての長期持続は偉大なフランスの歴史家フェルナン・ブローデルが五〇年以上も前の一九五八年に案出したものである(16)。研究と著述の時間幅としての長期持続は、近年これが再出現してくる前の一世代でおおかた消滅した。長期持続が退場した理由に思想的な理由も社会学的な理由もあったのは確かである。それを回帰させるよう促した誘因には政治的な誘因もあれば技術的な誘因もある。けれども、戻ってきた長期持続はそれがもともと作られたときの言葉とは同じではない。フランスの社会学者ピエール・ブルデューが古典を踏まえて注記するように「過去の様式に回帰しても決して「同じもの」にはならない。というのも、回帰してくる様式の否定になってしまう何かには否定的に言及されるために（すなわち否定の否定により）、回帰する新たな様式から、過去の様式は切り離されてしまうからである」(17)。この新しい長期持続はこれまでとはかなり異なる風潮の知的な代替案の内部に出現した。それにはかつての長期持続にはなかった活力と柔軟性が備えられている。今の時代に利用できるあふれるばかりのビッグ・データの資料との新たな連携を築いてもいる。この生態学、統治、経済、文化の分野にわたるデータの多くはデジタル分析のレンズとして新たに活用できる。こういった証拠がますます保存された結果、新しい長期持続は、歴史家、及びそれ以外の社会科学者、政策立案者、一般の人びとにとっても、より重要な可能性をもたらすようになっている。

この新しい長期持続の起源こそ過去にあるかもしれないが、今やそれは未来に向けられている。この意味で、西洋とそのほかの世界での歴史的思考のいくつかの基盤への回帰も示す。歴史学は、学部、雑誌、信用に足る学会、そのほかあらゆる公式の付属物を有した学術分野として職業化されるまで、その使命はまずは教育であり、さらに改革でもあった。歴史学は共同体に共同体の意味を説明した。支配者が権力を行使する方向を見定めるのを助け、その顧問たちに上司への影響力を与える方法を指南した。市民にはより大局的な観点から、現在を理解し、未来志向の行動を指導できる座標を提供した。人生の指針としての歴史学の使命は全面的になくなったわけではなかった。専門主義が増大し、大学内の歴史家が爆発的に学術書を出版したために、その目的が曖昧となり、ときに見えなくなったのである。しかし今やその使命は長期持続とそれに伴う可能性の拡大、すなわち新しい研究と社会への新たな関与とともに戻りつつある。

本書の構成

この短い本は長期持続について、二章ずつ二つに分けて構成している。前半の二章は歴史家における長期持続思考の興亡を、後半の二章はその回帰と批判的人間科学としての可能性を秘めた未来を叙述する。第一章は数世紀にわたる長期持続、次いで数十年のそれより短い期間をめぐる歴史記述と歴史思考における二つの傾向をたどる。最初の傾向とは、未来において他に取りうる道の可能性を想像するために、過去の資料を使いながら、現在の行動指針としての歴史学の目的である。次なる傾向とは、もっと後に生成されたものだが、特に二〇世紀に『アナール』誌と結びつく、きわめて影響力の強いフランスの歴史家集団にみられる長期持続を標榜する歴史学である。そのなかでも傑出するのはフェルナン・ブローデルである。彼は、時間・運動・人間の活動（あるいはその欠落）・人間と自然環境及び経済と政治の構造的循環との相互作用の観点から、長期持続が意味するところについて独自で永続する構想の最も偉大な提唱者である。本章では初期の長期持続モデルに基づいて、未来を必要としている人びとに歴史学が提供する三つのアプローチ、運命と自由意志の観念、反事実的思考、ユートピア的思考、を説明する。以下の諸章で見るように、このように歴史学が自由化されると、歴史的思考は進化人類学者、経済学者、そのほかわれわれの社会を分析する者の自然の法則モデルから切り離される。これは短期的思考によって麻痺した社会に対する重要な治療法となる。こういった未来志向の歴史学の道具を使うと、これからの未来を理解する新たな想像力が解放されるからである。

第二章で示すように、長期持続は評判になるとすぐ解体し始めた。一九七〇年代から二一世紀の初頭まで世界じゅうの歴史家たちはより短い時間尺度での研究に集中し始めたのである。動機はいくつかあった。ある者は専門職化に必要とされるより良き条件を満たすために史料の駆使に向かった。隣接の学問分野から輸入した理論を試そうとした者もいた。さらには、専門化と理論は、同時代の運動、特に合衆国では、市民権運動、戦争反対の抗議、フェミニズム、と符合するラジカルな大義への政治的な関わりから離れて執筆する、安全地帯を提供したからという理由もあった。こういったさまざまな欲求から、新しい歴史学が生まれた。それは例外的な個人、説明が付きそうもない事件、重要局面を扱う「ミクロな歴史」に集中するものだった。

ミクロな歴史は、歴史学の今日的な意味を抹殺するために発明されたものではなかったが、後で見るように、歴史家でさえ、意図せざる結果の法則に取り憑かれた。ミクロな歴史の技術を採り入れる英語圏の歴史家たちは、時間と活動の性質についての大きな理論を検証し仮面を剝ぐ大義に邁進しつつ、もっぱら自分たちの政治的な意見を探す読者ないし共同体のための著述にしばしば集中した。この過程でミクロな歴史の研究者たちは、学界におけるもう一つの同時代の潮流、研究者がたえず深化する知識の特殊専門化に向かう内的な動き、と自分たちが結びついていることに気づいた。ミクロな歴史の研究者たちは、活動家としての細胞内部での改革にきわめて熱心に取り組み、大学が公人としての生活やあり得る未来の指針となるという古い野心についての議論にはますます参加しなくなった。こうなったのは彼らばかりではなかった。大きな構造、長い過程、大がかりな比較などからなる「大きな物語」と呼ばれたものは、次第に流行らなくなった。これは歴史家だけにとどまらなかった。大きな全体像《ビッグ・ピクチャー》を描く思考は後退したと広く受け止められた。その間、短期主義が隆盛してきた。

公的な領域から歴史家が退却した結果、過去は歴史データよりも普遍モデルに決定されるという見解を持つ他の学者によって諸機関が引き継がれた。こうなると特に経済学者が目立つようになった。第三章で示すように、経済学者は左翼に政策を助言し、右翼に政策を助言しと、至るところにいた。世界政府の大きな議論を調停した。狩猟採集した祖先の遺産や彼らの経済的合理性がいかにしてわれわれの現在や未来を決定するかについて語ったりもした。少なくとも三つの領域、気候の論議、世界政府の論議、不平等の論議、において経済学者の普遍モデルが未来をめぐる議論を支配するようになった。第三章の終わりでは、こういった歴史的ではなく静態的な人間の性質についての見解には限界がある理由を示す。

他に取りうる未来への接近方法を大まかに描き、よき歴史がうまく動いていく未来について思考する三つのモデルを推奨する。長い時をかけて展開する過程を見るモデル。未来についての誤った神話に関与し、データの出所について語るモデル。過去と未来のありよう、また過去と未来が多様な登場人物によっていかに経験されるかについての複眼的な見方のために多くの異なる種類や出所のデータに目を向けるモデル。

第四章では気候の終末論と経済的運命論に代替するものを部分的に説明する。この章では、短期的思考はわれわれの時代の情報技術、すなわち、ビッグ・データの爆発と今やそのすべての認識に利用できる手段から挑戦を受けていると論じる。ここでは学者、ビジネスマン、活動家、歴史家が不平等と気候の歴史についての情報を集め、新たな未来を企画するための新たなデータを使う方法を強調する。多くは歴史家が考案した特別な手段を紹介する。この手段を使うと、データの価値はいっそう高められ、時を経て変化する思想の定量的なモデルが引き出される。過去と未来に関する思考のためのこの新たなデータは経済学の古い分析論を急速に凌ごうとしつつあることを示す。その指標は、一九三〇年代から五〇年代にかけて、二一世紀のわれわれとはきわめて異なる生活をしていた人びとの消費と雇用のありようを計測するために開発されたものである。今後の数十年間で、情報科学者、環境学者はもとより、金融分析家ですら未来を垣間見ようとするならば、自分たちのデータがいつ到来したかについてますます考えてみる必要があろう。こういったデータの活用性が変化すると、未来の大学に対する大きな変化が決定づけられるかもしれない。そこでは歴史思想家がビッグ・データの調停役としてますます重要な役割を引き受けるのである。

結論では、われわれの社会で誰が大きな全体像を構築し解釈する責任を持つのかという問題をたずさえて、本書をスタートさせた冒頭箇所に戻って締めくくる。本書を執筆しているわれわれは、国民と通貨が不安定になっている時期、生活様式を一変させる一連の環境問題が噴出する最中、不平等問題が世界の政治的経済的システムを動揺させている時代にいる。われわれは、この執筆の時期を起点にして、社会の未来（パブリック・フューチャー）と呼ぶものの大義を読者と同僚の歴史家に推奨する。われわれはすべて大きな全体像に関与し、ともに関与しなければならない。それはわれわれが先を見てみるのと同様、過去を振り返ってみるのに必要な仕事である。

歴史学という刀は諸刃《もろは》である。一方は未来の新たな可能性を切り開く刃であり、他方は雑音、矛盾、過去の嘘を切り裂く刃である。結論では、歴史学は過去を見るための手段をさらに三つ提供していることを説きたい。これらは過去と現在の状況を論ずるとき、真実と虚偽を分ける歴史学の力と関係する。この真実のより分けはミクロな歴史による検証の遺産の一部である。しかし、これはビッグ・データの問題にも同様に関係している。いずれの場合でも、歴史家は主張の基盤を検証するのに熟達している。歴史学の解放する力は、全体像を見るために、大きな過程と小さな事件を結びつけ、多くの情報を小さい共有可能なものに変えつつ、究極的にはものごとがどこから来たのかを説明することにある。過去に関する誤った考え、及び、過去がいかに未来に対するわれわれの集団的な希望をいかに狭めているかに関する間違った考えに毒された社会に対して、これらの方法を推挙する。

短期主義が席巻するような危機的状況にならない限り、短期的思考は問題にはならないものだ。言わず語らずのうちに、われわれが皆長期の見方の専門家となり、長期持続に回帰することが、これほど重要となったことはこれまでに一度もなかった。過去と未来との関係を一新し、来るべき未来について批判的に考える過去を使うことはわれわれが今必要とする方法である。歴史家はそれを最もうまく提供できる人びとである。

第一章　過去を振り返って未来を見つめる——長期持続の興隆

歴史学は、過去を振り返り未来を見つめるという特殊な役割を担っている。つまるところ、歴史家は時間の変化に通じているのだ。少なくとも過去五〇〇年以上もの間、歴史家はとりわけ権力に対して真実を伝えてきたし、国家の改革者にして指導者であったし、腐敗した制度の悪用を公然と暴いてもきた(1)。「過去を長く振り返れば振り返るほど、未来をずっと遠くまで見渡せる」と言ったのは、二〇世紀中葉の政治権力者で、自身も多くの歴史書を著したウィンストン・チャーチルだった(2)。

長期的変化に関する歴史家の専門知識があれば、他の人ならおそらく古すぎて問うことができないテーマや、漠然としていて調べられない興味本位に映るような出来事や成り行きの状況を説明できる。しかも、歴史家には、マナーの形や制度慣行が違って見えてしまうのだ。好みも習慣も世代によって異なるし、数世紀の間にまったく様変わりする(3)。歴史家が光を当てるのは、どのようにという問い——誰が変化をもたらし、それが変化の主体だとわれわれがどのようにして確信するのか——に対してである。このように因果関係、行動、結果を分析することで、歴史家はわれわれのまわりの変化を注視する専門家となるのである。

歴史家には、たとえば、過去を理解する際に用いる概念自体が古臭くなってはいないかを問うことで、定説を打破する特殊な能力が備わっている(4)。歴史家はまた、記述を通じて変化を論ずる術、説明と理解を結びつける術、さらには、パターン、構造、規則性を見出そうとして個々の特殊でユニークなものの考察をまとめる術――つまり、ドイツの社会科学哲学者ヴィルヘルム・ヴィンデルバントが、人文科学と自然科学に関する知識を創造する際の個別化と一般化の傾向を「個性記述的《イディオグラフィック》」「法則定立的《ノモセティック》」とそれぞれ呼んだものにたずさわる術――を身につけている(5)。過去の記録に法則性を探し求める歴史家は今や一人もいないだろうが、われわれは広範な文化様式のなかに出来事と人間を位置づけようと試みながら、ある程度の普遍性を得たいと望んでいる。人文科学と社会科学の両方の手法と目標を結びつけることで、歴史学は、批判的人間科学であるという(ユニークではないにしても)特殊な資格を備えているのである――記述の集積や現在を確認するための根拠としてだけでなく、改革の手段や現在に取って代わる未来を形づくる手段として。

この一世代の間に歴史家が検討を重ねてきたのは、研究のもう一つの要素である空間についてであった。つまり、いかにして研究の範囲をぐんと広げ、一九世紀以来歴史学を閉じこめてきた国民国家という不完全な器を超えて大陸、海洋、地域間の関係を、さらに究極的には、「世界」の歴史あるいは「グローバルな」歴史として地球全体を包み込むかということであった。今やほとんどの歴史家は伝統的な歴史記述の領域を疑問視しており、一国史《ナショナル・ヒストリー》を超える試みなぞ、ありふれている。それよりもっと新奇で挑発的なのは、従来の時代区分を超えようとする動きであり、歴史研究が強いられてきた時間的制約に対して異議を唱える歴史家が現われつつある。国家横断的な歴史は大はやりであるが、時間横断的な歴史はいまだ流行の途上にあるのだ[6]。

歴史家にとって時間は、その長さによらず、特別な存在である。「長期持続」という用語を世に送り出した歴史雑誌『アナール』の一九五八年の論文のなかで、フェルナン・ブローデルは「実際、歴史家は歴史における時間の問題から逃れることはできない。庭師が使う鋤にくっついている土のように、時間は歴史家の思考から離れないのだ」と記していた[7]。彼は、人間が暮す多くの種類の時間 —— 多層的時間性とでも呼びうる —— について思考を重ねていた。同僚の人文科学者や社会科学者の研究にとっては中心ではない歴史研究のもつ重要性を、この金言は言い当てている。歴史家は時間の要素を振り払うことは決してできない。時間は、われわれの研究の妨げや制約になるが、特徴づけもしているのだ。それは、われわれが掘り進む土壌であり、歴史そのものが生じる要因である[8]。

長期持続という用語は、危機、すなわち、フェルナン・ブローデルが述べていた「人間諸科学の全般的な危機」から生まれたのだった。この危機の性格は、人文科学と社会科学の将来をめぐる二一世紀の論争からみれば、ある程度なじみ深いものだった。情報の蔓延といった知識の爆発的増大、学問領域をめぐる全般的な懸念、隣接分野の研究者との協力関係の明らかな欠如、「狡猾で堕落的なヒューマニズム」を抑制する力に対する不満など、すべてが当時と似かよっているといえる。ブローデルが嘆いたのは、こうした危機の解決――人間に関するあらゆる探究の焦点だと彼が信ずる社会的真実の核心に迫る解決――に果たす歴史学の際立った役割を他の人間諸科学が見過ごしてきたことに対してであった。探究の焦点になるのは「瞬間の時間とごくゆっくり流れる時間との対立」であった。この両端の間には、せいぜい一〇年、二〇年、五〇年という、歴史記述で用いられ、社会史家や経済史家が使う通常の時間尺度があった。だが、ブローデルは、こうした時間尺度に沿って描く危機や周期の歴史では、変化の過程の根底にある規則性や連続性が覆い隠されていると主張した。異なった時間認識、すなわち、数世紀ないしは数千年で測られる歴史、「長期、それもかなり長期に持続する歴史」へと向かうことが絶対に不可欠なのであった(9)。

ブローデルや彼に追随する「アナール」学派の多くの歴史家たちは、長期持続をめぐる主体と環境の関係を探ろうとした。長期持続は、歴史家の仕事とは数百年か少なくとも数十年を扱うものだという、一八世紀と一九世紀――もちろん、ずっと以前も――の歴史に見られた傾向をふまえて築かれたものだった。計量的事実を把握したり、変化の度合いを計測したりして、当初よりももっと精緻で真に反証的なものにしようと探究を進める過程で、長期持続の概念が変わらなかったわけではない。ブローデルにとって、長期持続とは、領域の分類体系の一つであって人類史全体を構成する唯一の時間認識ではなかった。彼は、代表傑作『フェリペ二世時代の地中海と地中海世界』〔以下、『地中海』〕（一九四九年）の序文で明快に述べた時間尺度にしたがい、この著作のなかで三つの歴史――自然環境のなかでほとんど動かない人間の歴史、徐々に動く国家、社会、文明の歴史、「短く、急であり、神経質な揺れを持つ」

出来事からなるもっと伝統的な歴史――を連続して描いていた(10)。ブローデルの記述では、長期持続のもつ特徴の多くは持続的であったというのは妥当であろう。長期持続は、地理的な時間だが、地質学的な時間では必ずしもなかった――もし地質学のレベルで変化が認められるのであれば、連続的というより循環的である。それはまた、基本的には静態的であって、動態的ではなかった。それ以外のあらゆる運動や活動の根底にあったのである。

ブローデルが出来事の歴史を長期持続と対置させたのは、それが束の間のこと――『地中海』のなかで「泡」や「ホタル」と軽蔑して呼んだことは知られている――しか扱えないからではなく、事件にあまりにも密接に結びついた歴史だからであった。この点で、出来事の歴史は、当時の経済学者たちの研究に似ていた。彼らは時事や短期的な政治課題に研究をつなげていると、ブローデルは批判していたのである(11)。このような近視眼的な歴史理解は、権力に縛られ現在に傾注しているため、解釈を避け、理論を遠ざけていた。ブローデルによれば、それは批判的距離と学問的本質を欠くものであった。彼が考えるすべての社会科学にとっての解決法とは、古いモデルや論点、たとえば、歴史上の長期持続を土台にして真の社会モデルを初めて組み立てた「天才」マルクスによる商業資本主義に関する考察に立ち返ることであった。要するに、半世紀前ですら、すでにブローデル自身は長期持続への回帰を示唆していたのである(12)。

一九五八年には、ブローデルは、他の人間諸科学、特にクロード・レヴィストロースの構造人類学との関係がますます敵対的になったため、より広範な長期持続構造を取り込むようになった。彼が初期の論稿で「長期持続」を学術用語として採用したときには、それは歴史用語としては新しかった。だが、まったく新しいというわけではなかった。一九世紀フランスの財産法史家は長期持続的に考察していたし、医学論文では慢性病を長期間の持続として論じており、長期の失業を研究する社会学者と経済循環を追跡する経済学者には、この用語はよく知られていた(13)。

この用語を採用したブローデルは、こうしたそれ以前の用法にならっていたが、不変で不動の背景状況だけでなく、文化の長期持続――古代ローマ文明、幾何学的空間、あるいは、自然環境や永続的な農業制度などを取り込んだアリストテレス的な宇宙概念――を含めていた。これらは、他の世界観や伝統による創造や破棄がなされた際の変化や断絶をも示す人類の創造物であった。たしかにそれらは経済循環よりは長く続くものだが、感知できないほど微細な山や海の形の変容や遊牧移動のリズムよりははるかに短いのである。それほど長くもない持続であれば、数世紀単位で測れるし、自然景観や自然と人間の関係に限らずとも、人間が感知できるのである。

ブローデルが長期持続について思索し始めたのが一九四〇～四五年のドイツでの屈辱的な戦争捕虜体験からだったことは、彼自身認めている。収容所生活のリズムから逃れて長期的な視野を持ちたいという望みが、彼の思索の一部をなしていた――それゆえ、長期持続の説明で彼が収監の比喩をしばしば用いているのは、逆説的である(14)。一九五八年に長期持続を理論化した際、それは学際的理解にとって必要不可欠であり、現在に重きをおく戦後の傾向から抜け出す唯一の道だと確信していた。直接の動機となったのは、学問面ばかりか制度面からでもあった。論稿を発表する少し前、ブローデルは、一九五六年に死去したリュシアン・フェーヴルの後任として、『アナール』の編集と名門フランス国立高等研究院第六部門の所長職を引き受けていた。彼は、歴史学の存在意義だけでなく、他の社会科学、とりわけ経済学と人類学に対する歴史学の優越を説かねばならなかった。専門家としての誇りに加えて、威信と資金確保に関わる競争的環境のなかで、彼には「数学に対抗して、人間諸科学を統合する歴史学の役割を主張するという……切り札」があった(15)。

この課題はまた、フランスでの未来学――長期持続に匹敵する未来志向の学問――の興隆とうまくかみ合うものだった。ブローデルの友人で高等教育局長であったガストン・ベルジェは、第六部門を支援するとともに未来学を推進しており、やがてブローデルが率いることになる人間科学館の創設にたずさわった。当時、大西洋の両岸では、未来は過去と並んで関心の対象であり、この二つは――人間諸科学における資金援助、威信、組織の生き残りの問題として――密接に結びついていた(16)。一九世紀ヨーロッパの革命的国民国家がどこに向かっているかを論ずるために創られた近代史は、二〇世紀になると、国家が消滅した後に何が起こるかを世界に伝えるために創り直されていたのである。

未来への指針としての歴史

このように歴史が現実的な行動や未来を指向することは、歴史記述の特徴として決して新しくはない。実際、その特徴は、古代以来の西洋が有する歴史的伝統の大きな流れのなかに見出せる。歴史は「例示による教訓の哲学」という見方は古くからあるし、読者に対して実際的な提言を示すのが歴史の役目だとする見方もずっとある。たとえば、ギリシアの歴史家トゥキディデスは、アテネとスパルタが戦ったペロポネソス戦争の歴史を書き起こすにあたって、自分の歴史書は役に立つべきであること、人間の性質自体は不変であるから自著は有益であること、したがって過去の証拠は未来に役立つものであるという考えを抱いていた。ローマの歴史家の場合、腐敗した世界で人間の性質が永続的だと考える者は少なかったかもしれないが、歴史書は少なくとも二つの点でしばしば政治的であった。公的な責任を担う人びとに対して道徳的教訓を示そうとした点で、政治家が政務や軍務を引退するか手を引いてから自身やローマ人の行動を振り返って著すことが多かった点で。

この意味で歴史は、雄弁家で哲学者であるキケロが「人生の指針」〔ラテン語では、magistra vitae〕と名づけていたものだった(17)。歴史はこのような大義と権威を少なくとも一九世紀の初めまで備えていた——二〇〇〇年もの間、過去は未来にとって不可欠な指針とみなされていたのだ。その理由として特に指摘できるのは、ローマの人びとが彼らの社会（道徳的に退廃していたようにしばしば描かれるが）の長期に及ぶ歴史を語り、それに続いたエウセビオスや聖アウグスティヌスといった教会史家が信仰共同体の連続的発展を描いたことにあった。アウグスティヌスの場合、堕落しつつある世界への遍歴の末に築かれる、ローマに比肩する都市である「神の国」——すべてのキリスト教信者の見えざる教会——の話として描いていた。ヨーロッパの中世の時代には、個々の共同体——修道院のように宗教的であれ、都市のように世俗的であれ——の歴史が、次々と増える年代記の時代順に、数十年、あるいはもっと多いが数世紀にわたる比較的狭い地域や人びとのミクロな歴史として、長期にわたって記すことができた(18)。

西洋近代の歴史記述だとわれわれが思っているものは、古代のモデルにならって現在と未来を描こうとする欲求から始まっていたのだ。ニッコロ・マキャヴェッリのような書記官兼歴史家によるルネサンス都市の歴史や諸侯の歴史は、君主政、共和政双方の政治行動の指針として過去の事例――マキャヴェッリの『リウィウス論』のように、ローマの歴史が多かった――を引き、支配者にも（『君主論』のように）、市民にも（『リウィウス論』のように）要領よく記していた。これらの歴史の多くは、個々の都市の創設や盛衰を、やがてはヨーロッパや帝国の歴史を、一八世紀にはついに全世界の歴史を語るようになった。

一九世紀、特にフランス革命後になると、歴史記述は政治論争の手段としてますます重要になった。フランスでも（たとえば、フランソワ・ギゾー、アドルフ・ティエール、ジャン・ジョレス）、イギリスでも（たとえば、トマス・バビントン・マコーレー、ジョン・ラッセル卿）、指導的政治家たちが自身の国家の将来像を描くのにそれぞれの革命的過去の歴史を描いたのだった。ヴィクトリア朝後期にケンブリッジ大学欽定講座歴史学教授を務めたJ・R・シーリーの言葉のように、「政治家や官吏の教育」、さらには「政治の学校」にも「歴史が有益だとする考え方が支持されるよう、「実用的な歴史」の古い伝統を……磨き直せる」とされたのも、やはり一九世紀であった(19)。将来の政策への助言となる過去という見方は、政治、財政、軍事を司る機関で実際に受け入れられていた。たとえば、アルフレッド・セアー・マハンの『歴史に及ぼした海軍力の影響　一六六〇―一七八三年（海上権力史論）』（一八九〇年）のような歴史書は、アメリカ合衆国、ドイツ、日本の海軍士官養成校での戦術の教科書となり、数十年にわたって教室で使われた(20)。「アナール」学派の広範な探究や二〇世紀の大半の時期に進められた修正的歴史研究など、過去を長期的に捉える他の研究は、こうした状況のなかから生まれた。次章以下で長期持続の後退と復活を扱うが、その前に長期持続の興隆を描くため、これらの状況の展開に目を向けることにしよう。

長期的視点に立つ歴史

過去を長期的に捉える見方は、未来についての政策立案や議論としっかり結びついており、過去は前に進むための原動力であった。一九六〇年代と七〇年代の歴史家たちは、彼らより前の時代のマハンのように、政策立案者を相手にすることができた。これは歴史が社会全般に影響を及ぼすものであるためには理にかなっていた。実際、少なくとも一つの主要分野——軍事史——では、将官候補生たちに戦略や国際関係を教える役目を担う陸海軍大学に歴史家が配置されている(21)。このため、軍事史は、短期的世界におかれた長期的歴史の最後の前哨基地の一つとして残っているのだ(22)。未来に関心を抱く読者であれば、個人の伝記や戦闘の個々の詳細を知ろうとするだろうが、将官や戦術家に必要なのは、全貌が現れるのに数世紀を要する変化の全体像である。それゆえ、戦術立案者たちは多くの可能性から判断しており、一八世紀に軍記物が反事実的思考の根拠として当初用いられたことや、最も早期の反事実的小説として一八三六年に書かれた書がナポレオンと「世界征服」についてであったことは、さほど偶然ではないのである(23)。

改革者や革命家にも全体像《ビッグ・ピクチャー》は必要である。どの世代でも、政治改革者たちは過去を評価し直すために歴史を活用してきたし、そのなかの急進派にとっては、過去とは異なる選択肢や過去とは正反対のことが、民主主義、人種、財産所有の仕組みを抜本的に再考する際の根拠となった。二〇世紀の世界じゅうの歴史家たちは、カール・マルクスにさかのぼる伝統を受けて、長期にわたる出来事の流れに対して大胆な予言をし、国家、官僚制、民衆運動の性質の変容について執筆の手を休めなかった。経済的不平等と国家の役割に焦点を当てることは、過去を振り返り未来を見つめる最も野心的な試みの一つであった。マルクスによる階級対立の歴史解釈はよく知られている。だが、貧困者に限られた機会しか与えていない経済システム体制を改めるのが改革者の務めだということを不平等の歴史が明示している、と考えたマルクス以後の多くの歴史家のことを、われわれは忘れてしまっている。たとえば、一九世紀末に国家社会主義を構想した急進派であるシドニー・ウェッブとベアトリス・ウェッブは、制度を変革すべく、歴史家になった。イングランドの政府の過去をたどる一一巻の歴史書のなかで、ウェッブ夫妻は、将来の改革の指針となる長期に及ぶ制度の歴史を考究し、貧困者に対する福祉の歴史的連続性と責務に関して、テューダー期から、資本主義によって貧富間での相互責任が否定されたと彼らがみなした現代に至るまでを描いた(24)。この大著は文書史料と二次文献の綿密な読解による見事な成果であり、数十年後にガートルード・ヒメルファーブが「団らんの時間をどうやって作ったのかしら」と驚愕したほどだった。それは、イギリスにとどまらず世界じゅうの政治教育や政治運動に対して影響を及ぼしたフェビアン協会の本流となった(25)。

この歴史事業は、変貌をとげつつあったイギリスに相応しい政府の構想や理解を促した。ウェッブ夫妻が考えていたように、歴史からのメッセージとは、道徳的な社会にあっては階級間の責務は常に存在するけれども、制度は利害関係をもつ党派によって各世代で作り直していかねばならないということだった。ウェッブ夫妻の理解によれば、そうした作り直しでは、かなり大きな地域どうしが協力する形をとることが多かった。その結果、統治の構造は、まずは地域のコミュニティから地方自治体へ、次いで地方自治体から国家や国家間の政府へと、民主政の恩恵が孤立した地域社会から世界全体へと行き渡るよう、拡大していく傾向があった。

ウェッブ夫妻の政治理論は、当時の多くの人びとと同様、歴史的変化に対する理解に基づいていた。コント、スペンサー、ダーウィンの進歩的思考からは、制度、文化、社会に一様に及ぶ時間的進化の重要性について示唆を得ていた。また、テオドール・モムゼン、ヘンリ・メイン、J・F・マクレナンといった法制の大家からは、制度をめぐって争う利害間の和解不能の対立という歴史的現実と、改革を行う各世代が法律そのものを改めることによって、奴隷制、新婦誘拐、女児嬰児殺しをなくしていった道筋を学んでいた(26)。だが、このように過去が未来に与える影響を堅苦しく捉えるだけでなく、シドニー・ウェッブは、自身が政治活動の「有機的変化」とみなした社会運動と道徳的覚醒の重要性に対する独自の歴史認識も付け加えていた(27)。この歴史観に立てば、過去を知ることは、未来を予言するのに有益であるばかりか、社会をいかに導くかについて道徳的決断を下すのに必要な前提でもあったのだ。より良き世界のために歴史を理解しようとしたウェッブ夫妻の歴史研究と対になっていたのが、活発な政治活動であった。ロンドンじゅうの貧困世帯に上水道と無税をという大変革構想を推進するために、パンフレット配り、選挙戦、フェビアン協会の社会主義者との集会と、夫婦ともども奔走した。シドニー・ウェッブは、シーアム選出の下院議員になった後、上院議員となり、ラムジー・マクドナルド第二次労働党政権の植民地相とドミニオン相を務めた。おそらく最も影響力を及ぼしたのは、ロンドンの住宅、輸送、水道 ── 今日では近代都市に当然備わっている設備である ── のあらゆる面を政府が構想するという「ロンドン計画」であった(28)。ウェッブ夫妻やその同志が、ごく少数の者にしか市の水道供給がないのでは都市は運営できないことをロンドン市民に納得してもらうよう動いたのは、歴史にじっくり向き合い、都市を道徳的見地から理解したからだった(29)。

二〇世紀には、長期持続（もちろん、この名称は一般には用いられていなかったが）は、改革に役立つ修正的歴史記述の基準となった。ウェッブ夫妻は都市や国家の政治改革を対象としていたが、彼らの成功はより大きな目標をもった歴史家たちの刺激となった。近世イングランドの農民社会を研究した歴史家R・H・トーニーは、西洋と中国の知的架け橋の役割を担った一人だった。一五世紀における輸出指向の牧牛地所有者と生計維持指向の貧困農民との争いを考察していたトーニーは、一九二〇年代には、農地をめぐる争いを世界じゅうの貧困農民の国際的な動きとして捉えようとした。経済史に関する豊富な知識を身に着けていた彼は、資本主義の進展と世界的な土地改革の時代における現在の地主制度に対する闘争の先例を理解しようとしたのである(30)。

実際、トーニーの経歴は、同世代の歴史家が長期的理解をふまえた活動課題を抱いていたことを例証するものであった。一九三一年に太平洋問題調査会によって中国に派遣された彼は中国の農業史を著したが、その書は、地主と農民が織りなすドラマが歴史の最大の軸をなし抜本的土地改革が喫緊に必要なことを示唆しており、それまで彼が書いてきたイギリスの歴史に不思議なほど似ていた(31)。トーニーの議論は、ロイド・ジョージのイギリスの人民予算や土地改革の時代に直接関係していたが、このように、歴史によって彼の主張が世界じゅうで一般化できることが示されたのである。マルクスやアメリカ政治経済学者で土地税改革者のヘンリ・ジョージが磨きをかけたレンズを通して長期持続の歴史として描かれた、土地をめぐる階級の歴史がもつ普遍的真実は、個々の国家の歴史に当てはまっており、異なる地域でも試され説得力ある論拠となりうるのだ。こうした応用の仕方は、後になってブローデルが自分と同時代の人びとに対して、それが過度に現在中心で、権力に対して無批判で、因果関係や解釈という本質的問題を避けていると批判したように、彼のやり方とはかなり異なっていた。長期的な歴史は、現代の制度を理解させ、ユートピア的な構想を納得させ、かつまた、社会の抜本的改造を実現可能にする手段であったのだ。

長期持続はまた、制度について論じる気はないが、政治的変化には関心をもつ人びとをも引きつけた。エリック・ホブズボームが一九五〇年代から六〇年代に出した数々の著作は、世界で見られた農民の土地収奪、マルクス主義運動、土地不法占拠者、放浪する無政府主義者を、彼が「素朴な反逆者たち」と呼ぶ長大な文脈のなかで論じていた。彼は、無秩序な学生集団――アメリカ学生非暴力調整委員会であれ、アルジェリア、パレスチナ、キューバのポストコロニアルな運動であれ――は、国際的マルクス主義組織とのしっかりした関係がなかったために歴史的に誤りだったとする主張に反論した。むしろ、多くの人びとが民主主義を享受できることを求めて資本主義の限界を批判した自発的な民衆運動は、特定の党派や主義ではなく、民衆自身の常識から直に生まれたものであり、近代初期以降の諸革命の先駆だったと、ホブズボームは指摘した。それが暗示しているのは、戦後の民衆運動も、アメリカ型、ソヴィエト型、あるいはヨーロッパ型であれ、既存の穏健な立憲認識と結びついている、いないにかかわらず、同じ評価を受けてしかるべきだということである(32)。

一九七〇年代、八〇年代を通して、ホブズボームは長期的な政治変容を説く理論家であり、現在の変化にとっての過去の先例となる歴史を自由に活用することを強く主張していた。彼は、都市浄化のあり方を研究するアメリカ合衆国のルイス・マンフォードらの歴史家に大きな期待を寄せていた。当時彼らは、ヴィクトリア期のスラム解体に典型的に見られた強制立ち退きを、高速道路建設期の現代のスラム解体と比較していた。同じ頃ホブズボームは、単純化した歴史記述を、ずっと道徳的だった時代に無批判に回帰させていた保守主義運動のような政治目的に利用することにも強く反対していた(33)。

トーニー、ウェッブ夫妻、ホブズボームの例のように現行政策への提言のために歴史を活用することは、決して珍しくはなかった。革新的政策寄りの新解釈やそれに見合う改革を提言する修正主義的な国民史《ナショナル・ヒストリー》は、世界のあちこちで出されていた。アメリカ合衆国では、チャールズ・ビアードとアーサー・シュレジンジャー・シニアが人種一元主義ではなく、人種多元主義の観点でアメリカ人のアイデンティティの長期持続の歴史を考究していた。改革構想や左翼政治批評家と組んだアメリカ合衆国の歴史家は幅広くいたが、そのなかには一九五〇年代の著名なウィスコンシン大学歴史学部が含まれる。同学部でマール・カーチは、受動的抵抗、平和構築、民主主義に関する長期持続の歴史を著していた(34)。

イギリスでは、急進的歴史家が、近世ヨーロッパでの農民からの土地収奪の事例を参考に、貧困者の側に立った都市計画の重要性を再検討していた。また、今後の改革を担う人びとの参考となる政府改革のモデル化に加わった歴史家もいた。ジョン・ハモンド、バーバラ・ハモンド、W・G・ホスキンズ、モーリス・ベレスフォード、カール・ポランニーといった歴史家が考えていたように、資本主義の原罪を改める必要があった。このような歴史認識を抱く彼らは、福祉、医療、公園、住宅を供与すべきだと提言した。これらは資本主義が貧困者から取り上げたものであり、政府が再び与えなければならない生活に不可欠なものであった(35)。

植民地支配を脱した《ポストコロニアル》世界においても、歴史を振り返ることは、一九二〇年から六〇年にかけての歴史に向き合う当然の前提であった。新しく登場した国民史、特にC・L・R・ジェイムズとV・D・サーヴァルカル*による国民史では、挫折した数々の反乱が国家の独立に導くまでの長い道のりを明らかにしたり、とりわけ平等主義的な改革、たとえば、その達成の指標となる土地の再配分に焦点を定めたりしていた。ガーナやデリーでは首相ですら歴史家になっていた（トリニダード・トバゴでは、歴史家――エリック・ウィリアムズ――が後に首相になった）ように、遠い過去への理解は、新生国家を導く指針や信頼を与え、数世紀に及ぶ民族闘争から受け継いだ歴史的土壌を西洋の伝統と結びつけ政治体の連続性を意識させるのに役立ったのである(36)。

　*ガンディーの政敵となるヒンドゥー・ナショナリズムの祖。

未来を見つめるために過去を振り返るのは何も歴史家だけではない。ハンナ・アレントやユルゲン・ハーバーマスのように数世紀にわたる証拠を集め、それを確固たる民主主義理論に仕立て上げた政治理論家がいた(37)。都市計画のジャーナリストであるルイス・マンフォードは、インターステート・ハイウェー・システム時代の都市郊外のスプロール化やスラム解体がもつ危険性を説くために自ら長期持続の歴史家になった――彼は、ヴィクトリア期のスラム解体と革新運動の歴史によって現代政治を浮かび上がらせたのである。彼の体系的な研究成果、特に『技術と文明』は、工業化、機械化、労働者階級の孤立、さらには、ずっと後の時代のミシェル・フーコーやE・P・トムスンの重要な理論を先取りする時間による規律統制に関する包括的理論を含んでいた(38)。

　これらの人びとは皆、一般大衆の読者のために未来をより良く理解し政策に直接的な影響を与えることを願って、過去を探究していた。ビアードとシュレジンジャーの教科書は、アメリカ合衆国全土で頒布され、版を重ねた(39)。マンフォードの著作は数百点に及び、しばしば『ニュー・リパブリック』『ニューヨーカー』『ハーパーズ・マガジン』に短編が掲載された。アメリカ合衆国での人種や都市浄化をめぐる論争での著名論客の一人となった彼は、ロバート・モーゼズによるニューヨーク市のスラム解体政策を糾弾し、ジェイン・ジェイコブズに代表される直接行動の理論的枠組を提供した(40)。

　こうした論争によって、専門的歴史家たちは、歴史家の長期持続の視点を社会改革の素材として用いる官吏や社会科学者に耳を傾けてもらえるような仕事を自分たちはしているのだと自覚できる状況が生まれた。一九三〇年代から八〇年代までのトーニーをはじめとして、西洋やインドの土地問題に関する専門的歴史家の歴史記述は、長期持続の視点からこの問題に取り組み、制度の担い手や公共目的をめぐるより大きな問題を提起した。彼らの学術研究は、個々の文書、出来事、人物について丹念に調査した結果、数世紀をカバーしているのに加えて、その分野に関する他の研究者の成果にも依拠していたため、専門的歴史学と国際政治組織の間で対話が生まれた。一九五〇年代から六〇年代に成年に達した研究者にとって、長期持続の歴史とは、官僚を説得し政策を決定するための手段であった。

共働する相手が官吏か民衆運動かを問わず、専門的歴史家たちは、今日の歴史家ではほとんどありえないほど、政策への影響力を期待しえたのである。アーサー・シュレジンジャー・ジュニアは、アメリカ合衆国大統領ジョン・フィッツジェラルド・ケネディと政策問題で親しく協議した。アメリカ合衆国の国際関係史を広範に扱った数々の歴史書を著したウィリアム・アップルマン・ウィリアムズは、長期持続の視点に立つ自身の研究に基づいて、冷戦期アメリカの混乱がもつ危険性を批判し、アメリカ国民に政治行動を促す一連の論説を通して一般大衆と協同した。彼の論説は『ネーション』誌や単行本に収録され、広く読まれ称讃されたが、学界では批判された（彼は、ケネディ政権のポストを拒否した）(41)。

国際開発にたずさわる諸機関は、自由、独立、経済発展、世界の国家間の互恵的平和構築への指針を歴史が提供してくれることを望んでいた。たとえば、国際連合食糧農業機関（ＦＡＯ）の初代事務局長ジョン・ボイド・オールは、手始めの仕事として飢餓の歴史を振り返る出版物を出したが、それはユリウス・カエサルのブリタニア征服に始まり、一九二〇年の農業法で農業労働者と地主の関係が改善されるまでを扱っていた(42)。一九六〇年代には、デイヴィッド・ランデスのような経済史家が緑の革命期の開発政策を支持する目的で、産業革命の歴史研究を再検討し、間断なき創造の時代の後にはあり余るほど豊かな未来があることを展望していた(43)。さらに一九七〇年代には、農業経済学者エリアス・トゥマやイギリスの地理学者ラッセル・キングといった土地改革の理論家たちは、長期持続の歴史に目を向けていた。彼らは、国際政策機関に助言するにあたって、歴史家の研究をまとめていた。農業帝国の分け前を求めて農民が数世紀にわたって繰り広げた闘いを、古代ローマにさかのぼって考慮に入れながら、現在の土地改革の状況を説明していたのである(44)。

彼らが取り組むべき土地政策に関する長期持続の歴史は豊富にあった。国際連合の創設者たちが、世界全体を平和的に秩序づけるためにグローバル・サウス*への適切な介入について討議した際、大西洋の両岸に依然として多かったヘンリ・ジョージの信奉者たちは長期持続に基づいた歴史的説明を行った。そこで彼らは、地主による独占は近代史における最たる罪であり、その解毒剤となりうるのは人民による土地所有だと論じていた。ジョージ学派の歴史が登場した一九四〇年代と五〇年代には、トマス・ジェファソン以来のアメリカ農業の伝統についてしっかりした記述が出された。ジョージ学派の歴史家たちは、地主によるおびただしい濫用とその土地収奪を防ぐためのポピュリスト政府の必要性を明らかにしようと尽力した。これにならい、アルフレッド・ノブリット・チャンドラーが資本家による土地支配の拡大を扱った歴史書『土地保有権の起源 —— 力と欺瞞の物語』（一九四五年）を著し、ヘンリ・ジョージの同時代人であった鉄道王たちと、アメリカ合衆国の国家支援を受けた大学 —— 一八六二年のモリル法で支援を受けたいわゆる「公有地払下げ」大学《ランド・グラント・カレッジ》——に対する彼らの支配を検討した(45)。同じように、アーロン・サコルスキーが『アメリカにおける土地保有と課税』(一九五七年)を著したが、そこで彼はヘンリ・メイン、ヌマ・ドニ・フュステル・ド・クーランジュ、F・W・メイトランド、ポール・ヴィノグラドフ、マックス・ヴェーバー、G・R・ガイガーによる土地所有の歴史をめぐる論争の長期的変遷に言及しながら、不動産法の継続的な改定という長い歴史を基にアメリカ合衆国の思想的系譜を描いた(46)。その結果、彼が達した結論とは、土地に対して差し止め命令が出されるのは正義の概念の表れであること、正義の根幹には神聖で宗教的な価値観があり、それにしたがえば、土地の入手を欲するというのは、貧富の別なく人間すべてを重んじる教理の直接的な反映だということだった。「初期のキリスト教会の神父たちは古代ユダヤの伝統を吹き込まれており、土地所有に関する彼らの正義の概念はこの流れにしたがっていたのだ」とサコルスキーは記していた(47)。はるか聖書の時代にさかのぼって、地主エリートの資本蓄積に対する異議申立てのなかに道徳的先例が見出せたが、今やこれらの先例がひとまとめにされ、国家や国際規模での訴訟が進められることになった。

＊アフリカ、ラテンアメリカ、アジアの発展途上国。

トーニーのような社会史家たちは、社会変革の必要性を読者に訴えるために制度や運動の過去を深く理解していたが、彼らの正統的な長期持続は、シンクタンクやNGOによって「いかさまの長期持続」とも呼びうるほど勝手に使われるようになった。歴史家ではない彼らは、この不純な長期持続の視点に立ち、貧弱な歴史的証拠を使って進歩の傾向を説くような荒っぽい結論を引き出していた。対象とする時代や出来事を考えるのに、二次文献や古来の慣例に敬意を払うことはめったになかった。典型的だったのは、マルクス主義やその他の左寄りの見方を即座に切り捨て、自由市場的な思考、技術発展への確信、西洋の創意による将来の豊かさの保証と何となく合致するような歴史解釈を提示したことだった。もちろん、不純な長期持続の先例は古くから数々あり、それらは民衆への教訓として俗受けする歴史と結びついていた。少なくとも、たとえば、シャルル・デュパンの『グレート・ブリテンの商業力』（一八二五年）や、一八五〇年代の技術革新に関する一般向けの歴史書などにさかのぼることができる(48)。

偏向した政治観を吹き込むのに歴史が使えるというのは、決して新しくはない。だが、新しいジャンルが作られるのには、政治や制度の状況が作用する必要がある。戦後のアメリカ合衆国では、ＮＧＯ組織の増大、アメリカの覇権の拡大、国際連合のような国家を超えた統治組織、それに世界銀行の誕生を背景にして、飢饉、貧困、干ばつ、圧政といった数々の問題への対処方針を探るために、幅広い層が長期持続の歴史を求めるという状況が生まれた。ベビーブーマー世代の歴史家たちが、こうした課題に直接関与しなくなり人種や階級のミクロな歴史に向かうにつれ、長期的な歴史は、歴史家としての訓練を受けていない著述家たち――そのなかには、ローマ・クラブやランド研究所に雇われた人口学者や経済学者もいれば、心理学者、生物学者、自称未来学者や、「人口爆弾」「成長の限界」といわれる時代に一般大衆向けに書いていたアマチュア歴史家もいた――の領域になった(49)。不純な長期持続の歴史は盛んになったけれども、それに手を汚すような歴史家はいなかった。

役に立つ歴史を国際的な諸機関が求めたために、極端に包括的で大規模な総合化が奨励された。歴史的理解がますます要求され、歴史的データを使った推論や抽象化がどんどん進められた。こうした主張のなかで最も奇想天外だったのは、物理学者からシステム理論学者で未来学者となったハーマン・カーンによるものだった。彼は世界史の長期の傾向を考察することで、資源利用、環境変動、消費をめぐる論争に決着をつけると断言した。カーンと共同研究者らは、将来の技術改良や人口管理の予言に対して、紀元前八〇〇〇年以降の人口増加に関する歴史的データを曲線で描き、結論として「豊かさが増大する」ポスト工業化世界を予測した(50)。

未来を見つめるための三つの歴史的思考法

長期持続の視点に立った未来指向の歴史記述についてこれら初期の事例を考慮に入れてきたが、まだ課題として残っているのは、われわれの過去について考えることが、われわれの未来を語る上で、とりわけ社会の未来という穏当な目的のために語る上でどのように役立つのかについて、もっと一般的に述べることである。歴史がいかに役立つかについては、思索の膨大な蓄積がある――古代の神学や政治哲学によって、将来の指導者を教育するために偉人の人生を例に用いることもあれば、マルクス主義を信奉して、闘う労働者階級を支援するために歴史を用いることもある。このような伝統的な考え方が示してくれるものは沢山ある――自由意志や、運命は定まっていないのだという可能性を力説したり、一見変えられないようにみえる現行の制度、価値、技術を揺るがせる反事実的思考の力を証明すること、さらには、現状よりもより良き世界である伝統を歴史として思い描くことである。

以下では、いかに歴史的知識が、誰にとっても――組織のメンバーであれ、教養ある改革者であれ、権力から元来排除されてきた人びとの声を代弁しようと奮闘している急進主義者であれ――自らの選択肢を歴史を手がかりに考えるのに役立ちうるのかについて提言を示そう。われわれが示すのは、もはや専門家――国際関係、経済学、気候学の専門家であれ――に委ねることなく未来を考える手がかりとなる歴史、過去の物語を読んだり話したりできるすべての人びとの手が届くような未来に作り変えられるような歴史である。この基準にしたがって、われわれは、われわれが共有できる未来を形づくるための公共性と道徳性を備えた歴史的思考への三つのアプローチを推奨したい。それは、運命と自由意志に対する現実的思考、反事実的思考能力、ユートピア的思考という方法である。

一　運命と自由意志に対する思考

そもそも社会はいかにして破滅することなく方向を変えるのだろうか。「改革」の場合はどうだろうか。生のデータや抽象的なモデルを集めることは、われわれの文明を作り変えられる唯一の方策なのだろうか。資源の枯渇、大気や水質の汚染が進む文明を後戻りさせ、あらゆるものにとって持続可能な未来に資源を振り分けるよう決断を下すことが可能だろうか。あるいは、経済学の法則は、無産階級が絶望し少数の者だけが生き残れることを予言しているのだろうか。

これまで気候学や経済学がわれわれに示してきた世界認識が、多くの場合、未来の選択肢は少ないかまったくないのだというものだったことからすれば、歴史学が担うべき役割とは、気候変動をもたらした責任所在についてデータを調べるだけでなく、他に取りうる方法、ユートピア的な裏道、これまでずっと続いていた農法や消費パターンに代わる方法を示すことである。文化地理学者マイク・ヒュームが述べているように、気候をめぐる論争において「人間は、お天道様の機嫌の言いなりになる「口のきけない農民」のように扱われている。人間ができる可能性なぞ、脇に追いやられ、文化的規範や慣行が変わることには注意が払われず、人間の想像力がもつ創造的可能性は無視されているのだ」(51)。気候変動、進化人類学、経済学は、何が何でも貪欲や搾取をと指令する利己的なＤＮＡ遺伝子の犠牲者であるかのように、人間の自画像を描いているようなものなのだ。だが、歴史学や人類学がたえず気づかせようとしているのは、人間が持っている互いに助け合う価値や行動の多様性である。

こうした問題を念頭において、今や気候学は、未来を考える別の方法はないかと再検討しつつある。オーストラリアの環境史家リビー・ロビンが述べているように、気候をめぐるここ一〇年間の論争で争点となっているのは、「現在に強い影響を及ぼしている過去の変動」に対する見方である(52)。つまり、重大な影響をもたらした根本原因を初期や終期の原因とどう区別すべきかをめぐって、気候学者と政策決定者が論争しているのである。気候であれ、政治体制であれ、長期の変化を理解するためには、当然研究者たちはさまざまな時間尺度、関係主体、時期、事件を互いに絡みあう複雑な関係のなかで理解する必要があるが、それは、歴史学が最も手腕を発揮できる分野の一つである。環境をめぐる論議はそれとなく、歴史学の領域に正面から足を踏み入れつつあるのだ。まだ実際には踏み入れていないかもしれないが。われわれが長期的な持続可能性を本気で理解したいのであれば、過去を見つめる必要があるのだ。われわれに先立つあまたの文明は、階層的な体制に異議を唱え、しばしば成功をおさめてきた。だからこそ、過去を知ることは、将来われわれがどのくらい自由意志を持ちうるのかを理解するよりどころとなるのだ。

二　反事実的思考

われわれが持続可能な経済を論じる際によく気にするのが可逆性の問題である。もし蒸気エンジンを追い払っていたなら、気候変動がたどった道を後戻りできるのだろうか。汽船や効率よい鉄道網で結ばれたヴィクトリア期経済によって世界の大部分を支えることができたのだろうか。持続可能な農業エコロジーを進めるのに、牧畜農業を考え直す必要があるのだろうか。地球を救うためには、どのくらい時計の針を巻き戻せばよいのだろうか。同様に、過去の過ちを指針として経済学者が問いかけているのは、二一世紀のアメリカ合衆国の成長を持続させているものとは別の原理で経済は成り立つのかどうかということである。ボリビアのように給水を監督、国有化している社会は、私的利害が牛耳る自由貿易世界と渡りあえるのだろうか。一九世紀の文官によるきわめて有能な国家官僚制度は、現代のグローバル化経済と競いあえるのだろうか。われわれの海を守り貧困者が食糧や水を得る権利を確保するため、現在われわれが抱える不満の源を探るには、どのくらいまでさかのぼればよいのだろうか。

これらの疑問について考えることは、持続可能性の時代にあって決して無益ではない。それどころか、過去三〇年にわたって持続可能な頼れる農業の方法を探ってきたカンザス州のランド研究所の遺伝学者ウェス・ジャクソンのような科学者は、未来への道筋を描く手段として反事実的歴史に注意を払ってきた(53)。彼は、持続可能な農業を探し求める過程について綴った思索的エッセイのなかで、ランド研究所と協力してくれた数学者たちが、農場にトラクターがあった場合に必要な商品ネットワークの規模に関する膨大な反事実的設問群をどれほど詳しく調べていたかについて語っている。トラクター用のボルトを運んでくる州営の高速道路がなかったとしたらどうだっただろうか。そもそもトラクター製造会社の役員を世界各地から招集するのに飛行機がなかったとしたらどうだっただろうか。世界がポスト炭素の時代になっても、トラクターを主とした農業は依然として可能なのだろうか。

こうした事がらは、気候、輸送、供給網が激変する世界になっても、炭素ガス危機後の都市に食糧を供給できる農業形態を探るための資料を集めるという明確な目標を持った科学者には、直ちに応用できる類いのものである。それらは、歴史家がきわめて慣れ親しんできた研究手法――反事実的思考法――である。反事実的思考というのは、ナポレオンがワーテルローの戦いで負けていなかったならどうなっていただろうとか、第一次世界大戦が起きていなかったなら状況はどうなっていたのかを歴史家が思索する際に用いる研究手法である。たしかにそれは室内ゲームになりうるだろう――クレオパトラの鼻が低かったら世界はどうなっていただろうと、ヴォルテールが茶目っ気に問いかけていたように。けれどもそれは、因果関係、したがって責任所在についてのあらゆる歴史的思考を特徴づけるものなのだ(54)。持続可能な時代にあって、反事実的思考は誰もが行うべきものなのである。持続可能な世界のための農業方法を設計する遺伝学者と同じく、どんな天候にも対応可能なトラクターの生産をめざす発明家や企業家にとっても、それは必要な歴史的思考方法なのだ。

世間一般でも言論界でも、持続可能性に関する専門家は、知らないうちに歴史家になっていたのだ。気候学者や政治学者が取り組んでいた抽象的な大きな問題とは、時代区分、事件、因果関係に関する問いであり、それは歴史哲学の問題であった。われわれは、さまざまに変化する世界の出来事を理解するためにもっと歴史を見つめるべき世界にいる。だが、もし地球を守るためには繁栄をやめなければならないのだったらどうだろうか(55)。こうしたことを考えるには、現在企業や政治で幅をきかせているのとはかなり異なる理論的手法が必要になるだろう。しかも、本当の意味で持続可能性というのなら、現代資本主義が過去二世紀の歴史的発展から受け継ぎ、すべての経済学者の成功の定義として定着している「進歩」「発展」「成長」といった言葉のもつ力を否定する必要があるだろう(56)。

同様に、歴史的事例は、政策決定者が持続可能な社会を造ることを断念したのはどのくらい前だったのかを特定するのに役立つ。ポール・トムスンは一九八〇年代と九〇年代の国際共同事業体での持続可能な政策決定に関する説明資料を追跡し、特にブルントトラント委員会の一九八七年報告書『われわれの共通の未来』に注目した。地球の気候変動に対してインドと中国が優柔不断であったためにアメリカ合衆国の行動に期待できないという、アメリカ合衆国とグローバル・サウスの「囚人のジレンマ」状況を同委員会が浮き彫りにしたのは、重要な出来事であった(57)。政策決定者や企業家が世界的な停滞からの脱出を真剣に望み科学者たちの警告をしっかり受けとめたのにもかかわらず、このような歴史は、

「知覚汚染物質」が大量にばらまかれる事態を招き、何世代にもわたる悪政が公共の議論の価値をおとしめる結果となった。こうした障害を取り除かなければ——「欺瞞的な環境保護の広報活動《グリーン・ウォッシング》」をやめ、「囚人のジレンマ」を克服し、持続可能性は本当は地球や人間のみならず繁栄にも役立たないのかもしれないと理解しなければ——、環境活動家にとって現実的な未来はほとんどありえないだろう。

しかし、これらの出来事、制度、議論を知っていれば、将来の行動の幅はさらに広がるのである。だからこそ、こうした話はわれわれの時代にはきわめて重要なのである。それは、未来についてしっかり考えるのに歴史の語りがいかに重要なのかを示してくれるのだ。それはまた、今われわれに最も必要な語り方は何かという重要な問題を提起している。

三　ユートピア的思考

他に取りうる道筋を跡づけようとした歴史家は限られている。というのも、ミクロな歴史では、他の選択肢のユートピアを描くことではなく、主流社会の犠牲となった人びとを描くのが常であったからだ。

長期持続視点に立つユートピアの伝統は豊富である。ルイス・マンフォードの『ユートピアの系譜』（一九二二年）は、サー・トマス・モアから一九世紀のファンタジー作家H・ライダー・ハガードに至るまでのユートピア的思考の歴史を書いていたが、この伝統はずっとさかのぼればプラトンに行きつくし、下れば現代のほとんどのSF小説につながる。マンフォードが論じているように、これらのテキストは、真面目なものから馬鹿げたものまであるが、都市の改革を考える上できわめて重要な資料であり、一九世紀末の都市計画の興隆に寄与した主要な知的資料の一つであった(58)。その後出されたウェス・ジャクソンの『農業の新たな根源』(一九八〇年)は、古代世界から超越主義者や近代土壌学に至るまでの伝統を明らかにした書で、自然の循環を無視した農業がもたらす結末に警鐘を鳴らし、この過ちの上に工場飼育やトップダウン経営のような新しい農業が勃興したことを描き、さらに、それに代わる有機農業の出現を跡づけていた(59)。これらの話は、いかに社会がエコロジー問題に立ち向かっているかという制度的闘争に関する認識を新たにしてくれる。われわれのDNA構造とは矛盾するわれわれの利己的な遺伝子が戦争という明らかな暴力を引き起こしかねない不安と気候変動を結びつけて論じ、社会・政治改革に取り組みうる人間社会の制度に気候変動と持続可能性の問題を向き合わせたのである。

かくして今日では、経済学者や気候学者のレベルにない者でも、改革の伝統を理解できることは、農業や気候変動に継続的に関心をもつためにはきわめて大切なのである。科学史から生み出された家父長制やエコロジーに関する長期持続の新しい歴史は、緑の革命の成果について再検討を試みた一九八〇年代と九〇年代の科学者にとって多大な示唆を与えた。フランシス・ベーコンの伝統から工場飼育までの数世紀を見直すことは、有機農業に基づく未来を強く訴えてきた反対派の科学者の研究に影響を与えた。ごく最近では、水量が制約されていたためすでに一九三〇年代には代替農業が政府による立法・調査の対象となっていたオーストラリアでパーマカルチャー*に関する研究が国の支援を受けて始まったのも、長期持続の歴史のなかでユートピア的伝統が見直されたためであった(60)。こうしたさまざまな選択肢は、最初は三〇年前に多く出されたが、今日では急増しており、地域の条件や制度にうまく適用されれば世界じゅうで再現できる集約的で持続可能な小規模農業を支援する科学研究と代替制度が数多く生まれている。

*資源維持・自足の農業環境を目指すライフスタイル。

代替農業という利益になるものをもたらすような話のなかには、農業経営や国家政府の資料を地道に発掘した成果によるものもある。だが、それ以上に多いのは、思想の歴史を何世代もたどり、現代の活動家の反論がそれまでの長い論争の伝統を代弁していることを裏づける事例である。地域農業に関する長期持続の歴史で、脅威や危険の特徴が他の地域や時代にも見られる事例はたやすく得られる。資本主義に代わる形態を探る他の長期持続の歴史研究には、世界の労働者協同組合運動の画期的な話、対外的な成功と抑圧の話、さらにまた、それ自体長期持続の歴史なのだが、現在のわれわれにとってより民主的で持続可能な未来への実現可能性の高い選択肢としてこれまで忘れ去られてきたさまざまな形の資本主義に最終的には光を当てる歴史も含まれる(61)。このように過去も社会の選択肢も増えることで、われわれは選択肢が多くさまざまに膨れ上がる未来の可能性を展望することができるのである。こうした対話を通して歴史学は、経済学や気候学に対して過去の反応も未来の可能性も多様だということを示すのである。豊かな過去を背景に、豊かな未来を語ることが再びできるようになるかもしれない。どうすれば対話ができるのか——そして、どのような抵抗にあうかもしれないのか——を知るためには、二〇世紀末の歴史家の間で見られる長期持続の後退についてもっと知っておく必要がある。

長期的展望にはミクロな視点も不可欠

長期的に論ずることと長期的に調べることでは、物語への関わり方がずいぶん違ってくる。長期的に調べるには、ミクロな歴史研究の世界でよく見られるように、特徴的な断片を取り上げるよりはむしろ、一連の動きがあった期間をずっと通して分析しなければならないのだ。われわれに必要なのは、歴史における特定の転換点や分水嶺、つまり、制度、気候、社会を揺るがせた革命の契機を正確に示すために、現在のミクロな歴史研究に依拠しつつ、これらの出来事を慎重に検討することである。この長期的歴史には、具体的な事例、すなわち、権力、ヒエラルキー、想像力の構造が明るみになる短期的な歴史の契機を緻密に分析するミクロな歴史研究の活用が欠かせないのである。

しかし、このように時代を区分することは、かなり前から行われてきた。歴史学の教授の多くは、講義概要《シラバス》を作成する際に、ある意味で長期にわたる時代を概観しているのである。歴史学部では、このような時代概観に「世界文明」とか「アメリカ史、一七六〇年～一八六五年」といったタイトルを付けている。本の場合であれば、章ごとに互いに関係のないばらばらな時代を概観することもしばしばである。だが、これらの転換点の理解を刷新しようとする動きもある。ウィリアム・H・マクニールは、すでに一九八七年に、グローバル化の重要な転換点は、新しい貿易ルートが合わさり遠隔地まで交換様式が広がった西暦一〇〇〇年頃にみられると主張していた(62)。以来数十年にわたって、世界史家たちは微妙な時期の違いを比較検討し、グローバル化の歴史のみならず、ほんの数例をあげれば、人種化思考や人種主義、階級意識、平和構築、民主主義といった歴史も明らかにしてきた(63)。われわれが歴史的契機を理解するためこうした時代区分ができるのも、ミクロな歴史研究のしっかりした土台があればこそなのである。

たしかに、歴史家たちは転換点や転換期をその変種も含めて数多く提示してきたが、このことは、ユルゲン・オスターハメルが推察するように、「画期という考え方が次第に弱まっている」ことを示唆している(64)。ある時代が次の時代につながるように描く水平的な年代記述が取って代わられつつあるのは、われわれの時代認識を反映した「複合的な近代性」の同位相的な流れ――マヌエル・デ・ランダによれば、そこでは諸要因が、すべて変化するが変化の速度が異なる石、水、空気のようにさまざまな要素として認識されうる――である(65)。時間をめぐる全体像を描くのに当然長けているのが歴史学だというのであれば、歴史学が挑むべき課題とは、気候や不平等の歴史、つまり、まさしくわれわれの文明に悪夢をもたらした物語を、データに裏づけられた、物質性、構築物、原因が重なり合うような包括的な知識を用いて書き直すことなのだ。

長期的に論ずる物語は、神話を追い払い、間違った法律を撤廃するのにきわめて有効となる。大学に歴史学部が置かれていることや、世のすべての教師――「人生の指針」――であるべしというのが古くからの歴史の使命であったことの理由はここにあるのであり、古いものをやみくもに讃美しているからではない。過去にはびこった過ちを追い払い、われわれの政策決定や関係を神話に支配されないよう現在と過去に場所を空けるというきわめて重要な務めのために過去を用いなければならないのである。

長期持続の歴史が、数十年、数世紀、あるいは数千年にわたる長期的複合体の勃興を問うことで、わわれわれは国家単位の歴史の領域の外に踏み出せるのだ。このような長期の時間尺度で物事を考察してはじめて、現代の世界的な不満の原因を説明、理解することができるのである。われわれが「グローバル」と考えているのは、もっと普遍的な危機の一部とみなされるローカルな問題の集積であることが多い。だが、集積という事実——今日、ローカルな危機が政治経済や統治管理のあり方におけるもっと大きな構造的問題の事例と考えられることが多いという認識は、その一例である——は、それ自体、現代の課題を理解するためにより大きな空間枠に向かう動きの表れである。これらの課題は、より長い時間枠でも検討する必要がある。この点で、長期持続は道徳的な目的を持っているのだ。それは、学究的世界に対して、人文科学にとどまらず、グローバルなシステム全体にわたるわれわれ自身の危機の時代を特徴づけている知識の生産にしっかり向き合うことを求めているのだ。

第二章　短期的過去――長期持続の後退

歴史学専攻の学部学生が、宿題を放ったまま何時間もインターネットのウェブを見ている。そこで目にするものに彼女はさいなまれる。自分のしている勉強が大学の外の世界とどう結びつくのか自問自答して、いつも悶々と悩んでいるのだ。腐敗、汚染、不平等の現実に改革者を自任する彼女の正義感が揺さぶられるのだ。改革の手段を学び、それがどう働くのかを社会に伝え、こうしたことを考える学生グループを増やすには、自分に何ができるのだろうか。この問いに対する教師たちの回答はといえば、失望させるような一つの答えに集約されてしまうのだ――焦点を絞れ、と。問題の焦点を絞り、史料の焦点を絞りなさい、と。彼女が受ける授業のほとんどで耳にするように、大学教育は証拠を分析するという専門的知識を磨くことにあり、大きな問いに答えることにはない。正確で学問的な問いを立て、いかにそれに答えるかを学ぶには、過去に関するデータを使った高度な知識は有効であるが、時おり、今の学生たちは、大きな問いはいつ、いかにして問われ、しかも誰によって問われるのかということを知りたがるのだ。

一九六〇年代末のオックスフォード大学の学生の場合、歴史に対する問いとその妥当性に対してかなり異なる意識を抱いていた。彼らは、学生が連帯を示したパリでの組合ストに関する新聞報道を読んだり、財産共有、幻覚ドラッグ、共同生活の実験が行われていたサンフランシスコの野営地に焦点を当てて性革命や最大規模の移住に関するアメリカの歴史を読んだりしていた。その間ずっと、エリック・ホブズボームのような長期持続の歴史家たちは、一九六八年五月の事件をそれに先立つ数世紀の流れに位置づけた抵抗に関する歴史書を著していた。彼らは、この事件は前後の脈絡なしには起こらなかったと論じていた。それどころか、公然と要求を掲げる現在の多くの政治運動の前提として、過去数世紀に及ぶ奴隷、労働者、女性の闘いがあった(1)。だからこそ、パリやプラハの春について読み、運動に加わった大学生が多かったし、歴史を研究するという別の道を選んだ急進派学生もいたのである。

後にドイツ史家になるジョフ・イリーは、そのような学生の一人、つまり、自身の回顧録の冒頭で述べているように「世界の変革を求めていた若者」であった(2)。当時の歴史学専攻の学部生の多くがそうだったように、萌芽的な運動の正当性や可能性を理解するための最適な方法は、長期の政治変容という文脈で運動を捉えることだった。長期的変化に関する思想家を社会が必要としているかどうかなぞ、彼が疑問を持つことはほとんどなかった。まわりはどこでも変化していたのである。昼間はトーニーやホブズボームの本を読み、夕方にはテレビで革命を見ていた学生たちにとって、歴史がもつ緊急性は明白だった。この世代にとって、未来を考えることは、ほぼ同時に、過去に向き合う手段を呼び起こすことだった。だが、ある歴史について考えようとすると、見方やねらいを狭めることは避けられなかった。一九七〇年代初頭、イリーがサセックス大学で歴史学の専門教育を受けていた頃、大きな問いに答えるための方法とは、範囲を絞り史料を限定することだった。彼の博士論文はドイツ海軍の一六年間を扱っていたし、初期の論文はどれも一〇年ないしは二〇年を扱うものだった。彼が研究したのは、軍隊に加わり第三帝国に至る数十年間ドイツ・ナショナリズムを推進した少数のドイツ人エリート層に関する史料であった。彼らがどのような情報交換をし、政治組織、国家、国民、外交についてどう論じていたのかを調べるため、彼は、フライブルク市文書館と同市の軍関係文書館の史料をあさっていた(3)。イリーや同世代の研究者のほとんどは、「短期的過去《ショート・パースト》」の歴史を重点的に検討すれば現下の政治を解明できるのだという信念を抱いて、文書館を一つずつ調べ上げていたのである。

一九六八年以降数十年の間に、時間尺度をこのように狭く絞ることが、大学での歴史教育の主流となった。それが研究の記述の仕方、史料の探し場所、議論の内容のほか、議論の締めくくりまでも決定づけた。だが、変革によって失ったものがあった。短期的過去に重心が移ることは、たとえば、いくつもの大陸や世紀をまたごうとしたエリック・ホブズボームに特徴づけられる長期的視点を学ぶ学生が減ることを意味していたのである。学部学生、大学院生、教員も、時間に関するデータを扱う者のほとんどが、諸制度の興亡を数世代にわたって捉える長期持続に特徴的な見方ではなく、人間の生涯の長さで過去を調べることを教え込まれるようになった。学生の方は時期を狭めて焦点を絞れと教室で言われ、過去と未来を扱う専門家の方は、史料やデータばかりか、ときには考え方も限定しはじめたのである。

本章での事例の大半は英語圏世界から引いている。だが、短期的な視野によってわれわれのほとんどの制度に対する見方が狭められている時代にあって、ここでの議論が——本書全体にも言えることだが——、〔英語圏以外を含めた〕歴史家全般に意味をもつと確信している。分野によっては、たとえば、歴史社会学や世界システム論のように幅広い歴史の時間尺度が失われなかったところもある(4)。だが、歴史学の分野では、長期持続——これまでみてきたように、フェルナン・ブローデルとフランス「アナール」学派の歴史家と結びつけられ、たちまち普及した——は隆盛し、次いで衰退した。それに代わる見方——短期的過去という見方——には、世界を変革するという過激な使命を担うこともしばしばだったが、限界もあった。

ミクロな歴史の流行

一九六八年頃に成年に達した歴史家たちの過去に対するアプローチの仕方は、一世代前の長期持続の歴史家とはずいぶん違っていた。この世代は、歴史研究者や歴史作家も、思想家や知識人も、それ以前のおそらくどの世代にもまして、短期的歴史の史料を探っていた。南フランスやイングランド北部の労働者の組合に関する無名の文書は、労働者と指導者の間のミクロな力関係を調べ、いつ、いかにして意思決定が下されるようになり、いつ、いかにして小さな組織集団が古びた特権や生産のシステムを根こそぎ覆せるのかを問うことを可能にした。問題を限定することで、彼らは大思想《ビッグ・アイディア》に挑み、人種主義やナショナリズムといった大きな力を、永遠を求める存在として人間を運命づけるような自然な社会秩序としてではなく、主体的な運動として人びとが理解できるよう、確かで見識ある見方を自由に発信するようになったのである。

短期的過去というミクロな歴史の視点は、イリーのような歴史家が広い視野から政治を考えることを可能にした。それを彼は、ドイツにとって不可避な「特有の道《ゾンダーヴェーク》」という根強い神話を攻撃した早熟で先駆的な共著『ドイツ史の特異性』（一九八四年）のなかで明らかに実践していた(5)。彼の歴史は、ときには一般向けに書かれ、『ロンドン書籍評論』のような雑誌に掲載された。その場を借りて彼はホロコーストの論争を続け、それをブリクストン暴動が起きたイギリスのサッチャー政権を数年間揺さぶっていた人種主義と結びつけたりした(6)。イリーと彼の仲間が属していた大学では、人文科学を含む諸学問は大きな時間尺度から市民社会や国際秩序を再考するための手段として用いるべきだと考えられていた。イリーが大学院生活を送ったサセックス大学には、創設が新しい大学として未来指向の現代主義の風潮があり、人類学、社会学、経済学の同僚たちは、住宅や民主主義の将来像について国際連合や世界銀行に助言を与えていた。彼らは技術史の最新の成果を使って、国際援助や経済発展の計画を検討し直していた。古い国家秩序を打破することを信じ、帝国以後のインドやアフリカの将来を再考したり、すべての向上のために技術や民主主義を活用したりしていた(7)。このような大学では、過去と向き合うことが、地球規模で未来を考えるための十分なよりどころになることはなおさら明らかであった。

世界を変えようという野心を抱いたこの世代こそ、現在に対する洞察を得るには過去に光を当てるべきだという強い信念をわれわれにもたらしてくれたのである。イリーが歴史を学んでいる時代には、短期的過去は公共での議論や世界変革に関わるものとして、反乱、革命、改革と深く絡みあっていた。歴史家と社会運動は、シドニー、ベアトリスのウェッブ夫妻とR・H・トーニーの頃にしっかり結びつくようになり、この結びつきは、一九六〇年代から七〇年代まで、つまり、アメリカ合衆国外交史家ウィリアム・アップルマン・ウィリアムズがテキサスの海岸の小さな街で全国有色人種向上協会と共働したり、労働者階級の歴史研究者E・P・トムスンがヨーロッパでの大規模な核廃絶運動の立ち上げを支援する前にロンドンで開かれた平和集会で演説していた頃まで続いた(8)。一九七〇年代には、ホブズボーム自身の関心は、革命から伝統の創造の歴史に移っており、新国家イスラエルが行った古代マサダの戦いの祝典を、ナチス・ドイツからガーナ国家やメキシコ革命に至るまでの他の伝統の創造とともに位置づけていた(9)。一九六八年の卒業組が大学を終えた頃ですら、まわりにいる年長の歴史家たちは、現代を理解するために過去を用い、現在の政治的事件や社会状況に対しては、しばしば親近感を抱いて向き合い続けていた。昔にさかのぼるために過去を用い、それによって未来に対する確固たる考えを育むことは、新しいことではなかった。だが、一九七〇年代になると、政治運動がエディプス・コンプレックス的な眼差しを採り入れるようになった。*

*前の世代の見方に反発するようになったという意味。

一九七〇年代に成年に達した若者は、それ以前の世代に特有の制度を否定することに躍起となる政治的風潮のただ中にいた。多くの学生運動の導き手の一人であった無政府主義者ポール・グッドマンによれば、ベトナム戦争期のアメリカ合衆国では、統治制度と結びつくことは旧世代の腐敗の証拠とされた。

グッドマンが言うには、「教授たちは、公に仕え警官どもの友になるために、市民としての独立と批判する自由を捨てたのだった」(10)。真の反乱を起こすには、政策との関係を拒否しなければならなかったのである。

若い歴史家たちは反抗者を自任していた。イリーによれば、文化論的転回《カルチュラル・ターン》とは、「従来のほとんどの歴史学の無味乾燥で現実から逃避した研究に対して不満をもつ」若き歴史家にとって、個人的な解放のようなものであり、「史料が語る認識論的人生を理論によって生き返らせるような」ものだった。古き世代の歴史家たちに対する若い歴史家たちの反乱は、レトリックにおいて、同じ一九六〇年代末から七〇年代の若者による反戦、自由言論《フリー・スピーチ》、反人種主義の運動に似ていた。それは、良心の叫び、つまり、歴史という制度をもっと重要な政治と結びつけようとする決意の表れだった。このような反抗がもつ「大きな意味」について、イリーの説明は率直である。彼の世代の歴史家たちが政治に関与したのは、これまで数世代にわたって長期持続の歴史を最も活用してきた腐敗した国際統治組織を解体することにあったのだと(11)。

一九七〇年の頃には、短期的過去には長期持続的な考え方よりも現実的なメリットがもう一つあった。専門性が問われ財政的にもきびしい研究職市場に、新しい何か切り札となるものをたずさえて入って行けたのである。求人が限られていた世代であったため、それぞれ別々の文書館に精通していることをますます売りにしようとした。と同時に、彼ら若き歴史家たちは、当時の社会に色濃く見られた抗議とアイデンティティの政治指向を史料調査に織り込んだため、英語系の歴史家たちは短期的過去の形式を幅広く採り入れた。その結果、すぐれて洗練された歴史のモノグラフが量産された。

アメリカ合衆国では、一九四四年の復員兵援護法の下で帰還兵の教育を国家が助成したため、戦後、歴史学を含むすべての分野で大学院プログラムが爆発的に増大した。博士号取得のための教育期間が三年から六年に延び、しばしばそれ以上にも延長された。専門化した大学制度の下で新世代のアメリカ人大学院生が博士号を得た一九七〇年代末には、「研究者のポストがほとんどの分野で一杯になり、博士人口の過剰が憂慮された」。アメリカ国立科学財団は、「授与された博士号の数は、一九五七年の八六一一件から一九七三年には三万三七五五件と、毎年約九％増加した」と報告していた(12)。だが、これらの博士号取得者を全員収容できるほど十分な数のポストは作られなかったため、歴史学専攻の大学院生たちは、史料に対する画期的アプローチをしたことで他の院生との差別化をはかろうとした。アメリカ合衆国の歴史分野の初期の博士教育では、フレデリック・ジャクソン・ターナーの北米交易場に関する歴史研究や、W・E・B・デュボイスによるアフリカ奴隷貿易の禁止（一六三八〜一八七〇年）の研究のように、博士論文が対象とする年数幅は二世紀かそれ以上になることもありえた(13)。一八八〇年代以降にアメリカ合衆国で書かれた歴史学の学位論文約八〇〇〇本に関する二〇一三年の調査によれば、考察対象年数幅の平均が一九〇〇年には約七五年だったのが、一九七五年には約三〇年に短くなっていた。二一世紀になってようやく上昇に転じ、七五年から一〇〇年の間になった（図2参照）(14)。

大西洋の反対側でも、事情は似かよっていた。イリーは、厳しかった雇用市場の頃について記した回顧録のなかで、いかにして自分が研究者ポストを得ようと仲間と争ったかを思い出していた。戦いに勝

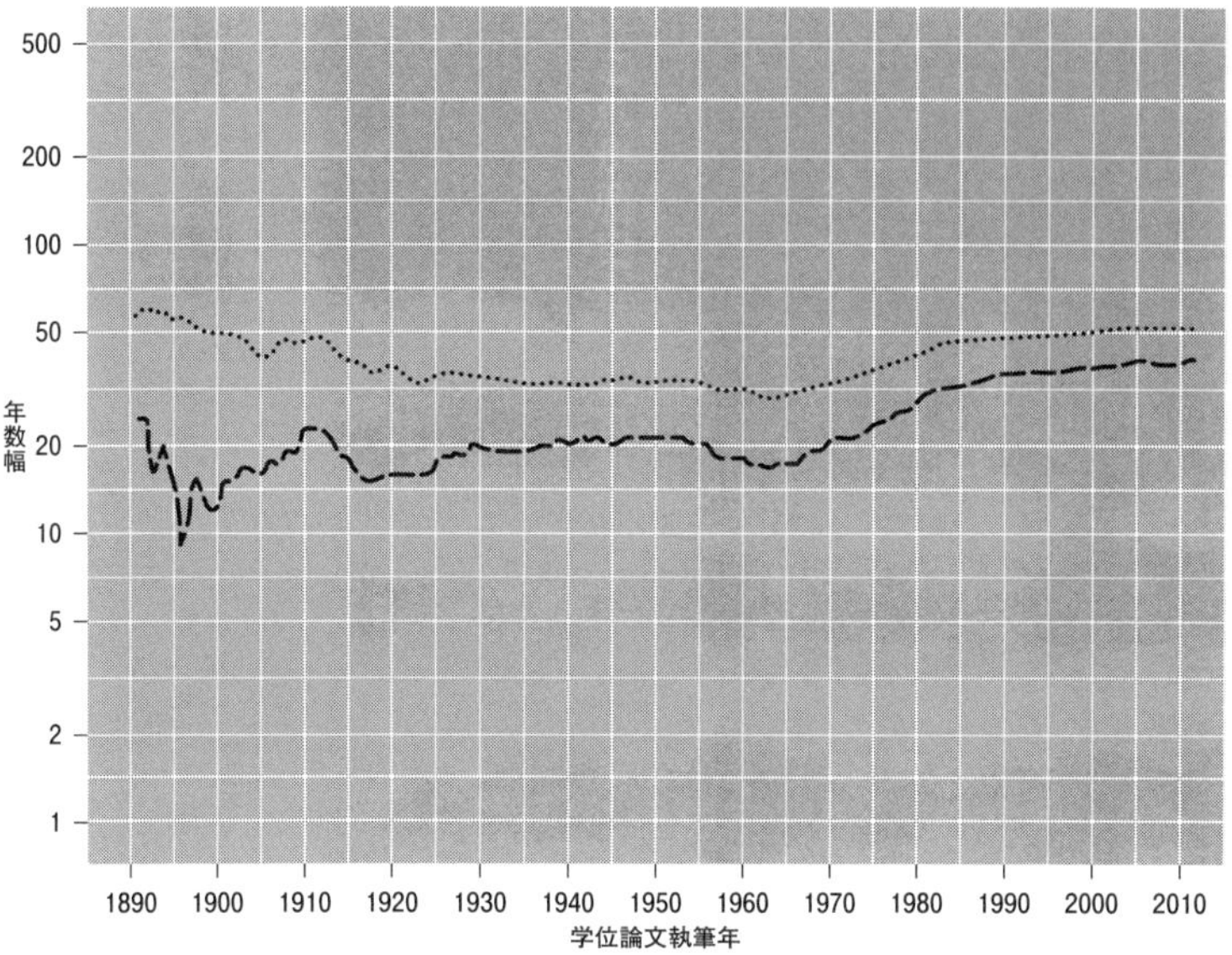

図２　アメリカ合衆国での歴史学学位論文が対象とする年数幅，1885年頃～2012年
━━：中央値，……：平均値
出典：Benjamin Schmidt, 'What Years Do Historians Write About?', *Sapping Attention* (9 May 2013).

つための重要な武器になったのは、地域的《ローカル》な細かい事象に注目することだった。これは、ドイツやイギリスの都市史家たちが労働争議を都市社会の歴史の一部としてしきりに描いていたという都市史の伝統から引き出されたやり方であった。実際、ギャレス・ステッドマン・ジョーンズやデイヴィッド・ロディガーといった歴史家の研究がきわめて地域的な事象を強調したことが、まさしく共同体内での人種、階級、権力の検証をもたらし、歴史家は、国家の変革をめざした労働者階級の運動の失敗を偶発的と解釈するようになった[15]。文書館を利用することは、歴史家が一人前になる儀式、つまり、方法論、理論的考察、歴史的コンテクストの考慮、史料の熟知といった専門的手法を身につけたことを示す証しの一つとなった。未開拓の史料群を扱うことは、史料中の矛盾がわかるほどその史料を熟知し、書き手がどんなに無名で素性が複雑であろうとも史料が理解できる歴史的分析手段をすべて備えていることを示す証明であった。歴史家にこぞって求められたのは、史料群の臭いを嗅ぎ分けることであった。汗を流さずして、歴史家にはなれなかったのである(16)。

短期的過去の歴史家たちが史料や読み手との関係を再考し始めるにつれて、史料を使いこなすことが専門家としての技能となり、時期を絞ることがますます不可欠になった。いくらか例外はあるが、一九七〇年代、八〇年代、九〇年代の古典的研究は、たとえば、心理的なある無秩序を特定したり、労働運動のなかのある一つの騒乱を考察したりするように、個別のエピソードに的を絞っていた(17)。社会史家のほとんど誰もが、短期「持続」的な歴史記述を意識し、制度が作られていく個々の様子を描き、それぞれのエピソードを労働、医療、ジェンダー、家事の長い歴史のなかに書き入れていった。心理的な分析はある特定のモデルにしたがって行われ、どんな考察の時期区分も、独創的な研究――ヒステリー症の診断、動物磁気催眠術《メスメリズム》の探究、広場恐怖症《アゴラフォビア》の誕生、あるいは、伝統的医学が二〇年間取り扱わなかったテーマである「社会での居場所」を突然奪われた徘徊状態についてイアン・ハッキングが『狂った旅人たち』（一九九八年）で描いた話――にたずさわった医師たちの生涯に合わされた(18)。

五年から五〇年という生物学的な時間尺度が、画期的な歴史研究のモデルとなった。ミクロな歴史の研究者は、労働運動や人種主義、白人性《ホワイトネス》の特質、歴史そのものの生成に関する歴史記述を刷新した。実際、それ以降に出されたおびただしい数の博士論文は、ごく短い時期というシャーレ（ペトリ皿）のなかで伝記、史料調査、時期区分という歴史家としての技能を駆使できる地域的で特定の事象に焦点を当てていた。短期的過去の時代の博士論文の指導教員たちは、ジェンダー、人種、階級に関するすぐれた研究成果とは、ほぼまちがいなく微小的分析から生まれるものであって、大枠で捉える分析からではないと確信しており、若手歴史研究者に対して、場所と時間を広げるのではなく狭めよと勧めることがしばしばであった。しかし、イリーによれば、政治的に関与した社会史研究の大半は、まさにこのように地域的な事象に過度に力点をおいていたがために失敗であった。「時がたつにつれて、緊密で相互依存の関係にあった……社会全体の変化の方向をつかもうとするマクロな歴史学の関心と特定の場所を扱うミクロな歴史との結びつきが、切り離されてしまった」。さらにイリーは、地域的な社会史を、政治指向をもつもう一つの歴史――『アナール』誌の伝統を受け継ぎ、彼自身の研究に似て、現代の歴史を「全体的」に批判しようとする歴史――の対極に置こうとすらしたのである(19)。

　短期的過去は、「ミクロな歴史《ミクロ・ヒストリー》」と呼ばれる時間枠を狭める原理主義《ファンダメンタリスト》学派を生み出した。ミクロな歴史は、個々の出来事に焦点を当てることを良しとし、大きな物語《グランド・ナラティヴ》や道徳的教訓はほとんど捨象した。たとえば、ナタリー・ゼーモン・デーヴィスによる近世フランスの恥ずかしくなるようなシャリヴァリに関する分析やロバート・ダーントンが明らかにした一八世紀パリでの謎めいた猫の大虐殺のように(20)。もともとミクロな歴史は、マルクス主義や「アナール」学派の全体化を求める見方に対抗して、長期持続の課題を試す方法としてイタリアで生まれた。その源泉は、エドアルド・グレンディの有名な表現によれば、「特別に「ありふれた事がら」」であり、その目的は、異なった分析単位を同時に結びつけることにあった(21)。したがってその方法は、数日と数千年の歴史的時間を行き来するベナンダンティやサバトの集会を考察したカルロ・ギンズブルクの研究のように、長期の時間とは矛盾しなかった(22)。元来、ミクロな歴史は、学界を超えた大きな政治・社会問題から切り離されていたわけでもなかった。イタリアで生まれた根源には、「命令的で抑圧的な規範的システムによる束縛を超えたところで――外部にというわけではないが――」行動できる変容能力が人間に備わっているという確信があったのだ(23)。しかし、英語圏の歴史学研究に移植されると、短期的過去は、より短い時間尺度、より徹底した史料の活用に依存するようになった。言ってみれば、ある史料群が無名か難解であればあるほど望ましいのであった。つまり、アイデンティティ、セクシュアリティ、専門性、関係主体に関する対立する理論が豊富にある状況で書き手の洗練さが試されるやっかいな史料が多ければ多いほど、史料の使い方次第で、研究者の史料の使いこなしや研究への没頭ぶりがはっきりしたのである。大きな物語への疑念はまた、専門家ではない読者でもわかるような過去に生きた人びとに感情移入した歴史を書く動きを刺激した。このような「感情的な」記述は、たとえその著者が、学界の内外で名声や評判を勝ち得ることが多かったとしても、「もっと大きな社会や政治の問題に関わることよりも、地域的で個人的な事がらを取り込んでしまっている」という非難を免れなかった(24)。

その後数世代にわたって、短期的過去の時間尺度は当たり前になった。歴史家として仕事を得るには、過去を斬新に読み替える作業に没頭する必要があった。短期的過去は、数々の新しい解釈や研究者間の論争に影響を与えた。一九六八年世代が飛び込んでいった社会は、すでに進行中の社会論的転回《ソーシャル・ターン》の時代、「下からの」歴史、つまり、エリートの歴史から離れ、普通の人びと、サバルタン、周辺に追いやられた人びと、打ちひしがれた人びとの経験に目を向けようとする大変革期の真っただ中にあった。次いで言語論的転回《リングイスティック・ターン》――分析哲学を採り入れ、それを言語と概念を介して世界や社会経験の構築を明らかにするという歴史家の目的に適用した動き――があった(25)。言語論的転回は、文化論的転回や文化史の大規模な復活をもたらした(26)。以来、一国史《ナショナル・ヒストリー》を離れた一連の転回が生み出されていった。それは、国家横断論的転回《トランスナショナル・ターン》、帝国論的転回《インペリアル・ターン》、グローバル論的転回《グローバル・ターン》など種々ある(27)。本書の著者であるわれわれも、転回という言葉を売り込んだ張本人である。最近、共著者の一人［ジョー・グルディを指す］は、概括的だが、分野を横断する「空間論的転回《スペーシャル・ターン》」の系譜を提示したし、相方の方［デイヴィッド・アーミテイジを指す］は、思想史における「国際論的転回《インターナショナル・ターン》」の見通しを具体的に考究した(28)。学問動向を「転回《ターンズ》」と呼ぶことが示唆するのは、常に歴史家は、たとえそれが曲がりくねった回り道であろうとも、単線の道を通って未来に向かっているということである。そうだからこそ、転回に対して疑義を抱き、長期持続に立ち返るといった回帰《リターンズ》の重要性を考えるのは妥当なことなのだ。

二〇一二年に『アメリカ歴史評論』――英語圏における代表的な歴史専門雑誌――が状況を探るために「批判的視点に立つ歴史学的「転回」」に関する大がかりなフォーラムを主宰したが、そこでの転回をめぐる議論はどれもよくありがちで混乱を招くものである(29)。いわゆる「批判論的転回《クリティカル・ターンズ》」論者たちは、自分たちは史料と問いに新たな視点で向き合っているのだと歴史研究者たちに再々念を押していた。

だが、『アメリカ歴史評論』の執筆者たちが指摘したように、批判論的転回であっても陳腐になりうるのである。それが硬直してしまっている古い思考様式を覆い隠すこともありうるのである。われわれの問いがいかに大きくて、それが人間の経験の別の側面――空間的、時間的、あるいは感情的であれ――が構築されるのを跡づけたとしても、歴史学が出す回答には共通のレッテル――狭隘で焦点が絞りこまれた短期的過去という――が貼られることが、近年まで依然として多かったのだ。

短期的過去は、社会史、あるいは、もちろん、アメリカの歴史学に限られるわけではない。同じ頃ケンブリッジでは、クエンティン・スキナーが、事がらの語られ方やその時代状況をきちんと吟味することに賛同し、思想史分野で見られた種々の長期指向を批判する急先鋒となった――特に矛先を向けたのは、「名著群《グレート・ブックス》」を用いて政治思想を説くという正典的手法をとるアーサー・ラヴジョイによる通時的な思想史に対してであった。戦後のイギリス、わけても帝国の後退とキリスト教の崩壊が見られた時代にあって、このことは、大きな物語の崩壊に対する反応だと受けとめられた。「文脈《コンテクスト》や背景状況に焦点を当てることはより精緻な研究を約束したが、他方で、新旧の政治神話から距離を置くことになった」と(30)。いわゆるケンブリッジ学派の「コンテクスト理論」は、議論とは超時間的思想や永続的概念の例示ではなく、巧みに練られた言語ゲームや特定の発話行為とみなしており、その議論の焦点をほぼすべて共時的で短期的な対象に絞っていた。

コンテクスト主義者たちのそもそもの攻撃対象は、ウィッグ史家、マルクス、ネーミア、ラヴジョイであったが、彼らの活動は、時代錯誤、抽象、より一般的には、大きな物語に対する攻撃とみなされた。

だが、一九八五年にスキナー自身が人間諸科学における「大きな物語への回帰」を唱えるようになると、彼の妨げとなったのは、この反逆の提案者で旗振り役だった思想家の多く――そのなかには、ウィトゲンシュタイン、クーン、フーコー、ファイヤアーベントがいる――が逆に、「偏ったもの、偶発的なものの重要性を強調しようとする意向と……これらに呼応して頭ごなしの理論や一本槍の説明図式にたいする激しい嫌悪感」を表明したことであった。一九八〇年代には、大きな物語への回帰についての報じられ方には誇張があったと思われる。それは回帰どころか、ミネルヴァの梟のごとく、黄昏への引きこもりだったのである(31)。スキナー自身が、思想史家たちが長期持続に全般的に回帰する前兆となる長期的研究――キケロやクウィンティリアヌスにさかのぼるレトリックの伝統に位置づけたトマス・ホッブズ研究、ユスティニアヌス法典（ローマ法大全）に由来するネオ・ローマの自由理論研究、中世以後の歴史における共和主義、国家、自由の概念研究――に戻ったのは、一九九〇年代後半になってからであった(32)。

一九七〇年代後半以降、社会史から思想史に至るまで、歴史学研究の多くが、分野横断的な短期「持続」の研究に引きこもる時代にほぼ一斉に入って行った。長期持続の視点でまとめた歴史家の作品が、記録史あるいは伝記と対立することは新しいことではない。もちろん、もっと短い時間尺度で書かれた歴史は、専門的な歴史記述に影響を及ぼす以前に、文学の場で居場所を得ていた。プルタルコスの『対比列伝』からサミュエル・スマイルズの『技師たちの生涯』（一八七四〜九九年）に至るまで、伝記は、歴模範的人物伝を通してどの時代にも通じる「品格」を明らかにすることに焦点を当てることが多く、歴史を記述する際の教訓的道徳的な土台となっていた[33]。短期的な歴史はまた、長期的ヴィジョンどうしが対立し、どちらを選ぶべきか歴史が判断材料になる時にもきまって注目された。アクトン卿によれば、ミシュレ、マッキントッシュ、ブーホルツ、ミーニュが史料を手に入れ教会と地方文書館をあさりつくしたのは、フランス革命を「異質なエピソード」や既存の権威に対する反乱として理解しようが、あるいは「あらゆる歴史の熟した果実」として理解しようが、フランス革命の遺産を根づかせたいという欲求と結びついていた[34]。史料の扱いが大きく変わるのは、歴史家の役割が、語りの専門家やまとめ役から、適切な史料を厳密に読みこなす能力で論争を調停する政治批評家へと転換したときである。この政治批評家の役割を担った制度史は、自由の伝統を解釈する任務を引き受け、エリ・アレヴィの『一八一五年のイギリス』（一九一三年）のように、重大な転機に対象を定めた研究を行ってきた。短期的歴史がしばしば焦点を当ててきたのは、ジャーナリズムで話題になった事がら、特定の論争、そして争議の時代であり、たとえば、詩人ロバート・グレーヴズの『長い週末』（一九四〇年）は、第一次世界大戦初期における空想主義の退潮を考えるのに、第二次世界大戦勃発時という距離をおいた視点から捉え直していた[35]。

専門化に対する欲求――「より小さな事がらをもっと知ろう《モア・アンド・モア・アバウト・レス・アンド・レス》とすること」――にずっと付きまとってきたのは、専門職化と専門技術の出現であり、当初は科学において、さらに一九二〇年代以降はもっと広範に見られるようになった（図3参照）。その三〇年後に、イギリスの小説家キングズリー・エイミスが、『ラッキー・ジム』（一九五三年）のなかで専門職化が若手歴史家を束縛していることをするどく皮

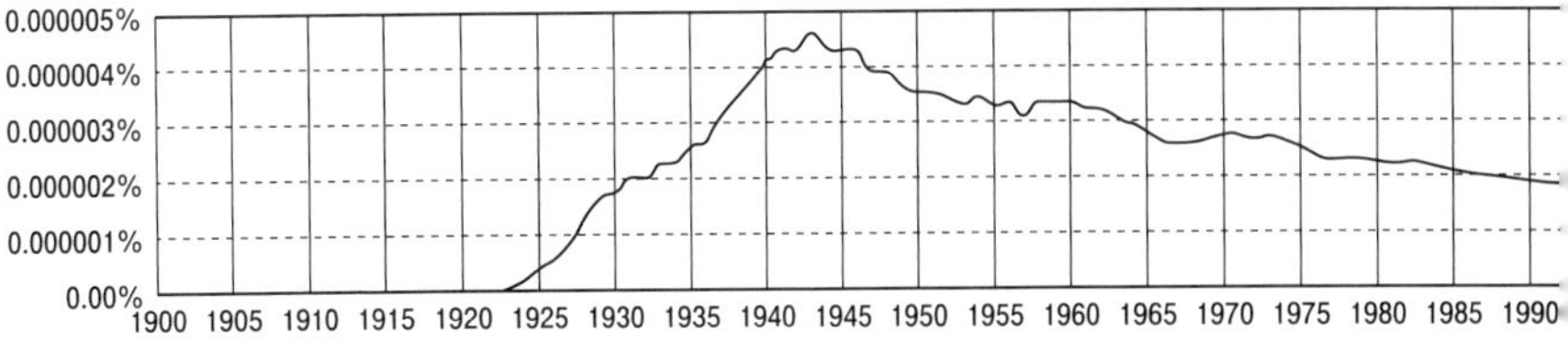

図3　「より小さな事がらをもっと」という用例の頻度，1900〜90年
出典：Google Ngram viewer

肉っていた。タイトルにある主人公ジム・ディクソンは、地方大学の哀れな下級講師で、作品中ずっと、専門家として出世できるかもしれない論文のことでやきもきしているのである。論文のテーマは「一四五〇年から一四八五年に至る造船技術発達の経済的影響」で、小説の語り手は、それを冷酷にもバッサリ斬っている。「愚にもつかぬ、投げやりなしろもので、まるで葬いの行列を思わせる、あくびの出るような事実の羅列で、何の問題にどんな真正の光りを当てたわけでもないその論文の、そういう特徴をひとまとめに表現し尽くした題名なのだ」と語り手は記しているのだ。だが、『ラッキー・ジム』が出版されてからわずか数年後には、良心的な指導教員であれば、そんな馬鹿げた野心的で広範なテーマで論文を書くことなぞ勧めなかったかもしれなかった[36]。

しかし、一九七〇年代ほど、一世代すべての専門的歴史家たちが長期持続的思考に対して公然と反旗を翻したことはなかった。ベビーブーム世代の研究者たちは、彼らよりもちょうど一世代先輩にあたる有能で真摯な歴史家たちに典型的であった記述スタイルを拒否したのである。E・P・トムスンの『イングランド労働者階級の形成』（一九六三年）からユージーン・ジェノヴェーゼの『流れよ、うなるヨルダン川よ《ロール・ジョーダン・ロール》』（一九七四年）に至るまで、マルクス主義歴史家の著作は、労働者階級や奴隷の文化、サバルタンとエリートとの全面的な敵対関係の特徴を描くために、民謡《バラード》、ジョーク、言葉のあやを考察する民俗学研究の手法を借用していた(37)。一作業場に、あるいは、ある地域での交流パターンに焦点を当てたり、個人の働きや細部に注目する社会学の常套手段を取り入れたジョーン・ヴァラッハ・スコットやウィリアム・シュウェルのような社会労働史家の仕事に見られるように、一九七〇年代前半には、大きな節目の時期の特徴を捉えようとする指向に変化が生じたのである(38)。たしかに、こうした歴史家の主要関心は、広範囲に扱う視点と必ずしも対立するものではなかった。フランスの労働と革命に関するシュウェルの研究は「旧体制《アンシャン・レジーム》から一八四八年まで」の数十年にまたがっていた。ミクロな歴史研究者も長期持続の枠組なしに思索ができたわけではなかった。ただし、短期的過去の歴史家たちは、長編の歴史を自ら書くのではなく、むしろ一九六〇年代、七〇年代のドイツやフランスの社会理論家から外部調達してくる傾向があった。短期的過去の視点から生殖、教育、福祉、統計を研究する多くの歴史家に対して、ミシェル・フーコーによるセクシュアリティ、規律、監獄、統治秩序に関する数世紀に及ぶ歴史が、制度の進展を懐疑的に捉える長期的枠組を提供した一方、ユルゲン・ハーバーマスによる一八世紀の公共圏に対する楽観的な所説も別の枠組を提示した(39)。監獄とコーヒーハウスは、近代の制度に対する悲観的見方と楽観的見方を提供するマクロな歴史の二大テーマとなり、短期的過去の視点に立つミクロな歴史家たちはそれぞれを細かく分析した。これらの見方は、引用される、されないにかかわらず、歴史学、歴史社会学、歴史地理学においての詳細な短期的過去の歴史の多くの方向性を指し示していた(40)。そのため、一九六八年からおよそ二〇〇〇年まで、これらの分野の多くの研究者は、過去とそれが未来においてもつ重要性について独創的に考える責務をしばし免れていたのだ。研究の課題が、総体を一般化することから、ミクロな政治や、大きな階級闘争のなかでの個々の争いの成否へと移ったのである。

多様なデータの活用

一九六八年以来数十年間の大学教育では、短期的過去で時間を捉えることが主流になっていた。歴史家に研究法を伝授するために書かれた現代の教科書 —— 少なくとも、アメリカ合衆国で出版されたもの —— は、特定の時期に問題を狭める重要性をもっぱら説いてきた。たとえば、一九七四年以来アメリカ合衆国での歴史学の初学者向けの定番の教科書であるフローレンス・N・マッコイの本では、学生の課題レポート《リサーチ・ペーパー》のテーマ選びの方法を扱っている。結局、学生は、オリヴァー・クロムウェルの研究（マッコイから見れば、あまりに大きすぎるテーマ）をしたかったのに、スコットランドとイングランドの合邦に対するクロムウェルを調べることへとテーマを狭めるのである。大学教育という観点からすれば、後者のテーマの方が前者よりも適切である。というのは、そのテーマであれば、同じ分野のなかで狭さを競いあう専門家たちが学界で行っている専門化に匹敵することを自分もしているのだと学生が理解できるからである。クロムウェルとイングランド・スコットランド合邦という課題テーマは、「イングランドとスコットランドの外交関係を専門とする者しか知らないことを調べるチャンスを提供」しており、危険を冒すなという教訓にぴったりなのだ(41)。

歴史学に対する好みも、教育とともに変化してきた。一九七〇年代までは、対象を狭めすぎたテーマは不適切だという見方に立って歴史家が研究を批判しあうことは当たり前だった。一九六〇年代と七〇年代まで、そうした狭さを批判する声が、若手歴史家に何度も浴びせられたのだった。五〇年くらいの期間に目を向けても、手痛い批評を受けるのは自然だった。ポール・ビューの『アイルランドにおける土地と民族問題　一八五八～八二年』（一九七九年）を読んだある評者は、生活水準や物質的欲求に関する詳細な研究を褒めたものの、この本の対象が一八七九年から八二年までの三年間に絞られていることから、大した評価を下さなかった(42)。歴史を大きく展望している本であっても、もっと広い範囲を扱っている印象を題名や序章が与える場合には非難を浴びた。ロドニー・バーカーが一世紀しか扱っていないのに「近代イギリス」の語をタイトルに入れた歴史書を出したとき、翌一九七九年に出た書評は、一八八〇年から一九七五年までしかカバーしていないと著者を嘲笑し、「対象時期があまりにも短すぎる」とたしなめたのだった(43)。

だが一九七九年にもなると、時代は変化しつつあった。「短すぎる」という批判はそう問題ではなくなっていた。一九三三年にアーサー・シュレジンジャー・シニアがアメリカ合衆国の人種多元主義に関する歴史書『都市の勃興　一八七八―一九八年』を著したが、二〇年間を対象とした同書は、建国以来のアメリカの軌跡をたどる数巻からなる野心的な叢書の一冊だった。その序章ではペルシアとローマの諸都市を大まかに概観していたが、シュレジンジャーの研究は、自分が生まれた頃の二〇年間を特徴づける移出・移入民のパターンに焦点を当てていた。対象時期の短さに愕然とした同僚の歴史家でコーネル大学のカール・ベッカーは、考察するにはあまりにも短い長さに歴史を薄く切り取っているとシュレジンジャーを批判した。一九六〇年代と七〇年代の大学拡張の時期になると、データはもっと重要になっており、シュレジンジャーは正統派として評価が高まった。彼が亡くなった一九六五年には、ハーヴァードの同僚たちによって「長期にわたって歴史を大雑把に一般化している」と、逆にベッカーの方が訴えられたのだった。失敗作だと批判するときの文句は、「短すぎる」から「長すぎる」へと変っていたのである(44)。

短期的過去が一般的になると、歴史家たちは長期的時間を未来と結びつける術をどんどん無視するようになった。少なくとも英語圏の世界では、ミクロな歴史の研究者たちは、彼らの短期的な見方を一般読者のために説明するのに尽力することはめったになかった。彼らは、知識を徹底的に分解することで褒められるようなゲームをしていたのだ。役割分担が極度に進んでいた大学では、若手研究者が一般読者に向かって物を書く機会や、そうした歴史記述に必要な長期的視点をとる余地はかなり減っていた。これは、アメリカ合衆国の思想史家ダニエル・ロジャーズが主として時間的視野が縮小している現象を捕えて「分裂の時代」と呼んだ、大きな物語からの撤退という社会全般の動きの一環であった。「二〇世紀の中葉には、重厚で圧倒的な存在である歴史が、社会の言論を制していた。真剣に語るということは、長期の壮大な時間の動きを語ることだった」。一九八〇年代になると、近代化論、マルクス主義、長期的経済発展と文化の時間的ずれに関する諸理論、景気循環の不変性、そして歴史家の長期持続の見方はすべて、今現在のことという直近の短い時間に焦点を当てる縮まった時間感覚に取って代わられたのである(45)。

一九八〇年代には大西洋の両岸の歴史家たちの間で、専門化が歴史学における深刻な断片化をもたらしたという不満の声が上がり始めた。「歴史の探究は、同時に一〇〇くらいの方向にばらばらに向かっている。それらを調整するものは何もない。……限られた地域であっても、首尾一貫した全体にまとめることはほとんど不可能のようである」と、アメリカ史研究者バーナード・ベイリンは一九八一年のアメリカ歴史協会の会長講演で述べていた。「現代歴史記述の課題」と彼は呼んでいたが、まさにそれは「歴史の広大な領域を秩序づけるとともに、……それを主要なテーマについて研究成果をまとめ、物語の形で広範な読者層に提示し直すこと」であった(46)。すぐ後の一九八五年には、やはり元アメリカ歴史協会会長で、民主的革命の時代に関する長期持続の歴史家R・R・パーマーが自分自身の専門であるフランス史の分野について不満をもらしていた。「極度の専門化が進んでしまった。……このような専門化が若者の教育や社会の啓蒙にどのような貢献ができるのか理解に苦しむ」と(47)。さらに一九八七年には、若きイギリス史家デイヴィッド・キャナダインも同様に、「歴史学者たちは、読者がどんどん読まなくなっている学問的歴史をますます書くようになった」とする「専門主義信仰」を糾弾していた。「それがあまりにも続きすぎた」結果、「社会の教師としての歴史家の役割は、事実上、消滅してしまった」と、キャナダインは警鐘を鳴らしたのだった(48)。専門職化は周縁化をもたらしていた。これまで以上に短い時間尺度で考察した格段に狭いテーマについて仲間うちでしか話さなくなるにつれ、歴史家はますます、専門家ではない読者層から切り離されていったのである。

ピーター・ノヴィックは、アメリカ合衆国における歴史学者についての教訓的列伝である『かの高貴な夢』（一九八八年）のなかで、一九八〇年代を断片化がはびこり「イスラエルに王がいなかった」*ことが明白になった契機だと見ていた。「濃密な（厚い）記述《シック・ディスクリプション》」を強調する人類学論的転回《アンスロポロジカル・ターン》、イタリアからフランス経由でのミクロな歴史の輸入、アイデンティティ・ポリティクスやポストコロニアル理論による自由主義的テーマの解体、ジャン＝フランソワ・リオタールが究明した大きな物語への不信感の表出――これらすべてが遠心力となって、歴史の構造を粉砕していたのである[49]。だが、ベイリン、パーマー、キャナダイン、ノヴィックらの嘆きには重要な点が抜けていたと言えるかもしれない。それは、専門職の分裂とは、短期「持続」が支配しているという大きな流れに付随する徴候であったということである。

*めいめいが自分が正しいと思っていたという意味。

史料を駆使すること、ミクロな歴史、偶発性とコンテクストを強調することのすべてが結びついたのは、大きな物語への懐疑、ウィッグ的な目的論への反発、反本質主義の絶えざる進展によって促されたためであったが、それは、歴史学の広い領域で共時性や短期的な対象に焦点を当てる傾向を決定づけた。事例研究、個人の働き、特定の発話行為に力点が置かれるようになると、ダーントンやデーヴィスらのミクロな歴史が、ブローデル、ネーミア、マンフォード、ラヴジョイ、ウォーラーステインの長期モデルに取って代わった。わずか一〇年前にフランス人のアメリカ史家が、「ポストモダニズムが研究者を断片化した賞味期限の短い研究に向かわせている今日、長期持続のアプローチは、時代遅れにみえるかもしれない。だが、依然としてそれは、到達は無理だが、それに向かってわれわれが限りなく近づける理想なのだ」と憂鬱げに記していた(50)。しかし、ミクロな歴史の創始者たちが十分に理解していたように、われわれを驚かせるような歴史とは、当然、データの厳密な解読、それもしばしばさまざまなデータを精査したものでなければならなかった。このような批判的歴史には、果たすべき公共の目的がある。それはすなわち、多くの史料群から入手できるデータをまとめ、われわれの社会全体の過去とその意味をめぐって昨今巷で増えつつある誤解を解くことである。だが、短期的過去に必要なのは、大きな問い――それは一九六八年に短期的過去の視点の生みの親であった――に向き合う方策を取り戻すことなのだ。

今日、地球温暖化や、領土や水をめぐる紛争が避けられない時代にあって、資源とその配分を争って社会内部や社会間で繰り広げられた階級闘争の歴史がこれまで以上に必要とされている。この四〇年間にわれわれの長期的過去とそれが未来に対してもつ意味についてさまざまな神話がはびこり、それを人びとは信じてきたが、その神話のほとんどは、歴史の専門家が系統立てて説明したものではない。このような神話には、破滅的な気象、歴史の終焉、人類の宿命としての資本主義などがある。一般の人びとが読む長期的歴史の話には、矛盾しあうものが多かった。たとえば、政府の介入がなければ破滅は迫ってくると説く気象の話もあれば、自由市場はおのずから新たな技術形態を生み出すのだから、気候変動の最悪の影響は改善できるのだという新自由主義的な話もある。世間にはびこるこうした話を打ち消す力を持っているのが、歴史なのだ。短期的過去による最も重要な貢献の一つは、進化生物学、経済学、人類学、政治学の根幹まで侵している、大陸間比較にまつわる神話を覆したことにあった。その神話は、一九六〇年代になっても国際開発政策をめぐる経済学者の論争のなかに読みとることができるし、インドと中国は物質的世界、したがってあらゆる科学や技術に結びつけることのできる発達心理を先天的に欠いていたとする見方のように、驚くべきことに、歴史的伝統のみならず人種までも引き合いに出しているのだ。もはやわれわれは、このようには考えていない。そう考えなくなったのは、一九七五年以後の数十年間研究してきた歴史家の貢献によるところが大きいのだ。もっともらしい医学データで捏造されていたことが明らかになっている白色人種の優越という神話。アメリカ南北戦争は、奴隷制度の濫用よりも州権論の政治信条によって引き起こされたとする神話。西洋の植民地主義がもたらした恩恵という神話。西洋の優越という神話。もしも、知識に関するこれらの神話伝承を、文化論的転回とポストコロニアル的転回を行ってきた批判的歴史家の世代が掘り起し、精査し、光を当てなかったならば、現在の世界は異なっていただろう。

歴史家は、西洋の帝国の影響によって世界の大半が経済的幸福のために造られてきたという神話をもはや信じていないが、多くの経済学者は依然として信じているのだ。二〇年前、ウィリアム・A・グリーンは、われわれが出来事の始まりと終わりと考える時点でその変化の歴史を書き直すたびに、他の学問を規定する「知識の束縛」を解放する機会を与えていると説いていた(51)。過去に関するデータの重要な役割の一つは、否応なしに事例が繰り返されるという、史料それ自体から明らかになるパターンに光を当てることである。過去に関する長期のデータは、専門家がいかに古い慣行やイデオロギーのパターンにはまりこんでいるかを示すだけで、経済学者や気候学者の紛糾した議論を仲裁するのに役立っているのである。さらに、気候学者や政治分析家が現在活用しているデジタル・データ――デジタル化した新聞、議会記録、学術雑誌のデータ――は、現代の制度の働きを映し出すデータである。これらの史料もまた、ここ三〇年に量産された多くの学位論文以上に、より長期的な「持続」とより濃密なコンテクスト解釈を支えているのである。だが、その場合、長期持続とは言っても、やはり数十年ないしは数世紀の時間尺度なのだ。

今日のような情報社会に必要なのは、気象データ表や経済指標の利用について論ずるまとめ役と調停役である。集められるデータ、データに関する説明、それに基づく行動を検証し、その過程で生じる連続、不連続、虚偽、誤管理、大混乱を指摘する役割を担うガイド役が求められるのである。だが、何よりも必要なのは、未来に対する視野とその意義に関する説明が要求される社会にあって、人びとがこうした広範な話を理解できるようにすることである。

見識ある歴史ならば、データの入手先について説明しており、民主的な社会に推奨されるべきものを沢山備えている。今日の大学のほとんどの学問分野の専門教育は、学生を社会から遠ざけ、理解できない決まり文句やキーワードだらけの話し方や書き方を身につけた「専門家」へと仕立て上げている。だが、歴史の語りは、専門家の時代以前から行われていたし、その形態は本質的に民主的である。物語やサッカーと同様に、歴史は、誰でも参加でき、キーワード検索、地方の歴史文書館、あるいは古い墓碑銘探訪をしさえすれば自分で追究できる営みなのだ(52)。記憶を語るための人類最古の手段である語りという形をとった歴史とは、過去に関する膨大なデータを、未来を理解するための具だくさんな素材となる伝達可能な箱のなかにギュッと詰めることなのだ。われわれが過去を共有しているという立場に立って未来を語ることは、われわれの未来がどこに向かうのかについて誰もが意見を言いあえる可能性を開く方法なのだ。誰もがいつでも自身で証拠を検証し、専門家に異を唱えることができるのだ。

たとえば、仮に、今日のような複雑でグローバル化しつつある世界で、貧困者が飢えさせられたり、永遠に排除されるか、無国籍状態に置かれたりし、そのうえ気候変動が起きるとすれば、われわれの過去や未来に向かって取りうる道について民主的な対話が必要になるだろう。社会の未来に貢献する役割を担う歴史は、エリートによる富の支配や地球のシステム全体を科学的に監視することが破滅を避ける唯一可能な方法だと説く科学者や経済学者の原理主義を克服できるのだ。歴史は、他の選択肢を開き、見込みのある多くの持続可能性についての対話や再創造に人びとが関われるようにできるのである。

気候であれ、国際政治であれ、あるいは不平等であれ、一般に見られる長期的な視点からの議論は、かなり昔に起きたさまざまな出来事から推論することが多い。ジャレド・ダイアモンドの『文明崩壊 ── 滅亡と存続の命運を分けるもの』（二〇〇五年）のような人気を博した歴史書では、種の絶滅や民族追放の歴史を考古学的証拠と結びつけ、災害で打ちひしがれた社会の宿命についての悲惨な話に組み立てられている。だが、そうした本ですら、ナタリー・ゼーモン・デーヴィスやロバート・ダーントンらの短期的過去の歴史家を特徴づけていた深く入り込むような姿勢はなかった。歴史家は、史料を徹底的に吟味するのに、数多くの種類のデータ ── おとぎ話、人工遺物、書籍の内容、装丁、挿絵 ── に向き合わねばならなかった。これまで書かれたことのない無名の家族や個人の話を組み立てるためには、ミクロな歴史の研究者たちは、過去の暮らしぶりについて話を描くのに多くの種類の――考古学、建築学、統計学、工学、経済学、政治学、文学の――証拠を使いこなしていた。短期的な過去を見るミクロな歴史やその他の研究は、焦点を絞って過去の経験を調べることにかけては、最も洗練度の高いレベルにあり、多種多様なデータを扱う名手なのだ。なおもわれわれが短期的過去から学ばねばならないことは、細かな点をつぶさに見る術であり、最大限に長く捉えることが最も意義があるとは必ずしも言えない場合があるのである。かつてA・J・P・テイラーは、長期的要因を探すことは、ドライバーが衝突事故を起こしてもそれを内燃エンジンが発明されたせいだと警官に言いわけをするようなものだと皮肉っていた(53)。細かな点を見逃せば、全体像に関する問いは逃げていくかもしれないのだ――もはやデータは答えてはくれず、回答は、些末なものとして扱われたデータの考察から導き出されるのだ。

ヴィクトリア期イギリス社会の不平等をめぐる論争ほど、還元主義《リダクショニズム》と反還元主義を見事に示す例はほとんどない。これは、短期的過去の教育を受けた時代に一人前になった歴史家たちの主要研究テーマであった。歴史学部でも経済学部でも、ヴィクトリア期は重点対象として、研究され、書かれてきた。だが、何が起きたのかについての見解ほど、両分野で食い違うものはないと言えよう。どちらも、福祉に関する一つの指標を測ったり、あるいはおそらく複数の指標――犯罪と身長、教育と遺産、移住と賃金――を比較したりしている。これらのデータに基づき、いくらかの経済学者は、一九世紀は平等、機会、起業の面で上向きだったと結論を下している。一九世紀の不平等を考察する経済史家のうちの驚くべき数の者が、一九世紀の工業化は貧困者の栄養状態をよくしたが、二〇世紀の「社会主義」は税負担が重く社会的機会を停滞させたと結論づけている(54)。経済学者によれば、こうした数値から、結局、資本主義は一九世紀に不平等を解消したのであり、それが不平等を再び解消しうるのは明らかだとしている。

もっと徹底的に見る歴史家からすれば、ヴィクトリア期とは、警察による弾圧が行われ、新しい政治制度が悪霊のごとく貧困者を酷使し、最終的には、貧困者や人種的マイノリティのために階級意識の覚醒や政治組織化を図る過激な運動が行われた社会であった。一世紀の間の国家の伸長や福祉物資の増大に関する豊富な証拠が、他の解釈を示唆することは往々にしてある。しかも、時には、階級分裂を生み出す権威としての国家に異議を唱えたり、近代的印刷技法や直接訴える演説によって下からの市民的権力が伝わるかどうかという問いを提起したりするような、もっと公正な解釈が示唆されることもある(55)。経済学者が研究対象としてきたのと同じ場所や時期について、歴史家も本や論文を沢山書いてきたが、歴史家の方は、経済学者が調査してきたよりも密度の濃い証拠 —— 工場労働者の日記やパンフレットから、監獄で支給される食事の説明書、政府の規則に反して貧困者を飢えさせたり鞭を打ったりした救貧院監督者に対する貧困者の告訴状まで —— を分析してきた(56)。さまざまな方法でデータを収集してきたために、歴史家の論考には、参加型民主主義の重要性といった未来への種々の提言が示されている。とはいっても、産業革命がヴィクトリア期イングランドを市民の協調、収入の相対的平等、機会均等といった模範的な方向に導いたと認めることはまずなかった。

どれほど複合的なデータに依拠したかによって、同じ出来事ですら描写の仕方は変わりえた。たとえば、一八七〇年代に労働者の穀物価格が下がったことについて、成長の歴史をモデル化する経済学者たちは、二〇〇二年の論文で述べていたように、それは、一五〇〇年以来の資本主義が、収入の格差を増大させたものの、労働者階級を含むすべての人びとの「真の購買力」を結局は創出したことを示していると評価した(57)。食糧の価格が下がったという同じ結果に対して、歴史家の解釈は対照的である。歴史家の側は、食べ物が買えなくなるかもしれないと心配したマンチェスターの労働者の声を代弁した数十年にわたる労働組織化の成果にちがいないと解釈したのである。実際、格差が減った一八七〇年頃の時期は、議論は分かれるところだが、国際貿易の増大と関係があるよりはむしろ、数十年に及ぶ国家による抑制後の労働組織化の増大、つまり、労働者階級が自分たちの考えや経験を共有し政治改革を企てようと公然と集会を開いた時期と関係があった(58)。もちろんそれは、社会的要因に関する話であって、自由市場の資本主義で説明がつくような勝利の話ではない。だが、データが歴史的経験の単一の側面として考察されれば、濫用されてしまうのだ。経済学による肯定、否定という過去の評価では、自由、民主主義、幸福を表すそれぞれの経験の数値――賃金、穀物価格、身長――が抽象化されてしまっている(59)。

より具体的な例をあげるとすれば、イギリスの産業革命での発展を理解する仕方は、歴史家と経済学者では違いがある。数十年前に、アメリカ合衆国の経済学者たちは、監獄に初入所した時点の身長と体重の記録から一九世紀における貧困者の栄養状態を調査した。そこから推察される事実とは、貧困者の賃金がよかった――一般的に、一八六七年の時点の稼ぎは、一八一二年の購買力を上回っていた――ということだった(60)。だが、数十年後、イギリスの経済学者たちがそのデータを再検討し、イギリス社会史の研究成果をじっくり吟味した。そのデータが立証したのは、当初の学説に反して、労働者階級の女性の体重は、産業革命を通して実際には減っているということだった。現在、われわれにわかっているのは、労働者階級の男性の母親と妻は、自分たちは飢えても——食事を抜き、惣菜が盛られた大皿もとらずに回していた——、工場で働いたり船荷を降ろしたりする夫たちが工業労働でやっていけるよう十分な体力を保てるようにしていたということである。イングランドの監獄に初めて入れられた時点の労働者階級の大半の女性はやせて虚弱であったが、怠惰な貧困者が矯正施設で生活保護を求めないようにさせるため国家当局の規則で定められていたわずかカップ数杯のオートミール粥を食べて、実際に体重を増やしていたのだった(61)。

　産業革命に関する新自由主義《ネオ・リベラル》的な歴史には申し訳ないのだが、監獄の研究がわれわれに想起させるのは、階級やジェンダーの特権が企業革新の成果を多数派の経験のなかで台無しにしてしまうという道筋である。ジェンダーや年齢に対する感性、つまり、ケンブリッジ大学の経済学者セーラ・ホーレルが「すばらしく有益な歴史」と呼ぶ、短期的過去の歴史家の研究から学んだ感性のようなものがなければ、新自由主義的な歴史が目にした証拠は、ヴィクトリア期の工業化によって背が高く栄養状態の良い労働者階級が生まれたとする経済学での偏見を助長するだけだったのだ(62)。ビッグ・データの分野ですら、短期的過去と結びつきの強い主体、アイデンティティ、個性に対して感性を持つことは、われわれの認識や方法にとって大きな助けとなるのだ。

不平等をめぐる論争は、この三〇数年間、若干の経済史家たちが数十年か数世紀前につくられた経済に関する結論に固執してきた様子を示す最たる例である。実際、こうした傾向は他の経済学者にもはっきり表れている。経済学の雑誌は驚くほど増えており、大学教授たちは、同僚たちがある特定の仮説や細かな数値表に肩入れするあまり、それに矛盾するモデルを考慮してこなかったことを明らかにするために、過去数十年以上にわたって論文を点検しているのだ。二〇〇八年、経済学者カール・ペルソンは、同僚のグレッグ・クラークが、人類の文明は通例増殖するのであるから、貧困と欠乏を引き起こすのは人口過剰だけではなくもっと複雑な要因が働いているという事実に反する見解――ペルソンは「マルサスの虚妄」と呼んだ――を提出すると、彼を攻撃した。クラークはデータを選り好みし、典型的な断面しか見ておらず、すでに他の経済史家たちによってその見解が打破されていることを無視していると、ペルソンは非難したのである。「歴史の記録がグレッグ・クラークと矛盾しているのだが、それによって壮大なスケールの歴史を書くという彼の高貴な目的と意思表明が邪魔されるのを許さないのだ」と。ペルソンはさらに続けて、「クラークは屈していない。歴史的事実によって壮大な歴史の記述が打ち砕かれるのを許そうとしないのだ」と記していた(63)。多数ではなく一つの要因の時間的変化を追跡する新自由主義的な経済学者たちがしているのは、長期的な思索ではなく推論なのである。

歴史を今の時代に利用されるようにするには、歴史家は最善を尽くせば十分なのだ――さまざまなデータを並べて比較するという――。従来の歴史学では、複合的な因果関係は、歴史のさまざまな看板を掲げた分野――思想史、美術史、あるいは科学史――の下で扱われてきたが、このことは、複合的因果関係が多くの専門家によって練り上げられてきたことの表れである。自然の摂理や一定のパターンがあるからといって、それが人びとをある特定の運命に縛りつけるものではない。手の届く範囲で、選択できる余地は依然として残されているのだ。歴史的な視点が人びとに想起させるのは、過去のどんな出来事であっても複合的な要因があること —— さらに、その結果として、将来、いくつもの好ましい成果がもたらされるということなのだ。

第三章　長期と短期――一九七〇年代以後の気候変動、統治、不平等

過去と未来についての長期的思考は、歴史学という学問分野以外で、とりわけ気候変動、国際統治、不平等といった問題をめぐって、盛んになっている。これらの領域では、過去は未来を考える道具としてすでに使われている。

気候を議論する際、科学者たちは環境破壊が地球の未来にどれだけ影響を及ぼすかについて警告を発するために過去を使ってきた。汚染による生態学的影響についてレイチェル・カーソンが早期に警告を発し*てから数十年の間に、このまま何も変えなければ、地球規模の大惨事がもたらされると予告する最初の恐るべき宣告が世界に向けて発せられた。一九六八年にアメリカの生態学者ギャレット・ハーディンは、人口過剰な地球を野生動物を過剰に放牧した自然保護区にたとえた「共有地《コモンズ》の悲劇」についての重要な論文を公刊した。地球の環境収容力の限界を宣告し、多くの者の飢えや死を予告する点で、ハーディンの叙述はエデンの園からの追放の物語と似ていた(1)。パウル・エールリヒのような生物学者に

よって種の絶滅の拡大が現実になっていることが確認されると、生物学者たちも検証、判断、絶望といったマルサス的な語彙を使って未来についての懸念を表明するようになった(2)。

＊一九六二年の著書カーソン『沈黙の春』（邦訳『生と死の妙薬――自然均衡の破壊者「化学薬品」』新潮社、青樹簗一訳、一九六四年。『沈黙の春――生と死の妙薬』新潮文庫、青樹簗一訳。一九七四年など）は、農薬の化学物質が自然環境に及ぼす危険性を訴え、広く環境問題に人々の目を向けさせて、環境保護運動の始まりともなった。

一九七〇年代を通じて、差し迫った未来についてのこういった主張は、データを駆使する分析や政治討論がなされ、焦燥感も高まっていくなかで、先鋭化・精緻化されていった。一九七二年、創設されてまもない地球規模のシンクタンクであるローマ・クラブは、フォルクスワーゲン財団からの出資で、環境の未来についての刺激的な報告書である『成長の限界』を公刊した。これは、人口過剰、汚染、資源の枯渇によって陥る行き過ぎや崩壊に警鐘を鳴らしたマサチューセッツ工科大学のシステム分析者ジェイ・フォレスターの新しいコンピューター・モデルを公にしたものである。この報告書は一二〇〇万部売れた。同じ頃、国連の人間環境世界会議の報告書も急迫した行く末をめぐって『成長の限界』が行き着いた結論を支持し、絶え間ない経済的成功の科学と国民国家そのものの両方を牽制した(3)。さまざまな規模の学術組織、政府組織、私企業による組織が、生態学上の切迫した危機には緊急の行動が必要との見解を後押しした。

一九七〇年代以降、われわれと生態系の関係を見直すよう圧力がかけられたために、疑似終末論的な長期的思考の兆候が生まれた。これは工業の時代の過去におけるわれわれの罪をそのまま長期の未来における差し迫った破壊に転じるものだった。レイチェル・カーソンによる警告があった頃の、運命を予知する物語の到来は合衆国で人気を博した終末論的宗教の最後の復興期と時期を同じくしていた。それは、一九七〇年代のノンフィクション部門で最も売れたハル・リンゼイのベストセラー物語『地球最後の日』(一九七〇年)に描かれていた(4)。アメリカの民間宗教では終末論的な憶測が新たに高まり、科学的予測はその幕開けを助長した。

われわれが過去と未来と結ぶ関係についての終末論的な診断は、気候変動の科学的議論を牽引し続け、気候の理解が広まり洗練されていった時にも分析を方向付けた。二〇〇〇年代初期には、昆虫学者E・O・ウィルソンによる群落《コロニー》崩壊の研究にならって、諸文明の歴史を生態系の酷使になぞらえた新たな崩壊の物語が現れた。このなかで最も有名なのは産業資本主義をイースター島の消滅した文明にたとえて、人類の絶滅を予測するものだった。科学的証拠は一九七〇年代以後、山と築かれてきたが、われわれの長期的思考はあの時の恐怖からいささかも変わっていない。われわれはいまだに終末論の観点から考えている。それは、「最後の世紀」いや「最後の時間」とまで言われる時代に暮らす者として、未来について最終判断せずして、持続不可能な未来から持続可能な未来へ転換する集団としての勇気を奮い立たせないのではないかと恐れおののいているかのようなものである(5)。

われわれのここでの目的は、一九七〇年代以降科学者が集めてきた過去についての証拠の蓄積を疑問視することでなく、その成果についての歴史学的な解釈のパターンに注意を向けさせることにある。一九五〇年代以降、気候学は拡大し洗練されて新たな専門的学問となった。それは地球規模の気候の衝撃に備えて構築され、地球が単なる汚染や資源の枯渇を超えて、今や地球温暖化と海面上昇の両方に直面していることを立証した(6)。問題は気候学者たちの集団がこれらの事態についてのデータを持っていないということではない。彼らには多くの歴史的事件や傾向に関するデータがありあまるほど蓄積されている。ここで重要なのはそういった事件を含みこんだ全体の物語がいまだ終末論の物語にとどまっていることである。科学の言説では、データが多いほど新たな結論が生み出される。歴史の説明でも、データが多いほど洗練されて拡大された包括的な物語がもたらされるはずである(7)。

実際、科学者の時間感覚には経済学からの批判が表明されている。イギリス政府が資金援助し、二〇〇六年に出された「気候変動の経済学に関するスターン報告書」を受けて、緊急の行動を呼びかける終末論的な警告は、科学者による未来のモデル化における「ゼロに近い時間割引率という前提」に異を唱えた経済学者の非難を浴びることになった。言い換えると、運命の物語には未来の不測の事態に対応できる余地はほとんど残されていなかった。かつて企業家はこういった事態に対応して、今日使われている技術よりも排出物がはるかに少ないエネルギー集約型の技術を早急に提案できた(8)。左寄りの経済学者ですら少なくともあと五〇年は成長が滞りなく続くと算出し（人によってはもっと長期間）、ある理論に基づいて開発途上国から経済的な将来を奪うのは不道徳となろうと判断した。経済学者による未来の時間のモデルは気候学者と対立した。

緊急な行動が必要だとする二酸化炭素の上昇と気候変動についての気候学者の主張に対抗するために、経済学者のなかには過去と未来に関する自身の考えを提案する人々がいた。ある者は一七〇〇年以後の絶え間ない技術革新と経済成長を強調したし、他にも、気候学によっていかなる危険が示されようと、市場の見えざる手はすべてを見通すと主張した経済学者もいた(9)。気候学者と経済学者のいずれの側も相手側の主張を考慮に入れて自らの主張を立証するなどしていなかった。それどころか、いずれの側も、自らの限られたデータを基にした相互に折り合えない過去のモデルしか持っていなかった。

これらの物語の問題はそれが本質的に間違っているということではなく、還元主義的*な物語となって単純化されすぎたことである。すなわち、過去についての長期思考はこれらの物語に入れ込んでしかるべき幅も含みも持たないまま、単に戯画化されてしまった。ジャレド・ダイアモンドといった環境学者によって提出された終末論的な物語であれ、ノーベル賞受賞者のダグラス・ノースのような経済学者が作り上げた豊穣の物語であれ、単純化されすぎた時間をめぐる物語が根強く見られるところにはどこにも、彼らがそうした物語を語るとき、彼ら自身のデータに基づいてはいないという証拠が見られる。確かに、関係者、出来事、責任の所在、解決策についてそうした解釈をでっちあげるのも彼らの仕事ではない。われわれに必要なのは、地球が変化しつつあると人びとがいつ気づくのかを教えてくれる気候と経済に関する長期間のデータである。分析の第二段階は、責任の所在を明らかにすること、それに付随して、より大きな惨事を食い止めるために地球はいかに再編されるべきかについての推奨策をみつけることである。この分析に必要なのは過去と未来を行きつ戻りつする技術である。それによって複数の原因の源泉が探り当てられて格付けされ、多様な展望や経験から検証され、いかにその大惨事が起きたか、したがって何が誰のせいなのか、について余すところなく語る物語が提供されていくのである。将来の再編のベクトルに備えた事例を積み上げながら、過去についてこのように考察することは科学でも経済学でもなく常に歴史学の領域なのである。

*複雑なデータ・現象を単純に言い換えようとする理論。

気候をめぐる長期的思考

とはいえ環境をまじめに懸念する人びとを誰も責め立てることはできない。気候学が過去と未来を考えていく主張のなかで、一九七〇年以後から把握してきたことは、人間や他の生物を危険にさらすものとして知られた経済行動からわれわれの行動を変えていくには、因果関係に基づく主張が絶対不可欠であることだった。歴史をたずさえて考えるということは、いつも未来を構築する方法になっていた。未来への介入は、子供時代を思い起こさせる精神科医の診察用長いすだったり、過去における国家あるいは地球規模の罪の集団的な検証だったり、歴史的な意志決定の再現のシナリオだったりと時間の形態を取ったり、証拠を文脈に即して注意深く研究して政策を決定していくものだったりした(10)。

こういった理由もあって、科学者が気候変動における人間の過失性の立証を求め、未来の行動を呼びかけようとするときは、彼らは知らずして歴史学的論証の世界にいることになる。経済学者と気候学者の間の政策論争のなかで、歴史はわれわれの世界の自然と持続可能な未来の必要条件についての論拠を確保するために両陣営が利用する切り札となった。実際、気候学の関心の多くは今や生態系あるいは生物学の新しいモデルの拡張というよりも歴史問題の検討に移っているといえる。科学者たちは今では、人間が起因となった気候変動の同意できる年表の作成や、環境に対する国家政策及び国際政策を変えさせる要求に近い議論に、多大のエネルギーを費やしている。「人新世《ひとしんせい》」は、ノーベル賞受賞者の大気科学者パウル・クルッツェンによる概念として、二〇〇〇年に最初に提案された。彼はこの時代を、以前の時代とは異なる点で、完新世*ないし暁新世**に匹敵する、地球地質学上の新しい時代と見なした[11]。オーストラリアの歴史家リビー・ロビンが書いているように、クルッツェンの介入は「多くのレベルでの大胆な声明」であった。それは、かつて提唱された地質学上の時代のなかでも、過去とともに未来（人間が原因とする活動が積み重なった結果）を含めた最初の時代だったからなおさらである[12]。この「人新世」の呼び名はたちまち歴史論争をもたらした。気候変動の影響が始まったのは、蒸気機関の出現した二五〇年前なのか、人間による狩りの文明の隆盛と動物の絶滅が始まった一万一〇〇〇年前なのか、農業革命があった五〇〇〇年前から六〇〇〇年前なのかをめぐって論争が繰り広げられた[13]。問題は年数というより、科学者が過去の事件を何かのせいにする仕方にあった。牛の家畜化と米の栽培化のせいで、後に熱帯雨林の縮小のパターン（これはこれから一〇〇〇年たっても出現しそうもないのに）ができたのか。今日のあいつぐ事態の急変のなかで、気候科学者たちが参加した主要な公開論争は本質的に歴史をめぐる論争であった。

*約一万二〇〇〇年前に始まる、新生代第四紀の第二期にあたる最も新しい時代。
**新生代古第三紀の最初の時期。約六五五〇万年前〜五〇五八万年前。

過去をたずさえて思考すると、気候変動をめぐる論争で提案された多くの解決策が提供される。今日の幾人もの科学者は、「地球システムガバナンス」*ないし「炭素取引」の必要性を強調し、気候変動のような惨事から回復できる環境ないし市場のモデルを提供する人間の歴史の証拠に注目している(14)。そうすることで、彼らは決まって、諸国家が生命を未来まで保持していく責任を引き受けた国家基盤整備事業を再現しようとする。それは近世オランダ政府による堤防の建設から第二次世界大戦中のアメリカのマンハッタン計画、さらにはエルナンド・デ・ソトの著作に着想を得た一〇年前からの世界銀行主催の信用プログラムに至る計画である(15)。一連の環境変化の歴史的前例のすべてが必ずしも中央集権的な権威の形態を取るわけではない。実際、気候学者たちは、人間集団が生物圏を形成してきた特定の方法に焦点を当てる気候変動のモデルを構築し始めており、未来のためのモデルとしての土地利用の持続可能ないし持続不可能のパターンを強調している(16)。このうちどれを選ぶか、また、生物学者、化学者、地質学者として訓練を受けた新たな世代の科学者をいかに効果的に諸機関の歴史家にするよう駆りたててきたのか、の問題となる。

＊「地球環境変化の人間・社会的側面に関する国際研究計画」のコア・プロジェクト内の、地球環境政策研究分野の大規模な研究者集団によるコンセプト。

同じ刺激によって、経済学という学問分野も転換され始めている。アニル・マーカンジャのような経済学者は、成長対エコロジーの難題を解決するのに、歴史的思考を用いていた。マーカンジャは環境規制問題を一五〇〇年以上にわたるイギリスにおける規制の経験の新たなデータを使って再検討した。彼の結論は、イギリスは「一人あたり国内総生産に深刻な打撃を与えることなく」二酸化硫黄と他の汚染物質の規制を早くも一八二一年に始めていた、ということだった(17)。マーカンジャのデータのような歴史データは革新とエコロジーとの相剋をめぐる主義主張への反駁が可能なことを証明する(18)。このように、われわれの手元に歴史データや現在のデータがあると、歴史学には、未来を選択する理解力を深め、いずれの未来の理論が適切かを判断する能力があることがわかる。過去への大規模な共同投資戦略が成功すると、未来の気候統治のあり方を根底的に再検討する試みが正当化される。

歴史に関心を持つ科学者と経済学者は、エコロジーに関心を持つ歴史家から協力を得てきた。人新世をめぐる物語にせかされて、生態学上のひずみが以前どこで生じ、それがなぜ、いかに直ったかを語っていくなかで、土地と水の利用の長期の歴史が、次第につまびらかになっている。その研究のなかには、西洋が、一つのエネルギー資源から別の資源へ、世代から世代へと移っていく、環境枯渇への長い道、すなわち、近代国民国家の成立、及び、その際の前例がないほどの規模と権力を持つ一種の「国際政府」の成立を助けた過程にあったことを確認するものもある。それは、歴史家ポール・ウォードによる重要な当初の問いである「いかにして近世ヨーロッパは前例のない規模で生態学上の危機を生き延びたのか」への回答だった。こう問いかけて、彼は歴史研究の新たな方法、すなわち、それほど知られていない史料群を使って三世紀にわたる情報のビッグ・データのモデル化を促す方法、を発案する必要性を認識していた。ウォードは、何年もかけて、小さな町を渡り歩き、あらゆる法律違反の事例を積み上げた。彼は、そういった違反と気候変動を関連させたり、いかにわれわれの祖先が解決法を見出したかを判断したのである。この説明のなかでは、崩壊する生態系と戦ったあげく、新たな形態の政府しか解決策がなくなる無秩序状態に陥るときに、新たな形態の統治のあり方が環境枯渇に対して重要になっていく(19)。

未来のために他に取りうる解決策を求める、同様なパターンの長い過去の見方は、水の領域でも追究されている。古代中国の灌漑管理から現代アフリカの水戦争に至る水の歴史六巻本の統括を行った、国際水の歴史協会前会長でノルウェーの多作の歴史家にして地理学者テルジャ・ツヴェトによる研究である(20)。ツヴェトにとって、人類生存の問題とは、文明史における資源と災難の基としての水に関する百科全書的な知識をほぼ総動員することを意味した。数世紀どころか一〇〇〇年にわたり、水がいかに政府、軍事戦略、農法、統治、工事計画を構築してきたかを学ぶことであった。氷河の溶解と海面上昇から砂漠化と水戦争に至るまで、解決策と危機を概観しつつ、ツヴェトは海面上昇に対して今日の経済が抱える深刻な脆弱性を強調している。彼にとって過去の世界史とは、起こりうる不測の事態や新たな可能性のある未来の宝庫となっているのだ。それらは、互いに拮抗しており、深圳、ロンドン、ニューヨークといった沿岸都市を金融と製造業の不動の中心とみなす古い地理学は斥けられ、グリーンランドやチベットのような水の豊かな地域を重視している(21)。

同様な長期に及ぶ生存や危機の問題に影響を受けた他の歴史家も、いかに歴史的な都市が将来の持続可能な経済のための新たなモデルを提供できるかを示すビッグ・データの集積に駆りたてられており、西洋史のすべてが資源枯渇の法則を立証するものではないと証明している。フランスの歴史家サビーヌ・バルルとジル・ビレンは政府の衛生当局、都市の入市税徴収所のデータを集めて、人糞、河川の汚染、窒素の影響の観点から一九世紀のパリを研究した。なぜ入市税徴収所なのか。中世の大半を通じてばかりか一九世紀に至るまで都市の役人は田舎から都市の市場に入ってくる荷馬車を止めて税を取っていたからである。入市税徴収所はパリという都市がどれほどの食料を消費したかについて完璧なリストを残した。パリが近代下水道処理に投資しはじめる一八六〇年代の政府の記録とともに、われわれには何百年以上もさかのぼった、パリの「窒素の足跡」についての完全な記録がある(22)。それによって、われわれの近い祖先が土地とどう関わって生きてきたかを豊かに物語っているのである。

過去に幾世代もかけて掘り起こされたデータがあると、われわれは持続可能性の未来を考察できるようになる。バルルの推測だと、一九世紀のパリは資本主義的な都市として多くのものを示してくれる。パリは、資本主義的な都市にもかかわらず、ローカルな農業と人糞の再利用に関しては、今日の二一世紀の都市よりも持続可能的であった。バルルは開発を念頭におく政策立案者の支持者と共著でいくつかの研究を公刊している。実際、バルルは一九世紀の当局者が大都市における人糞の再利用のために持続可能な実践を発案した物語を探そうと都市の記録を掘り下げて調べた唯一の歴史家である(23)。一九世紀は娯楽、消費や世界各地との貿易が活発であるにもかかわらず農産物を近郊の農場に依存しているという、回帰に値する都市の模範を提供できたのか。歴史によって、新たな可能性が開かれ、過去の炭素取引と地球システムガバナンスを参照した未来の政策と市場の配列は、もっと幅広い将来の持続可能性に拡大されるのである。

遠近を問わず、過去のさまざまな出来事は、今日有益な成果をもたらしつつある周辺で起きた動きを拾い集め記述することで、統治のあり方において、今あるのと異なる伝統を提示しうるのだ。ジョーン・サースクは、土地と水をめぐる変動がより持続可能な農業の探究を促した事例（しかも現在と類似した事例）を求めて五世紀にわたる過去を掘り起こした。ポール・B・トムスンは環境保全、有機農法、持続可能な建築に関する史料の驚くべき概観を行った。マーティン・ムリガンとステュアート・ヒルは、パーマカルチャーの歴史を書いた(24)。このような歴史は重要な役割を果たす。それは新たな運動のエネルギー源となるし、現場の科学者や政策立案者に未来をこれからどこに求めるかのヒントを与える。

こういった可能性と代替モデルの開発は、未来のモデルとされるその大半が気候変動に誘発された運命論や見えざる手による現状維持という見方が支配的な世界にあって、革命的な潜在性を持っている。それは急速に歴史文明論の様相を呈しており、近年の環境活動家は、政治的な意志がありさえすれば、貧困者に食物を与え、上昇する海面からの避難民に家を供給できる持続可能性のモデルを提供できる。このような希望のメッセージ、このような集中的な行動のための方策は、終末論の見世物や合理的選択の呪文に悩まされる人びとにとって救済となり得る。それは、未来を構想する道具としての（空想やドグマというより）過去の知識を使って、われわれの時代に理性的な行動をするための魔除けとなる。リビー・ロビンが書いているように、

未来はもはや運命ではない。むしろわれわれが「作り出す」ものである。……そうであるならば、科学、経済学、歴史、人間の想像力など、未来を作るありとあらゆる創造性にたずさわっていく必

要がある。誰も未来は予告できないが、想像力によって、未来と歴史や世界の現状との関係が描き出される(25)。

過去と未来をつなげて歴史が書かれると、資本主義の成功する空想世界や気候変動の大災害から炎上する世界を示す絵図だけでなく、われわれが本当に住みたいと望む世界への現実的で他に取りうる道をも書き入れる地図の作成が可能となる。こういった物語は新たな思考方法を開拓し、古い悪夢から免れるものである。「人新世は人間の奢りの寓話ではなく、むしろ地球と地球上にあるわれわれの未来の管理者としての完璧なまでの可能性を実現しようとする呼びかけである」(26)。

破綻した長期モデルの仕事を修正するために、時間をたずさえて考えていく仕事は積極的な未来の可能性ばかりか、より公正で持続可能でエコロジーに適合した文明を実現しようとするわれわれの道に歴史上で邪魔をしてきた障害の現実も引き受けなければならないだろう。ここでもまた歴史家はすでに研究に着手している。歴史学は、損失に責任を負う人びと、あまり革命的ではない手段をとっておおいに革命的な過程を遅らせてきた人びとを名指しして非難できる。ジョシュア・イエーツは持続可能性をめぐる数十年間の長さの思想史の試論を書いた。彼は、一群の「持続可能性担当の幹部官僚」を輩出するコロンビア大学ビジネススクールといった学術機関でなされる議論内容をスケッチした。将来の幹部たちは人びと・地球・繁栄を保護する約束をするものの、それはあくまで世界のエリートによる消費パターンの変更を通じてなされるものだった(27)。エリート以外の人びとにもたらされる結果は考えずに、エリートのためだけに気候変動の最悪の結果が来るのを遅らせようと稀少資源を確保することには歴史がある。欺瞞的な環境保護《グリーン・ウォッシング》の広報活動をした機関、個人、教育プログラムがある。これらの過去を見直すと、未来のためにこれとは別の機関を選択する助けとなろう。たとえばオーストラリアの国営農業拡大プログラムがあり、これは小規模農民のための物資を石油化学肥料や農薬に集中するものから、出現途上のパーマカルチャーの科学に力点を置くものへ転換している(28)。

もう少し視野を広げると、歴史が提供する方向性はもっと明確になる。スウェーデンの歴史家アンドレアス・マルムとアルフ・ホルンボルクは、パウル・クルッツェンの気候変動の説明において鍵となる事件は蒸気機関の発明と流布であると述べた。帝国と資本主義の歴史の観点から考察すれば、蒸気機関が使われたために汚染・農業・消費が増大していった軌跡は人類の全構成員に等しく共有されたものではない。資本主義と帝国の性質についての数十年間のミクロな歴史の研究を振り返りつつ、マルムとホルンボルクは、気候破壊の責めを負う（と彼らが信じている）のは小規模集団の西洋のエリート家族と会社であると指摘する。二人が書いているように、「この時代において蒸気技術に投資する根拠は、大幅に人口を減らした新世界、アフリカ系アメリカ人の奴隷制、工場と鉱山におけるイギリス人労働力の搾取、安価な綿製品を求める世界的な需要などの累積によって提供された機会に基づいていた」。人類全体に気候変動の責めを平等に負わせたり、その解決の責任を均等に取らせることはとうていできない。「人類のかなりの部分はまったく化石燃料経済に加担していない。何億もの人びとは家内用に木炭、薪、こやしのような有機性廃棄物に頼っている」と彼らは説明する(29)。

いかにして、西洋の支配的な大国が、専門の土木技師、森林監督官、農学者を雇って、土地を耕作する現地の人びとの知恵を一方的に無視してきたか。その歴史が強調するのは、資本主義、国民国家、地主による支配が人新世の最近二〇〇年の特徴となっている環境破壊と直接関連している側面である。啓蒙期ヨーロッパにおける「改善」の教義が隆盛した証拠は、階級と人種的優越性についての新たな考え方を見ていくヒントになる。単に経済的な戦略にとどまらないその考え方によって、急激に蓄積された権力が工業期の幕開けに少数の地主の手中に収められていき、それは環境の搾取を権力に結びつける新たなイデオロギーに行き着いていった(30)。

このような史実を集めていくと、現下の環境の悪化を貪欲で破壊的な種としての人類の進化論的な継承といったきわめてかけ離れた原因と結びつける見解はもはや支持されなくなる。マルムとホルンボルクが記すように、

西洋世界の小さな片隅にいた資本家が蒸気に投資し、それは化石燃料経済の礎石となった。人類は、いついかなるときも、これに出席や投票で賛成の意思表示をしたこともなければ、機械的に一斉行進したこともない。……この種のあまりにもかけ離れた原因を持ち出すのは「日本の戦闘機のパイロットが成功したことの説明として、先行人類が両眼で見、親指を他の指と向かい合わせのできるようになったことを持ち出すのと同じである。* われわれはわれわれの引き出す原因をもっと直接的に結果と結びつけることを期待している」。それが結びつかなければわれわれはそれを無視しよう

とする。……気候変動を人類の性質のせいにしようとするのは、このような種のばかげた考えに身を委ねるようなものである。言い換えると、特に全人類にわたる、歴史横断的な推進力は、世界市場に輸出する日常品の蒸気力を使った機械生産といった、歴史上の質的に革新的な秩序を説明するのに持ち出せないのである(31)。

＊ヒトとサルしかできないことで、これができなければ飛行機の操縦ができない。

マルムとホルンボルクが正しければ、気候変動の人類史はわれわれを別な方向、すなわち気候変動に最も多く貢献し、気候変動から最も多くの利益を得た先進諸国と企業の責任の方向、へと導いている。

このような場合には、歴史は諸産業の規制と既得権益への課税によって経済成長が妨げられるという従来の考え方を否定するような、政治経済学自体の再編について示唆してくれる。それは、利己心、技術革新、規制撤廃を説き、環境的な解決はかなりの将来にしかなされないと確言した経済学者とともに、いっそうの規制と国際協力を説いた環境学者に特徴となって現れた、一九九〇年代の政策の膠着状態をひっくり返す。とりわけ歴史家が収集した長期の過程についての証拠により、この膠着状態はもはや支持されない。経済学における歴史的な証拠は経済成長はこのような規制傾向にあっても可能であるとの事実をすでに実証している。歴史的論証はここでは気候破壊から最大限の利益を得た利害を罰する統治システムへの道を開く。

因果関係、担い手、代替案の諸問題の歴史データを精査し始めるにつれ、「共有地《コモンズ》の悲劇」が必然的な法則ではなくむしろ、西洋のエリートが自分たちの目的のために作った共有地《コモンズ》を破壊することについての歴史的に作られた条件であることをわれわれは知る[32]。「環境収容力」という用語、さらに「過剰人口」あるいは「人口」といった用語ですら野生動物の管理、先住民と現地民の管理についての植民地的な思考の痕跡や、怠け者に対して与えられる神の罰という宗教的な考え方の痕跡すらあること、しかもこれらはかつて思われていたほど実際の自然法則として実証されていないことも知るのである[33]。時代遅れの考え方を見直したり、事実にかぶさる古い偏見の重荷を立証したりするなかで、歴史は、ある種のものにいかに偏見と時代遅れの思考の刻印が残っているかを示しながら、未来について語る用語を批判的に再検討する機会を与えてくれる。

　ロビン、イエーツ、トムスンが示したジャンルの歴史は、最も批判的な歴史である。彼らは試合に参加する選手を確認する。用語の出所を示し、システム内での矛盾を指摘する。このような批判としての歴史、批判史は今日の歴史家のたいていが実行するように訓練を受けている物語叙述の形態の一つである。批判史は、未来のためにはどの論理を確保してどの論理を棄てたらいいのかわれわれに教えてくれる助けとなろう。「疑念の解釈学」が刻み込まれた批判史は、ミクロな歴史とまったく同じように一九七〇年代の所産である。ただし、批判史にはカール・マルクスまでさかのぼる豊かな遺産がある。それは、過剰な意味や暗黙の意味を持った有毒性の言説を探したり、救世主と称する詐欺師の化けの皮を剝いだり、自称皇帝の衣服を脱がせたりと、制度的な腐敗を暴く目的に使われると実り多くなる。われわれにはよき批判史がたくさんある。ネイサン・セールが示すように「環境収容力」という用語は当初は、収容能力を超えて文字通り沈みかけた船を指して使われたものだった。次いでイギリス領植民地の狩猟保護区で監視される動物集団に使われ、もっと後にはこの植民地における動物の管理から先住民の統治に使われていく(34)。この用語には政府による上意下達方式での人口統制の論理が暗黙の内に込められている。同様な発見はアリソン・バシュフォードとマチュー・コネリーによる国際政府、人口統制、新マルサス主義などの歴史にも示唆されている(35)。歴史が教えてくれるように、われわれが実行可能な統制のうち、人口の統制は失敗する可能性の最も高いものの一つである。

以上のような事実とフィクションにことごとくより分ける過程が国際政策にとって持つ意味は重大である。実際、こういった歴史的実証作業は、一九八七年のブルントラント委員会以来多くの国々が共有した国際政策に直接反論するものである。同委員会は、先進諸国は、グローバル・サウスで進行中の工業化計画との関係から、気候変動を改善する重荷を背負うことができないと結論を下した(36)。この事例では、われわれは人類《スピーシーズ》として協力しなければならないと主張する人類思考は、西洋のエリートが変わりゆく気候に責任を持つ立場にあることを否定する便利な言い訳に使われている。インドと中国のエリートが共有するポストコロニアル・ヒストリーを含む歴史的論証は、西洋諸国にこういった何もしないことの言い訳としての経済理論のベールは一つとして提供しないのである。

国際統治思考

最上の形態の諸機関についての結論を揺るがしにかかる歴史的思考の力は環境問題を超えて広がる。

国際統治の問題でも、過去をめぐる思考があらゆる議論の特徴となっている。過去五〇年間を振り返ってみると、多くの歴史家にとって、社会主義は暗礁に乗り上げて、歴史家アンガス・バージンが「大いなる説得」と呼んだものに殺されたように思える。「大いなる説得」とは、ヨーロッパとアメリカのシンクタンクが体系的に主張した自由市場原理である。それは自由至上主義《リバタリアン》のエコノミストが基盤を築いたが、しばしばそのエコノミストのより良き判断に反して、アメリカの大企業の利益を増大する支援ロビーになるよう再編された[37]。一九七〇年代、八〇年代の後に行われた諸機関の闘争のなかで、社会主義と労働組合の消滅、選択肢としての共産主義の崩壊、及び、世界規模の信用、貿易、起業家精神を拡大しようとする国際通貨基金（IMF）、世界貿易機関（WTO）、世界銀行、G7、G8、そのほかの超国家の集まり、といったものを特徴とする「グローバリゼーション」と「新自由主義」の新たな時代が出現した[38]。このモデルではグローバル企業、技術、各国政府は手に手を取り協力する。この三つは、いかなる社会的な悪も根治する唯一の策として有効な自然の防波堤となる。この脈絡では、たとえば、グーグルの最高経営責任者（CEO）とそのシンクタンクであるグーグル・アイディアズの所長は、貧困を終わらせ、メディアを開放し選挙を行う民主的な国家政策に協力する者としての高度技術の論陣を張っている[39]。未来のための解決策を提案する指導者は改革者や活動家ではなく企業家や最高経営責任者となっている。

　最近まで、ジャーナリストないし政策決定者がこれらの諸機関を問題提起が可能となるような歴史の産物として扱うことは稀であった。この転換は歴史的分水嶺として理解されるべきであり、それが意味するもの、機能したか否かは長期的変化をめぐる批判的思考の問題となる。これらの機関をめぐる議論の出所は、多くは政策自体で重要な役割を果たす諸個人である。彼らの証言は、新しい歴史時代が何を引き起こしたかを問うというより、新しい歴史時代を宣言して新しい機関の出現を一様に称えるものだった。少なくとも、合衆国からはそれは「社会主義は死んだ」かのように聞こえた。サミュエル・ハンチントンにとって、ヨーロッパがそれ以外の世界に挑む長期闘争はこういった軋轢が未来まで永続していくとの信号だった。フランシス・フクヤマにとって、ソ連の崩壊は「歴史の終わり」、すなわち資本主義以外のユートピア的な計画はいかなるものも当座は考えられなくなった転換点となった(40)。こういった過去をめぐる主張はいかなるものも本当なのか。われわれが知るはずもないのではないか。

近年こうした主張は政治学者が行うビッグ・データによる検証の対象となっている。彼らは、世界の諸文化と諸機関について長期にわたる新たなデータを集めており、文化軋轢は不可避かどうかについての理論を検証するためにこれらのデータを使おうとしている。ハンチントンが一九九〇年代に「文明の衝突」を予言して以来、政治学と国際関係論の研究者は統計データベースを構築して、国家間の紛争の規則性と性質を調査していった。これらの分析によって、経済援助と成長全般は民主主義と強い相関関係を持つ傾向があるとの合意に達したときでも、軋轢の性質あるいは歴史の軌跡をめぐる見解の一致はいっさい見られなかった(41)。実際、多くの人はハンチントンの「文明」のカテゴリーの有効性を疑問としてきた。それ自体、ヴィクトリア朝期の人類学の本質主義的で階層秩序的な世界観から借りてきた概念であり、国家をまたいだ教育、貿易、移民を特徴とするグローバル化された世界への適用が疑問視された(42)。膨大なデータ収集をして、われわれの過去と未来を理解した定式も、一九九〇年代と二〇〇〇年代に大きな影響力があったものの今ではそれほど説得的とは言えなくなっている。それではこれ以外のどこに道しるべがあるのか。

他に取りうる道は、統治の代替システムを名指しできる歴史の力に目を向けることである。一例はデイヴィッド・グレーバーの著書『負債論――貨幣と暴力の五〇〇〇年』（二〇一〇年）が提供する長期持続の物語である。マーガレット・サッチャー以後の国際研究の学者たちは資本主義に代替するものはないとしてきたのに対して、グレーバーが示すのは、資本主義的な負債概念とは諸個人に債務を負わせる文化が再来したごく最近の事例にすぎないこと、負債システムの記録を歴史的に束ねれば、見知らぬ者どうしを誕生以前から縛り付ける奴隷制が数世代にわたり大陸をまたいで連鎖していることである。このように歴史をとらえたため、グレーバーは、負債の連鎖に気づいた仏教の僧院や預言者的なキリスト教のセクトが示した真の歴史的選択肢、すなわち、定期的な負債の帳消しに基づく選択肢を提起できた。彼はこのように発展途上国を世界銀行に縛り付ける国際債務と合衆国の大学卒業生や労働者階級の消費者をますます縛り付ける国内負債の両方からの債務免除を提案している。その物語の基になっているのは、マダガスカル原住民からクワキウトル・インディアン、アメリカ南北戦争直前のアフリカ人の大西洋横断奴隷貿易経験までに至る多様な経済システムをより合わせた多彩な分析である。これらのエピソードのどれをとっても静態的なシステムではない。それどころか、そのすべては相互にぶつかり合い、大洋間貿易ネットワークに入り込み、挑戦を受けたり、その結果として挑戦を求めるのである。こういった歴史像から、グレーバーは贈与から負債までのさまざまな形態の金銭関係が長期間存続してきたこと、金銭関係は容易な呉越同舟はしないこと、負債者と奴隷は意のままに預言と革命を含む償還請求に訴えることを提示できたのである。一連のミクロなエピソードはわれわれがかつて持っていたよりもかなり大きなマクロな視野の世界に導いてくれる(43)。

グレーバーが語るような物語は、負債そのものといった構造へのわれわれの信念を揺るがして、参加と機会を特徴とする一種の民主主義にかなり資するものとなっている。歴史を西洋の勝利についての単純な寓話に仕上げたハンチントンとフクヤマに対し、この長期の視野は門戸と窓を開放し、われわれの社会を組織する別な方法の探究を可能としてくれる。国際政府の歴史をより長期的に捉えれば、われわれ自身の政治システムに代替するものの存在や、民主主義自体の概念がより完全に表出されることになる代替案すら示しうるのだ。データを駆使した新たな研究は、一八世紀末以来きわめて普遍化された統治組織の唯一の形態である「ウェストファリア的な」国家の必然性をめぐる問題を提起する。このモデルでは、人間は全員、このような国家の成員でなければならないし、そうあることを望んでいるし、地球の表面は一インチたりともすべてこれらの国家によって要求され管理されている(44)。しかし、このモデルは二一世紀を生き延びる持久力とユートピア的な可能性を真に持っているのか。

少し前まで、世界政府を出現させようとする一連の試みはかなり多様な取り組みをしてきた。国際連盟は民主主義的な政府の意見をまとめて永続的な平和を構築しようとした。マーク・マゾワーが示したように、一九四〇年代に指導者たちは自国の国民計画の長所を確信しており、それを国際的な政策決定諸機関への参加と結びつけた。国際連合はこの構想を広げて、これを開発途上世界の利益になるよう使われる専門知識に結びつけた。国際労働機関（ＩＬＯ）が派遣した専門的協力者、食糧農業機関（ＦＡＯ）が派遣した土壌の専門家、及び住宅と教育の専門家が地球上に知識を広げた。世界銀行はもともと、開発途上世界の経済力を向上させて、こういった世界政府のビジョンを支援するために組織された。しかし、一九七〇年代になると、それは、ラテンアメリカ、アフリカ、南アジアの諸国家によるインフラ整備への支援を明らかに意図した新たな実験、すなわち巨大な国家負債の拡張、に乗り出した。実際、世界銀行の台頭は新たな形態の国際政府（ここでは課税標準額の増大ではなく、国際金融によって大規模事業に必要とされる収入が供給されると想定された）への移行の兆候であった[45]。一九七〇年頃、民主主義を支援する国際政府の約束は破綻した、と記録は示す。それ以後の国際政府の形態は、開発や民主主義というより大企業と既得権の方に肩入れしている。

今日国際政府には何らかの将来性があるのだろうか。新興諸国のブラジル、ロシア、インド、中国のブリックス（ＢＲＩＣｓ）が次第に取引の分け前を預かるようになっている。われわれの目前には、アラブの春、ウォール街占拠運動ばかりか、スペインの緊縮財政反対、イスタンブール、キエフ、ロンドンなどにおける市民のデモ、暴動といった世界各地での運動や大衆の抗議がある。もう少しさかのぼると、ミレニアム開発目標*（ＭＤＧｓ）、人権運動、非政府組織（ＮＧＯ）の成長、アルテルモンディアリスム**、あるいはビア・カンペシーナ***といった農民運動もある。これらの運動は世界的な統治組織の新たな方向性を示せるのだろうか。この問題も歴史的事実を使った本格的な研究として検討されよう。歴史家たちは、メディアや政治学にしばしば無視されてきた実在の諸機関に注目しつつ、一九七〇年代以後の国際原住民運動の興隆を記録してきた。彼らは、ブラジルの土地なき人民の運動（MST）とその民主的に運営されている人民の農業運動の綱領の成功を立証している(46)。

*国連で二〇一五年までに達成すべき八つの目標（貧困や飢餓などの削減に関するもの）を定めている。
**直訳すれば「もう一つの世界主義」。新自由主義的なグローバリゼーションではなく、より社会正義に見合ったグローバリゼーションを推進してゆこうという意味を込めた運動。
***直訳で「農民の道」。食と農の工業化・グローバリゼーション・企業支配に対抗する国際的な農民運動ネットワーク。

企業と技術に関しては、より長い物語がある。そこでも民主主義が問題となる文脈で、自由市場や経済成長がどのように見えるかとわれわれが想像してみることを助けてくれる。一八世紀には、諸国家は共有資源としての道路や鉄道のような新たな技術を使い始めた。土地収用（「強制収用」としても知られる、公共善のために国家が土地を獲得する原理）を使った開発に資金援助し、関税引き下げや貧困な後背地に届く通達を通して、技術を貧民に役立てようとした。それ以後、諸大国はさまざまな統治の構築や自由至上主義的な支出抑制を経験してきた(47)。より長い物語は技術、自由市場、経済成長間の関係をめぐる問題を開拓し始めている。

人口調査《センサス》からインターネットまでのグローバル民主主義の技術は、技術が国家によって利用されていく他の方法を示唆する。われわれの時代には、政治参加や市場参加の約束を拡大してくれる技術が他にもある。これに含まれるのは、「市民科学」集団、対話、民主主義的過程により追究される生態系の災害の一般参加型の地図作成、田舎や貧民地区への安価で自由な広帯域通信《ブロードバンド》の拡大、あらゆるレベルでの資本化における企業家精神を奨励するための基本的な中立性の維持、民間で運営されるアイキャン*（ICANN）の手から離れたインターネットのドメインシステムの民主化などである。これらの運動の当初の歴史が示唆するのは、こういった技術革新（インターネット自体の発明ですら）が、しばしば既存の権力とのつながりをいっさい持たない人びとによって、国家の投資と広範な政治参加の歴史と結びつけられていた方法である(48)。しかし、歴史家たちは一般参加型民主主義に適合する技術の探索には二〇世紀の最初の数十年間までさかのぼる、もっと長い歴史があると理解し始めている。その時、マス・オブザーベイションといった世情調査の組織が失業のデータをクラウドソース**しようとしていたし、市民の社会科学者がイギリスをファシズムから保護するキャンペーンに乗り出していた(49)。

*一九九八年一〇月に米国商務省より認可を得て設立された非営利組織。インターネットのドメインネームとIPアドレスを世界規模で管理している。

**不特定多数の人びとにデータ集積を依頼すること。

こういった「選択されなかった道」をめぐる多くの物語が集められたように、歴史家たちも権力への道から民主主義的な参加を排除する専門家の支配パターンについての情報を集めている。たとえば、インドにおけるイギリスの水利管理、エジプトにおけるイギリスのハマダラ蚊の駆除、公衆衛生の歴史の研究において、歴史家たちは、多くの国民国家が、人種や階級に基づいて、市民ロビーを排除する方法として専門知識を使いながら、内側から民主主義を抑圧する豊富な証拠を見出している(50)。また、N

GOが大きくなると、労働組合、近隣集団どころか、政党ですらますます政治過程の主役からはずされて脇役に追いやられることにもなり、その結果、貧民救済であれ教育であれ環境改革であれ、新たな事業への真の資金調達力を有権者が握れなくなっていることも立証している(51)。歴史的な証拠は、高姿勢な政策をとるエコノミストが増大すると国内総生産が上昇し、これと同時進行の雇用・健康・教育・政治参加の減少とも結びつくことすら示唆している(52)。

気候変動をめぐる論議と同様、歴史データは競合に値するモデルばかりか警告、この場合は技術独占が国内市場に与える危険な結果についての警告をもたらす。アメリカ鉄道史研究は、野放し状態の私企業に政府が支援すると、利益を求めるほど大きな資本がない世界では資金供給源の過剰拡大を招いてしまうことを示す。結果として、鉄道王は大儲けする一方、経済的には当初から破綻する運命になっていた新興都市《ブームタウン》に投資していた何百万戸もの家族は財産を失ってしまった(53)。最近になって、国家独占権力についての物語も、企業の権力が、ラテンアメリカ、フィリピン、ベトナムに警察国家を広げていくアメリカの残忍な歴史と結びついていたことを描いている(54)。

不平等

責任を負い他に取りうる道筋を探す決意のなかでも、持てる者と持たざる者の間の距離を強調する議論ほど熱をおびた決意はどこにも見当たらない。長期持続をめぐるあまり根拠のない神話が今も残っており、それは今ある制度こそこれからも持ちうる唯一の制度であると主張している。これらの神話のなかでも最も強固なのは不平等をめぐる神話である。大きな神話は二つあり、まず一つは経済人類学に基づいて、霊長類の最初の男性的な行動の存在までさかのぼるもので、不平等はよく知られたわれわれの種としての行動の一面であるために、決して消滅することはないと主張する(55)。不平等と時間をめぐるもう一つの大きな物語は、冷戦期の経済学者であるサイモン・クズネッツと結びつく。彼はハーヴァード大学教授を務め、合衆国陸軍省に雇われた経歴もあり、彼が集めた大恐慌から一九六〇年代までの間に多くのアメリカ人の生活水準が向上したデータは資本主義的な民主主義のなかでは不平等はいずれおのずとなくなると示唆した(56)。歴史学と人文科学が公的な領域から退却していた一九七〇年以降の三〇年以上にわたり、このような物語は政策と学術の多くの分野で無批判のまま浸透していた。しかし、今日、長期的思考の回帰によって、研究者たちは長い時間をかけて収集した事実のデータの力でこの二つの神話に疑義を呈するよう要請されている。

議論を一変させるこのデータの力は、経済学者トマ・ピケティ『二一世紀の資本』（二〇一四年）の出版が喚起した資本主義の基での長期的な経済的不平等をめぐる論争がよく示している(57)。ピケティは序章で不平等についての長期持続データの収集を思い立ったのは、多くの経済学者が法則として認める声明、すなわち、資本主義は時が経てば不平等を軽減してくれる傾向があるとのクズネッツの主張、を耳にした時だったと説明している(58)。クズネッツは自分の原理を数十年間のデータ（後にピケティが依拠した数百年間にわたるデータではなく）に基づいて作り上げた。このデータは経済史の例外的な期間、すなわち大恐慌後の時期と戦後の回復期にしてクズネッツ自身が存命中で、実際にも過去二〇〇年間で成長の上昇と不平等の縮小が最も際立っていた時期の一つであった時代から取り出されていた(59)。しかし、ピケティが二〇〇年以上にわたるフランス、アメリカ、イギリスそのほかにおける富の不平等を検証したように、彼の証拠は不平等の縮小は資本主義の基では実はきわめて稀なことを示した。彼の長期持続分析は、決定的な真実とみなされたものをデータの力で不確かな憶測でしかないと暴きつつ、経済学者の偏見と法則とされるものを揺るがした。

ピケティの通説への挑戦は、相異なる多種のデータを比較し評価したことに依拠している。不平等に関するデータはフランス、イギリス、アメリカ、ドイツ、スウェーデンの五か国から集められた。データが収集されなかった年度分はしばしば見積もりを出さざるを得ず、調整して国別の会計実践を考慮するか、センサスの実践が変化した数十年をまたいで推計値を出すかした。『フィナンシャル・タイムズ』がピケティの分析を問題視した時に明らかになったように、このデータ操作にはまず政府の出す数値の性質について批判的な問いを立てることが必要だった。『フィナンシャル・タイムズ』が知りたがったのは、現代イギリスの富の三五%しかエリートが有していないというのが政府の数字なのに、なぜピケティはその七〇%まで一%のエリートの手中にあると主張したのかだった。ピケティが公開した反論と説明で明確になったように、これらの疑問についてはすでに考え抜かれており、一連の論文で説明されていた。イギリスの富についての政府の数字は自己申告であり、したがって、海外に隠された富は含まれていなかったのである(60)。

こういった批判的データ分析は歴史学部では、一九七〇年代のセオドア・ポーターやイアン・ハッキングの著書にさかのぼる長い伝統を持つ。これらは「失業」から「平均的男性」までの政府統計の定義が、いかに共通して、補償や福祉どころか統治改革までも求める労働者階級の主張を最小限に抑えることによって政治的秩序を構築する意図から計算されていたかを示した(61)。しかし、批判的な長期データ分析は、政治介入が必要な状況や富の社会への拡散についての古い偏見の打倒を促しつつ、こういった平均値や作表の疑問視を可能とする。これはまさにブローデルが望んだ自分の長期持続研究にとってうってつけの世界的論争へ参加する議論だった。

ピケティの本の力の一部は、そのクズネッツ批判がデータ駆使の方法に依拠したことから来ている。この方法は短期間データに基づく経済学で提唱された歴史の神話をくつがえした。一九七〇年代以降、経済学は社会におけるより多くの技術と生産性の結果をめぐる果てしのない論争にはまり込んでいる。より多くの革新を続ければ、全員により大きな富とか余暇がもたらされるのか。あるいは技術革新を重ねると、近代人は、ますます多くの時間とエネルギーがかかる消費財を求めるという悪循環の要求の罠にはまるのではないか。都市が膨張すると労働者階級は仕事につくためにまずは車の所有が求められる時すらあるように(62)。ピケティ自身の論争参加も先進資本主義の基での所得の不平等の見込と現実を正確に測定する多くの協力者との共同研究のほんの一部にすぎない。ピケティとエマニュエル・サエズの指導下で、パリ経済学校は、一九〇〇年以降の国別の公的な税金記録から集めた世界じゅうの上位個人所得の長期持続データベースを公表した(63)。

ピケティの本は、自身が認めるところでは「経済学の本であるとともに歴史の本でも」あり、専門的な歴史学をはるかに超えて、データを駆使して政策と公衆に訴える、今日的な意味をおびている歴史研究の力の例証である(64)。歴史にはこのような大きな理論をめぐる論争を起こす力がある。かつては当たり前の真実と見なされていたものが実は未検証の偏見にすぎないことを明らかにする。結果として『二一世紀の資本』はわれわれの社会を治める多くの人びと、特に二〇一〇年のウォール街への緊急援助に責任を持つ人びととの信念の核心部分を崩壊させた。彼の歴史が刺激を与えた新たな論争の核心には資本主義自体の性質と見込についての主張がある。それは、長期持続のなかで観察され、短期データに対して長期分析が勝利する闘いとして実行された。

神話の蔓延

われわれの時代に誤った物語があふれているのは、われわれが短期的思考の危機に陥っている大きな理由の一つである。海面上昇、統治、不平等を扱う問題を単純化して解決する時代では、人は大きな全体像についてきちんと語れない。過去に関する還元主義的な物語の増大には、他のものと同様な歴史がある。気候、統治、不平等についての悪夢のシナリオや原理主義的なさまざまな神話は、歴史家がますます短期の時間尺度に退却し始めたのと同じ頃に増殖し始めていた。

短期的過去が歴史をめぐる議論を決定づけるようになるのと対照的に、長期持続の理解の方は、老大家とか素人しかやらないような、物語を語る古めかしいやり方のように見え始めた。このやり方は証拠や論拠の扱いにたけた今時の研究者には適合しなくなった。こうなると、社会史が政治、権力、イデオロギーへの関心をすべて棄てていたと告発されるに至った。社会史家は、その代わりに「現実に根をおろさないまま、どこか高みに座っている」ことになった(65)。短期的過去は、次第に、歴史を見る一方法と定義されるばかりか歴史を見る唯一の方法と定義されるようになった。

一九七〇年代の末までに、長期思考の歴史を考える傾向は色褪せ始めて、自尊心の高い歴史家ならば誰もやらないような何か汚らわしいもののようになった。その上、長期持続のゲームに取り残された歴史家たちは、冷戦期の読者に報告する圧力にさらされた。彼らは、冷戦期の国際舞台に典型的な真っ向から対立した見解によって分断されていた。ユネスコの委託を受け、一九五四年から六六年にかけて進められた複数巻の企画である『人類の歴史』の編者キャロライン・ウェアの経験を取り上げてみよう。ユネスコに代表を派遣する国々の官僚の校閲者に提出されたウェアの巻は、ロシアとフランスの読者間、プロテスタントとカトリックの校閲者間のイデオロギー上の主導権争いにさらされた。彼らは全員ユネスコに陳情し自分たちの国家的イデオロギー的理解を反映するような修正版を求めた。ウェアのような国際統治機関のために働いている者にとって、この企画の成功は共産主義者と資本主義者の双方が合意できる統合化にかかっていたし、その仕事はまず達成不可能なことが判明した。内容に対する陳情はすさまじく、企画の担当者はその陳情内容に収まるような統合史を常に書くよう追い込まれたのである。ウェア自身は手紙に「二〇世紀の歴史を書くのは無理」と書いた(66)。国際政府機関のための著述をめぐるこのような気を滅入らせる経験によって、長期間の歴史のジャンルはさらに色褪せたものとなった。言い繕ってあちらもこちらも立てる妥協策に対するウェアの落胆は、文書館でミクロな歴史を研究する同僚ならば全面的に回避できたものであった。こういった経験とこれに似た他の多くの経験は、長い時間幅の歴史一般から退却する歴史家の一世代に大きなよりどころを与えた。

このエピソードの後ではおおむね歴史家たちは集団として未来学者との関わりを絶った。「いかさまな」長期持続の歴史は、ジャーナリストや好事家が使う道具として、ミクロな歴史と対立したまま、科学にはとうていなり得ず、教室の時間割にはめったに組み込まれず、論議されたり見本とされたりもしなくなったのである。ミクロな歴史の作品は、農民生活、公私にわたる多様な心理的衝動、人間の経験の構築性に関するわれわれの理解を広げていった。しかし、それは歴史を書いていくなかであのレトリック上の実践をおおかた棄ててしまった。それは、非歴史家が長期持続にわたる新しい社会構成体のよりどころとして活用できる、大きな道徳批判の実践だった。

イデオロギーの対立した時代にあって、近代化論の見通しが特にベトナム戦争以後にラテンアメリカ、東南アジアなど世界じゅうからしぼんで死に絶えていくにつれて、社会科学者は国際開発機関のイデオロギー上の中立性や効果性に対しては次第に懐疑的となった(67)。彼らの参考文献表は、前世代とは対照的に、急増する国際機関の陰気な刊行物に寄稿されたものではなく、査読付きの雑誌に出た論文でますます埋められるようになった。彼らの退却は全面的だった。世界銀行から諮問されなくなったし、政府諸機関の指導者が読むように企画された長期持続の歴史も書かなくなった。歴史家、人類学者、社会学者が世界政府の諸機関のための著述や務めをやめるにつれて、経済学者がその代わりになった。歴史学部の外部では、こういった影響力のある組織の聴衆を失った結果はさまざまな形で現れた。モデル化につながる社会科学全般の内部に忍び寄る科学への嫉妬心、ゲーム理論や合理的行為者への集中となって現れたが、要するに、これらは集団や具体性ではなく個人や抽象性への退却であった。政策を追求する事例研究法への集中は、ロースクール（ここでは一九世紀にこの方法が確立していた）から、医学における症例研究の使用を経て、ビジネススクールと政治学部に至るまで見られるようになった(68)。ベビーブーム世代は歴史家が世界を理解する能力に貢献したが、それは統治諸機関に反論する歴史家の能力を犠牲にして行われた。

以上に照らすと、一九七〇年代から二〇〇〇年代半ばにかけての英語圏の歴史学内部の全般的な傾向は、同時代の世界規模の問題と未来の選択肢について意見することからの内向的な退却というモラルの危機の証拠となるかもしれない。歴史家は自分たちの研究手法と社会正義の理解を研ぎ澄ます一方で、同時にこの学問分野にミクロな視点からの関心の慣習を押しつけていた。その慣習は、現実には何の役に立ちそうもないとの考え方、政治的経済的な風景から距離を置いて、高い塔にいる天文学者としての歴史家という考え方に至った。この危機の一部は、国際関係や社会政策の論戦で、歴史家として専門的な助言を出す役割を果たすべき際に、彼らがますます躊躇したことであった。代わりに、長期的変化のユートピア的な可能性をめぐって市民や政策立案者へ助言する役割を引き受けたのは経済学部の同僚であった。結果として新聞の見出しや政策集団は自由市場を理想化する理論が支配的となり、ポストコロニアルの歴史家や社会史家が帝国や工業化、公衆衛生や環境の歴史から引き出してきた道徳的教訓からは何も汲み取らなくなった(69)。

一九九〇年代の頃には、合衆国の学術評論家たちは、歴史学と他の人文科学がますます今日的な意味をなくしていることに不平を述べ、一九五〇年代のニューヨークのインテリと歴史家と文芸評論家が公共の場で果たした役割を郷愁を込めて振り返った(70)。それは多くの同僚にとって人文科学があっさりと公共性を棄てたかのように思えた。一九九〇年代の末までに、ちょうどベビーブームの開始期に生まれた若い世代の歴史家たちは長期持続の問題を再開し始めていた。彼らの多くは古代史や中世史の訓練を受けた歴史家であり、彼らにとって長期の時間枠という話題の無視はとくに耐えがたかった。たとえば、中世史家のダニエル・ロード・スメールは、課題を進化生物学との対話として、特に人間のアイデンティティや消費主義の時期区分をめぐる問題を提起した(71)。

長期持続のテーマ（地球温暖化やサバルタンの経験の政策への組み込みに対応する経済の方向付けを含む）には道徳上の関心があるために、歴史家たちは自分たちが書くあらゆる人間の経験（環境、統治、資本主義、搾取といった問題を含むがこれらに限定されてもいない）を可能な限り多くの聴衆を望むよう促される。長期持続の歴史は、聴衆に人間と地球との長期にわたる関係の事実を説くことが必要となった人新世、特に大気圏、壊れやすい生態系、限られた自然資源、を示唆するためにまさに持ち出されている。しかし、それは同様にトーニーやマンフォードが取り組んだような不正義に対する資本主義の遺産、あるいは環境統治のあり方をめぐる長い闘争をわれわれに説いてくれるかもしれない(72)。

長期持続の回帰は問題設定の規模の変化と密接に結びついている。たえず広がる不平等の時期、世界的な統治の危機の最中、人間を原因とする気候変動の衝撃の基にあって、われわれの生活を形づくる条件を最小限でも理解すると、われわれの探究の規模拡大が要請される。新たな目的を持った新たな装いで、長期持続が回帰してくると、最も基本的な歴史方法論の問題（どんな問題を選択するのか、テーマの境界をいかに決めるのか、その問題を解決するのに使う道具は何か）への対応を要求される。記憶の力によって、われわれは説得し、再想像させ、着想を与える学問分野としての歴史学の忘れられた力に直接立ち戻ることができる。ルネサンス史家のコンスタンティン・ファソルトは、近世の民間組織について考えることは彼が呼ぶ「歴史的反乱」の態度にかなり基づいていると論じている(73)。これに照らすと、長期持続に関心をもつ新しい歴史家たちはわれわれの周囲にある諸機関を批判するために歴史を駆使し、それを批判的社会科学としての使命に回帰させるべきである。歴史学は長さだけに敬意を払う態度に基づく時代錯誤を払いのける基盤を提供できる。歴史（それもその長い距離をもつ歴史）をたずさえて考えることとは、われわれはどの機関を死んだものとして埋葬し、どれを生かし続けたらよいのかの選択の助けとなるのである。

調停役としての歴史学

この一〇年間で、長期持続が回帰している証拠が知の世界のあちこちで見られる。あるラテンアメリカ研究者は彼の分野について「すこぶる長期にわたる歴史の流れ……についての理論をたてるのは流行らなくなっていた」が、今や変化が到来し「長期持続が戻ってきた」と述べている。あるヨーロッパ文化史家はある会議の席で同僚に「われわれは全員……程度の差こそあれ、長期持続のセクシュアリティに関心を寄せている」と語っている。アメリカ研究の教授は自身の専門分野について言うには「最近の著書、学会、研究集団のタイトルはむろん、シラバスにも目を通す文学研究者ならば誰しも、文学・文化批判の重要な画期ともなる……二つのキーワードを見過ごしていない」、一つは地理的なもの（大西洋世界）であり、もう一つは「年代記的な単位の長期持続」である(74)。近年の研究は、冷戦、移民、黒海、アラブの春、女性の精神性とオーストリアの歴史、ドイツのオリエンタリズムと帝国の概念などを長期持続のパースペクティブのなかで見ている(75)。歴史の本棚に最近到着した本をざっと見るだけでも、長い時間幅の歴史の本が多く見つかる。五〇〇〇年間の世界一周旅行記を扱ったもの、キリスト教の最初の三〇〇〇年間や古代エジプトから今日までの反ユダヤ教を扱ったもの、チンパンジーからゲーム理論までの戦略、「スパルタからダルフールまでの」大虐殺、「古代から現在までの」ゲリラ戦争を扱ったもの、過去一万五〇〇〇年にわたる人間の歴史の「形成」そのもの、広範な読者大衆を対象とする多くの類似した大きなテーマを扱ったものなどである(76)。

　実際、新しい歴史記述の様式として大きな語り《ビッグ》が再び注目されている。そのなかでも最大のものは「ビッグ・ヒストリー」であり、宇宙そのものの始原までさかのぼる過去の叙述である(77)。人間の過去しか含まないために、規模がもう少し控えめながらやはり驚くほど広がっているのは「ディープ・ヒストリー」であり、これには四万年ほどの時間幅があり、「歴史」と「前史」の間の固定した境界を意図的に突破している(78)。もっと狭まってはいるが、今日的な関心にとって最も直接的な重要性を持つのは、人新世の歴史であり、これは人間が地球規模の環境に影響を及ぼすほどの力を持つ集団的な主体となった期間である(79)。これらの運動の時間尺度は、それぞれ、宇宙論、考古学、気候学の時間尺度である。それぞれは歴史的視野の新たな拡大を代表し、近年までの歴史記述の多くを定義してきた一世代、人間の寿命期間ないし他の大まかな生物としての寿命よりも長い(通常ははるかに長い)時間幅で動いている。

この新たな仕事をするなかで、現代の歴史家たちは、過去をきめ細かく理解する文化を保護する助けとなるよう、しっかり織り込まれた物語を再興しつつある。現代の歴史家の一人は最近「われわれの学問分野を形成したマクロな問題に回帰することで、一点にとらわれて大局を見ないミクロな歴史から問題関心を奪い返し、その過程でわれわれの仕事の公的な有用性の理解を再構築できるようになる」と呼びかけている(80)。人間の経験と諸制度を理解する豊かな資料をたずさえ、長い間、進化生物学者、考古学者、気候学者、経済学者しか加わっていなかった長期持続の時間を論議する領域に再び参入しているのである。今日、われわれにはこれらの神話的な歴史のための調停役がどうしても必要である。偏見を捨て去ることができ、可能性の実際の境界についての合意を再構成し、そうすることで近代文明の広範な未来と運命を開拓できる調停役である。学問分野としての歴史学はその審判になり得るのである。

第四章　大きな問題《ビッグ・クエスチョン》、ビッグ・データ

社会が長期的思考の危機に瀕していると気づかされる理由の一つは情報過多の問題にある。情報過多自体は目新しい話ではない。ルネサンス期のヨーロッパの人文科学者はこれを経験していた。その時、新たな版の古典的テキスト、新しい歴史学と年代記、アジアや両アメリカ大陸の植物と動物についての新たな情報などが急速に押し寄せてきたため、情報を収集して包括的な理論や有益な目録に仕立て上げる学者の能力を圧倒してしまった。実際、われわれが調査と検索をする基本的な手段である索引、百科全書、参考文献表などは、この最初の情報過多の時代に由来している。この時代、諸社会は過去をとりまとめ未来を見つめる自分たちの能力が凌駕されてしまったと感じていた(1)。

われわれはヒトゲノムの解読から政府官公庁が年度ごとに大量に刊行する膨大な文字数の報告書に至るまでの新たな「ビッグ・データ」時代に住んでいる。社会科学と人文科学において、ビッグ・データは社会学者や歴史家が有用性をなくしたくないとする熱望を担ってきた。ビッグ・データによる分析は古い問題を解決し、新しい問題を設定する新しい可能性を開くからである(2)。ビッグ・データは社会科学をますます大きな問題に駆り立てる傾向がある。それは歴史学のなかでは時間をだんだん長くとっていく世界的事件や諸機関の発展といった問題である。気候変動の長期の歴史、奴隷貿易の結果、あるいは西洋の財産権法の多様性と運命についての研究課題は、データ処理の未開拓分野を新たに開拓すると同時に歴史的な問題を現代的な関心に応えるやり方で、コンピューター技術を用いている(3)。

過去一〇年間で、学問分野としてのデジタル人文科学の出現は、研究者であれ一般人であれ長期の時間幅を認識する経験を望む者の誰もがさまざまな手段を入手できるようになったことを意味する。話題分析《トピック》・推定《モデリング》ソフトウェア*を使うと、膨大な政府文書あるいは科学文献の機械読み取りができ、われわれの関心と思想が数十年、数百年かけていかに変化を遂げてきたかについての基本的な事実が提供される。注目すべきは、これらの手段の多くは、これを使わなければ大きすぎて読み込めないデータ・アーカイブを小規模に視覚化する力を持つことである。われわれの時代に、多くの分析者たちは、説得力を保持するためには、語りやすい簡潔な物語として読者の間に広く行き渡らせるような方法でビッグ・データを圧縮する必要があると認識し始めている。

*長期間にわたる単語と語句の使用頻度数や語彙の結びつきを計測して、文章の内容や分野を推定する。

人文科学は数百年間にわたって年表を作る実験をしてきた。が、ビッグ・データがますます利用されることで、大きな全体像《ビッグ・ピクチャー》を視覚化する試みが新たに可能となっている(4)。これはまたそのデータを使って長期か短期かのいずれで研究するか、の差し迫った問題を提起する。そういった広い脈絡で見るか、そうしないかの決定によって、世界が一変して見えてくるような歴史の記録が存在する。ますます広く問題を組み立てる必要性は、どのデータを使うか、それをいかに処理するかを決定する。これは長期持続の研究の多くがいまだ引き受けていない挑戦である。ビッグ・データは歴史情報に取り組むわれわれの能力を高める。それはそれぞれの事件が歴史の分水嶺となるか、それとももっと大きなパターンの一部にすぎないのかといった因果関係の優先度を決定する助けとなる。

新しい手段

二〇一〇年代に、デジタル化に基づいたキーワード検索は学術研究の基本として至るところで目にするようになった。デジタル化された知識バンクの時代には、われわれの周囲の社会変動を分析する基本的な手段はどこにでもある。長期の時間尺度での歴史的変動の対象を拡大するためにキーワード検索を使う習慣は政治学、言語学の学術雑誌に現れ、以下のような多岐にわたるテーマを分析している。インドのグジャラートの遺伝子組み換え穀物に対する公衆の反発、イギリスの新聞における気候変動科学の受容、西洋の報道における中国農民の表象、イギリス文化における反ユダヤ主義の残存、公営住宅政策の歴史、イギリスの石炭産業が汚染規制に対応しようとした試みの結末(5)。二〇一一年と一三年には、気候関連の学術文献と世論との関係の分析を試みる社会科学者たちは、ウェブ・オブ・サイエンス*のデータベース検索を手がかりに、「地球温暖化」とか「地球気候変動」といった単純なテキスト文字列を探した上で、次に探し出した論文を裏づけの度合いに応じて序列化した(6)。要するに、デジタル化されたデータベースを分析する新しい技術は、時を超えた言説や社会共同体についての情報を集約する多くの研究を推進したが、こういった研究は歴史学の主たる学術誌には載らなかった(7)。数十年越しの言説の変容を集約して測定できる技術とこれらの問題を独自に考察する歴史研究者の能力、意志、さらに勇気の間には連結点がなかったのである。

*自然科学、社会科学、人文科学の全分野における主要論文誌、総計約一万二〇〇〇誌の情報がカバーされているオンラインの学術データベース。

この障害を克服するために、長期持続の歴史研究のために作られ、特に今日の増大する政府データに取り組むために考案される新しい方法が喫緊に必要となっている。ここでは、新しい多数のデータをめぐる設問主導型研究という課題がいかにして新たな方法の創生に結びついたかについて、ジョー・グルディの経験に基づく一例を取り上げる。二〇一二年の夏、彼女はある研究者集団を率いていた。チームは、文書過剰の二〇世紀を包括的に国際的に考察するあらゆる試みと関連した、膨大な文書の解析の助けとなるために考案されたデジタル手段であるペーパー・マシーンを発表した。ペーパー・マシーンは、ゾウテロウ［Zotero］*の無償公開されている付属プログラムであり、歴史家が扱う文献資料の範囲内に収まるよう考案されている(8)。その目的は、幅広い技術的知識あるいは巨大なコンピューター機器を持っていない、社会科学と人文科学の多様な学問分野の研究者に最新鋭のテキスト検索を利用可能とさせることである。グーグルブックス・Nグラム・ビューワーといった検索エンジンが、自動的に英米の伝統を強調するグーグル・ブック検索の既存の言語資料を使うのに対して、ペーパー・マシーンは、新聞やチャット・ルームのようなデジタル資料から採集されたものであれ、公文書のような紙の資料を光学的文字認識ソフト（OCR）でスキャンして保存したものであれ、個々の研究者が自前で集めたテキスト群を扱うのである。これによって、あるクラス、学者集団、あるいは学者と活動家が一緒になってテキスト史料群を収集し共有することが可能となった。これらの集合ライブラリーは、集められた資料の機密性や著作権の制限に応じて、公的なものと私的なものとに分けられる。パナマの歴史家は、ゾウテロウの集合ライブラリーを使って公的な検索援助がいっさいない公文書館テキストを集め共有してきた。研究者自ら、このように、何もしなければ無視され朽ち果て意図的な損傷も受ける危険にさらされる史資料を保管し注釈を付け、解明可能なものとしたのである。

*参考文献表を作り、自ら運営するオンライン・データベース上の図書館の構築を可能とするプログラム。

ペーパー・マシーンがあれば、研究者たちは、簡便で使い勝手のよいグラフィカル・インターフェイス*を使って、大規模な言語資料内での多くのパターンの視覚的な表象を作り出すことができる。ペーパー・マシーンは、膨大な思想、たとえば歴史家が過去一〇年以上にわたり特定の雑誌で発言したことについて一般論を述べるのに使われる。あるいは、たとえば一九世紀のパリを描いた小説に対する一九世紀のロンドンを描いた小説のように、互いに異なる文献を視覚化できる。これを使うと、テキスト内の大量のパターンが単純なグラフィカル・インターフェイスを通じて可視化される。ペーパー・マシーンを大規模な言語資料に適用すると、研究者は思想、個人、専門職集団の影響における長期持続のパターンについての仮説を蓄積できる。

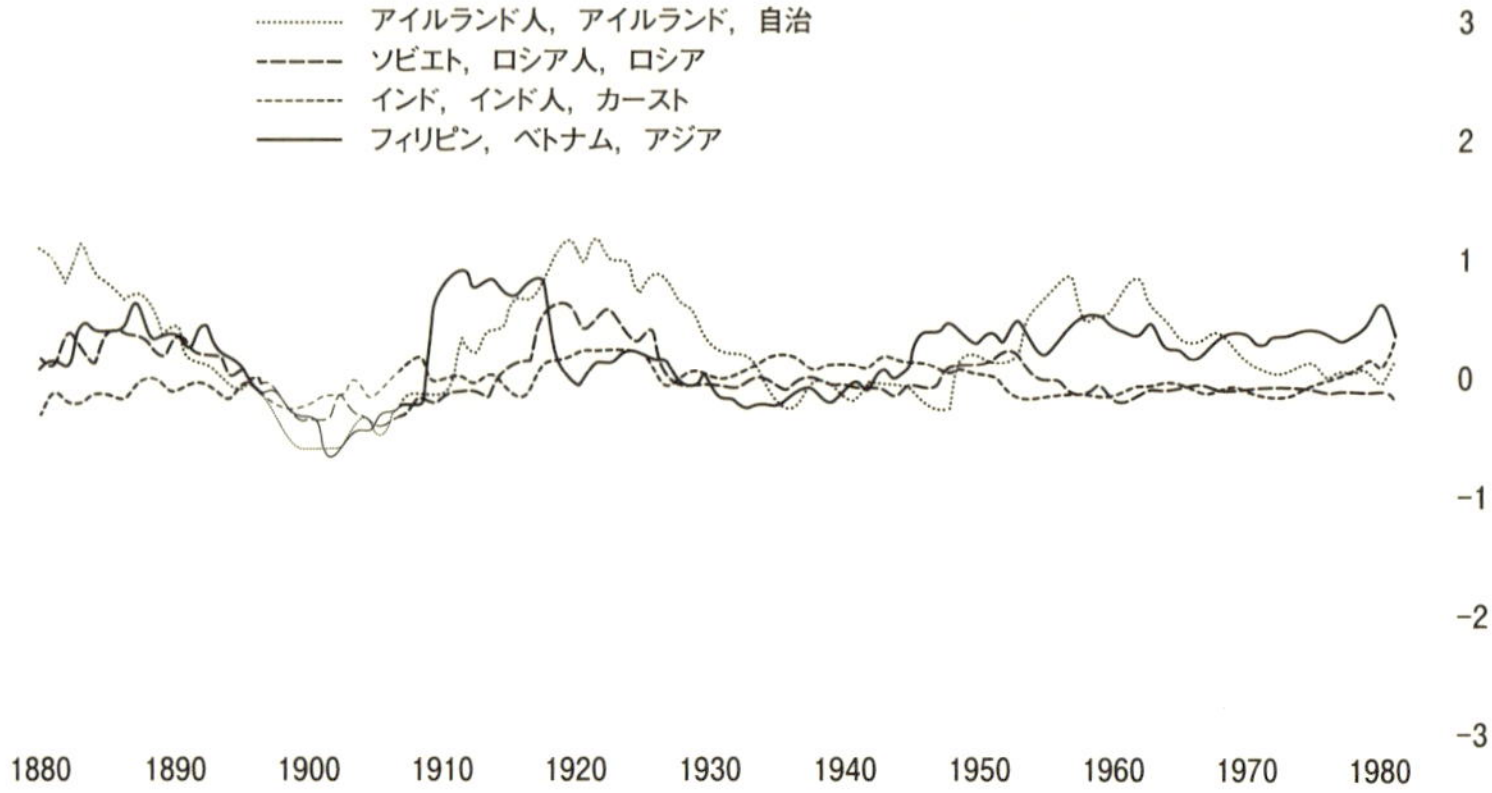

図４　相互に結びついた各話題（インド，アイルランドなど）への言及の変遷，1880〜1980年
（薄くなった線は分析元の文書の僅少を示す）
出典：デイヴィッド・ミムノ作の話題分析・推定アルゴリズム，マレットを使ったペーパー・マシーン

＊図形をマウスで操作して動かすこと。

長期間にわたり相互に異なる傾向、思想、機関を検証することで、研究者は通常よりもさらに膨大な量のテキストに取り組めるようになる。たとえば、ペーパー・マシーンを二〇世紀の世界各地の土地改革に関する膨大な数の官僚作成のテキストを自前で収集保管した大規模な言語資料に適用するなかで、イギリス史での議論をもともとの出発点にあったローカルな物語からそれ以後まで追跡することが可能となる。すなわち、イギリスの文書館でのミクロな歴史の調査から世界規模での政策傾向の長期持続的な総合に至るのである。このデジタル化によって可能となった研究は三つの過程を経過して進む。デジタル化により長い時間を統合すること、どの文書を選択するかについてデジタル情報に基づいて判断しミクロな歴史の文書を批判的に調査すること、隣接分野の二次文献を広く渉猟して読むこと。たとえ

ば、図4では、土地法についての大量の学術的言語資料に話題分析・推定《トピック・モデリング》アルゴリズム*のマレットを走らせている。その結果得られたイメージは、アイルランドに言及したりインドに言及したりする思想が凹凸をなして変化したり他と同調したりの変遷を示す、コンピューター主導で作成した年表である。この経年とともに変化する概念の視覚化は一九五〇年代と六〇年代の言語資料をより綿密に見る歴史家の手引きとなる。この一九五〇～六〇年代のアイルランドにおける土地闘争の知的記憶がラテンアメリカの同時代の政策の指針となっていた。

*情報を処理する集計方法

このデジタル化によって推進された研究はグルディの『長い土地戦争』を執筆する土台となる。本書は、労働者農園と食料の安全性をめぐる思想、一般参加型の統治組織、イギリス帝国の最盛期から今日に至るまでの地代統制を追跡しながら、世界各地での土地改革運動の過程の物語を語る歴史モノグラフである[9]。ペーパー・マシーンは、たとえば地代統制、土地改革、労働者農園と結びつく話題と地名の年表と空間地図を作成しながら、論争の性質とその地理的指示対象をとりまとめた。どの文書を選択するか、文書のどの箇所に焦点を当てるかも示してきた。ペーパー・マシーンは、官僚主義にハッキングし、その仕組みをあばき出し、文書館にある記録がどのような文脈で使われていたかをしっかり示唆する道具として設計された。その使用者は、国連の各出先機関や各部門の長、ひいては総裁、あるいは官僚と数世代にわたる学部生の両方に助言してきたウィスコンシン大学とサセックス大学の仲介教員スタッフに注意を払う余裕も持っていよう。この方法を使うと、こういった諸機関が分岐したり収斂したりする仕方を突きとめつつ、それぞれの機関の性質を見定めることができる。そのスタッフの全員が近代化理論の共通言語を話した。中央政府、民主改革、公的サービスの拡大、訓練と管理、(定量的実証が可能な生産が増大する結果となる)新たな設備の設置といった言語である。

広範な非デジタル文書の存在とそれをより分けるのに必要な時間に制限された伝統的な研究は、どうしても諸機関と権力者の歴史に縛り付けられる。たとえば、何人かの歴史家がしているように、フォード財団やロックフェラー財団による殺虫剤への投資から、アメリカ帝国における普遍的な傾向の特質を探る研究である。長年にわたって競合する話題を確認することによって、ペーパー・マシーンは読者が不同意、分裂、ユートピア主義といった契機を特定し追跡することを可能とする。殺虫剤産業と適正技術*運動との抗争、あるいは搾取行為をめぐる世界銀行と解放の神学運動との抗争に焦点を定めることができるからである。デジタルソフトによる読み取りは、文書を下からの歴史の意図から読み直しつつ、反事実的設定や抑圧された声により多くの時間を割くことを意味する。

*開発途上国などの利用条件に適した技術。

他の同様な手段もありふれたものから深遠なものまでの歴史についての長期的変化を理解する測定基準を提供する。グーグル・Nグラムは思想の浮き沈みを見る大まかな指針を提供する(10)。フランコ・モレッティといった人文科学者とベン・シュミットといった歴史家は、長期にわたる視覚化の方法を考案した重要な協力者である。モレッティはIBMと共同で膨大なテキストの「遠読*」をするためのソフトウェア「メニー・アイズ」を開発した。シュミットは、グーグル・Nグラムを支えるソフトウェアをコード化した遺伝子生物学者と共同研究した。そのソフトウェアによって、ある言葉のテキスト上の支配性の移り変わりを世代ごとに示す信頼に足る年表の作成を確実にするためだった(11)。

*特定のテキストの研究による「精読」ではなく、大量のデータを集めて分析して文献を理解すること。

このような手段は数十年から数世紀にかけた複合変動の測定に関心を持つ学者に役立つ。過去一〇年間での諸図書館とクラウド展開のオーラル・ヒストリー・オンラインにおける大量デジタル化事業は、アーカイブにあるおびただしい資料にたやすくアクセスできる時代の到来を告げた。情報抽出手段の建設的利用を合わせると、これらのデジタル言語資料によって研究者は数世紀の時間幅を超えた歴史的仮説を試すことができる(12)。このような性質の手段が利用可能となり、テキストも膨大となると、長期持続的にして同時にアーカイブ的でもある歴史学が、達成可能な問題となる。少なくとも、「今日の主たる文献収集のうちでもおそらく歴史上最大の」言語資料であるポスト古典期のラテン語言語資料、及び、ルネサンス以来蓄積されてきたヨーロッパの主要言語での資料に関してはそうなろう(13)。

定量的情報を比較する方法は近代性をめぐる標準的な語りを問題にしてきた。マイケル・フレンドリーにとって、データの視覚化は、過去の経験についての今あるデータの最上のものを使って政治経済学の古い理論を再検討することを可能にした。彼は最新のデータを使って、ナポレオン戦争期の賃金に対する小麦価格の割合を示す、ウィリアム・プレイフェアの有名な時系列のグラフを作り直した。フレンドリーは、歴史家が、幸福、栄養、人口、統治などできるだけ沢山の測定値の蓄積に目を向け、長期の多様な変数の比較モデル化を提示する専門家になることを提案している(14)。これらのスキルがあると、歴史学は人新世、経験、機関をめぐる主流の言説の調停役となる。

法律やそのほかの制度史の分野では、判例が重視されており、長期持続的な答弁書に特別の力が与えられているため、比較的早くそのような研究が提出されるだろう。個々の歴史家がおびただしい情報をとりまとめる能力を発揮できる新しい手段は、歴史学という学問分野の至るところにすでにあるモラルの衝動、長期持続にわたる統治のあり方について議論できる範囲を検証する衝動、への門戸を開放する。ヨーロッパ法の歴史を研究する学者は長期幅の問題への回答を可能とするデジタルな方法を発見している。たとえば、オールド・ベイリー*・オンラインは、一六七三年から一九一四年までのイングランドの判例を取り込んでおり、英語圏で今利用できるサバルタン資料のうち最大のコレクションである。あるいはコリン・ワイルダーの「文献の共和国」企画は、近世の法テキストをデジタル化し、テキスト依拠情報と法学教員と法学生からなる巨大な社会ネットワーク地図とを結びつけて、近世ドイツの法の変化を誰が推進したかを示そうとしている。近世ドイツでは公領域、私有財産、相互性をめぐる最初の思想が多く出現していた(15)。この企画はこういった多数研究者問題への魅力的な統率力を発揮し、これまで知られていなかった規模での情報の収集により、法と社会の歴史をめぐるわれわれの理解の転換を助けてくれる、時間と空間の拡大をもたらす。

*ロンドンにある中央刑事裁判所。

デジタル分析の新時代で、資金調達をめざす企画ならば、その合い言葉は拡張可能性としなければならない。このデータは他の形態のインフラと連動するのか。これらのテキストはわれわれが長い物語、大きな物語を語る助けとなり、グーグル・ブックスが残した空隙を埋め合わせるのか。あるいは、一〇年か二〇年の期間の考察に没頭する学者によってしか理解されない展示物にすぎないのか。研究者はデジタル分析手段によって認識可能なフォーマットでのテキストを先を争って手に入れようとしているのか。

長期的思考をする者は大きな全体像を分析するデジタル手段の使用をたびたび避ける。新しい長期持続主義者には、多くの学問分野のデータを周到に分析するこの役割を引き受けることが期待される。彼らの物語は他から借りてきた叙述をまとめ織り交ぜるからである。しかし、彼らはしばしばビッグ・データを敬遠してきた。一般に二次文献を使った伝統的な統合叙述の構築の方を好む。目的と資料の間にこのようなミスマッチがあると、より大規模により野心的な仕事をする機会が生まれることになる。大きな全体像に戻れとの明快な呼びかけを聞いた者がいるし、デジタル手段がもたらす有望な見込に影響された者もいる。しかし、膨大な資料を分析するために考案された手段を長期の過去と長期の未来についての問題に適用するといった、この二つを同時に使った者はいない。

ビッグ・データの興隆

第二次世界大戦後の六〇年間で、自然科学と人間諸科学は相互関連性のない膨大な定量化データを蓄積してきた。国民的論議が高まると、互換性のあるフォーマットで政府、気候学者、他の団体が利用できる時間表示データの活用がますます求められるようになった。世界は、われわれ全員がひたりきりのデータ、その使用、乱用、抽出、総合について理性的に語ってくれる権威を必要としている。このようなデータは、たとえば気候変動をめぐる学術上の合意といった新しいテーマを支える数十年間にまたがる研究を通じて蓄積されてきた。ビッグ・データは、一九六〇年代に最初の氷床コアが掘削されて以来、あらゆる方面から着実に蓄積されている。コンピューター支援のモデルを使うと、気候学周辺で収集されたデータは、われわれの大気圏が汚染との関連でいかに変化しつつあったかについての示唆に結びつくようになった(16)。

歴史学の雑誌にはこれらのデータは今のところそれほどのインパクトは見られないが、隣接分野で、気候学者と大気圏科学者は二〇世紀の地球規模のデータを表にして、この世紀を通じて増大した地球の干ばつと洪水を提示した(17)。特殊研究は、スイス、オランダないし合衆国大西洋沿岸における農場と農民が、数世紀間にわたり、気温上昇に影響を受けた湿地帯の消滅、洪水の増大、トウモロコシや他の穀物生産の変化に対応した過程を明らかにしている(18)。これは地球規模の気候変動の瞬間と歴史上のさまざまな文化的社会的な対応を関連させるデータを使った実験でもあった(19)。『環境革新と社会転換』誌の掲載論文は、過去一万二〇〇〇年にわたる社会の複雑さ、食料生産、余暇時間を将来の技術革新の見込と比較し、ローマの没落からも情報を得ている。気候変動は、一〇〇〇年以上にわたって一〇〇年ごとに繰り返された中国の戦争と平和のサイクルや一七世紀の「全般的危機」の証拠として、またダルフール内戦の発端として提示されてきた(20)。長い大気圏の過去についてのデータの蓄積の結果として、環境の過去は今やとりわけ人間的な様相をおびてきた。

ひとたび見渡し始めると、歴史的データの未開発資源はどこにもある。官公庁は長期間にわたるエネルギー、気候、経済の評価を収集している。合衆国エネルギー情報局は一九四九年から『月例エネルギー報告』を発刊している。このエネルギー消費の諸表は気候学者によって分析されてきたが、歴史家にはそれほど分析されてこなかった。人口、国際収支、対外債務、利子率と為替レート、マネー供給、雇用の公式データは世界の諸政府が収集し、国連データ、ユーロモニター・インターナショナルといった国際統治機関、またＩＨＳグローバル・インサイトといった私設データベースによって研究者の使用に供されている。国際通貨基金（ＩＭＦ）は一九七二年から世界の全政府の金融統計を集めている(21]。長期幅で収集された政府データは社会学、気候学、経済学で分析されてきた[22]。こういった一連のデータは今までは歴史家によってそれほど活用されていなかったが、事情は変わりつつある。歴史家がますます長い時間尺度で考察し始めるにつれて、諸政府が数世紀間にわたって収集した定量データは共同体と機会の経験が世代ごとにいかに変容を遂げていくのかを示す重要な測定基準を提供し始める。

われわれの時代にはありあまるほどの定量データが存在する。一九七〇年代だとしたらとうてい利用できなかった資料である。その時、歴史学はついに定量論的転回を遂げた。今日研究にいそしむ歴史家は、国際貿易ルート、人口増加、平均収入、雨量、天候に関する数世紀ごととまではいかないとしても数十年ごとの複数枚の地図を重ね合わせて研究ができる(23)。歴史家は、長期持続の偉大なデジタル計画の一つ、一六世紀から一九世紀にかけて一二〇〇万人以上の奴隷化された人びとを運んだ三万五〇〇〇回の奴隷航海についての情報を蓄積した環大西洋奴隷貿易データベース、をもとにした国際奴隷貿易の地図に目を通すことができる(24)。グーグル・アースを使うと、ロンドンの膨張を示す一六世紀から一九世紀までの地図から作成されたスライドを見ることもできる。大小いかなる規模の研究であれ、それを背後から支えるデータは今では豊富にあるのである。

この時期に収集されたデータのほとんどはいまだ分析されていない。情報化時代とは、一九六二年に最初に命名され、諸政府が土壌浸食、天候、人口、雇用のデータを集積しつつ、定期的に人口、環境を監視した時期と定義されたものである。それは、二一世紀現在で、歴史的に長期のデータの蓄積をもたらしている(25)。これらの数字は、しばしば十分なほど時間をかけて収集されて、変化する歴史や、変化する結果の脈絡の様相（その全体像がその学問分野の内部にいる観察者にまとめて考察されることはまずない）を素描する。これらの定量データはありあまるほどに増え始めており、定量分析を行う新たな学派に豊かな未知の領域を提供している。しかしながら、このデータの多くは、最近の傾向についての短い時間尺度での経済的発見といった期間でしか評価されていない。

大きな全体像の考察のためにマクロなデータを使う革命の最初のきざしは世界のいくつかの研究主体型大学に現れ始めている。そこでは、政府が収集したデータへの関心によって、（ギリシア神話のミューズの神々の一人の史神クリオに因んで）歴史の研究を指す計量経済史《クリオメトリクス》の再興が促されてきた。それは、課税され記録された富、物品、サービス、人口など定量的に測定可能なものごとの歴史を通じて行われた。この学派は一九七〇年代に最初に流行した。ロバート・フォーゲルとスタンリー・エンガマンといった経済史家は、アメリカ北部の製粉労働者とアメリカ南部の奴隷との栄養の欠乏状況を比較した。二人は、労働者と奴隷がどれだけ食料を消費していたかの観点からすると、実は資本主義は社会の犠牲者としての奴隷制より悪いと論じるために、そういった数字を使った。フォーゲルとエンガマンが使った数字、奴隷制が市場よりも「よい」あるいは「より合理的」とみなされた趣旨について多くのことが言われて、この論拠をめぐる混乱のために計量経済史はその後消滅した[26]。すでに見たように、この論争に勝利をおさめたミクロな歴史は、一人称的な経験を資本主義と同様、奴隷制を解釈する指針とみなすことにこだわりすぎた。罪を背負って追放された計量経済史は、これまでかなりの期間、歴史学や経済学の大半の大学院教育の一環にはならなかった。しかしビッグ・データの新たな時代では、使える証拠はより豊かになり以前よりも多くの機関から集められるようになっている。

　歴史研究への指針となりうる、ものごとの定量化は今やふんだんに戻ってきた。それは、階級、人種、アイデンティティ、権威といった問題に対する、かつてない鋭い感性を備えて進められている。かつての定量論的転回の路線で、データを駆使するクリストファー・ダイアーといった歴史家は、貧民を保護するエートスと公共善の維持を立証するために、中世後期イングランドの検認記録を再び使用している[27]。歴史家トマス・マロニーは、大恐慌期の失業者に対する人種主義の影響を研究し始めた時、忘れられていた大量の政府データにも目を向けた。雇用記録と統合されていた徴兵制の政府記録によって、彼は二〇年間にわたるシンシナティの傾向を測定し、人種差別地区に住む男たちの方が人種統合の境界地区にいた男たちよりもよい境遇にあったことを知ることができた[28]。このような問題は、新しい定量論的転回によって、人種的経験と帰属意識が持つ微妙な性質が付け加えられつつある様子を示している。ミクロ史論的転回のもとで理論化されたすべてのものが長期のデータと結びついているのである。

しかしながら、歴史学部の外部では、これらのデータに向けられた野心ははるかに大きい。一九七〇年代以後、非営利シンクタンクであるフリーダム・ハウス、国際研究交流委員会（IREX）、ランド研究所は世界じゅうの国々の「平和」と「抗争」、「民主主義」と「権威主義」、「報道の自由」と「人権」といった指標を追跡するデータバンクを構築する政治学者の取り組みに補助金を出している(29)。一九九〇年代末以降になると、これらのデータのいくつかは、時間についての情報を組み入れ、一八〇〇年から現在までに至る諸権利の拡大に関連する一連の事件を追跡した(30)。これらのデータには動産扱いされたり所有権が設定されたりしているものもあったが、それ以外のデータは共有に付された。これが共有されるとわれわれが変数を理解する方法に革新が生まれるようになった。ビッグ・データはまた不平等の性質の歴史的な考察を推進する。経済史家と社会学者は、帰属のパターンを探究しながら、国々の幾世紀にもわたる不平等をすでに追究しているし、男性と女性、黒人と白人、移民と定住民の同様に長い時間尺度での経験における広範な多様性を立証する予備的考察も始めている(31)。

長期間に関する大量のデータがかくも豊かになると、時間における特定の瞬間を理解するために研究者はどれだけの経験を持つべきかという重要な方法論上の問題が提起される。天候、貿易、農業生産、食料消費、そのほかの具体的な実態の歴史をたどると、環境が人間の条件に織り交じってくる。よく知られた実際のパターンを相互に重ねてみると、世界の変容に関する驚くべき指標が作り出される。たとえば、二〇世紀半ばからエアゾールがインドの一部へ集中していることが見られ、これが、二〇世紀後半のモンスーンの進路を妨げたことが立証される(32)。環境の撹乱に人間の出来事を重ねてみる地図は、いかに人間が地球温暖化や海面上昇の影響を受けているかをすでに示している。オランダの一部では、水面上昇によって二〇〇年前に農耕のありようの変化がすでに始まっていた(33)。農場に関する政府データを天候のデータに重ねてみると、歴史は物質的な交換と人間の経験が相互に作用しあってきたこと、またいかに気候変動によって勝者と敗者の多様な組み合わせが作られてきたかを示してくれる。

これらの研究の持つ意味は大きい。ビッグ・データが到来する以前からも、一九八一年にアマルティア・センは高度の民主主義と飢饉の回避の相関性をすでに指摘していた(34)。しかし、ごく最近になってビッグ・データに取り組む研究者は、民主主義の歴史的指数、世界保健機関（WHO）が提供する疾病、平均余命、幼児死亡率の指数を使用して、二〇世紀が経過するなかで多くの国々が経験した民主主義を健康と結びつけるパターンを構築している(35)。多様な種類のデータは、いかに社会と特定の健康条件との結びつきが一〇〇年以上にわたり劇的に変化を遂げるかを示すことで、健全な生活の姿を立証する相関性を提供している(36)。このデータは歴史の経験が世界の地域ごとに異なることも示唆する。たとえば、農業生産性が低かったために小柄な成人の世代が生み出され、低栄養状態に陥ったあかしを背負って残りの人生を過ごした人びとがいた農業地域があった(37)。時間的にも空間的にも広く歴史的に収集されたビッグ・データはこのように不平等の危険とすべての人の生命を維持する統治と市場のシステムの現実を明らかにする。

これらの研究のすべてが証明することは、われわれがデータにどっぷりと浸かっていることである。

民主主義、健康、エコロジーのデータなどありとあらゆるデータである。評価対象のデータは、ものごとの古い配列にしたがって、複数の異なる学部に出現する。政治学と国際関係論における民主主義、社会学と人類学における健康、地球科学と進化生物学におけるエコロジーというように。しかし、至るところでデータ科学者は、異なる種類のデータは歴史との関連性で認識されなければならないと理解し始めている。エアゾール汚染とモンスーンの変化には因果関係がある。海面上昇と農民の移住でも同様である。すべてのデータは時を経た相互交流によって統合される。こういったアーカイブの創造的な操作によって、多くの経済学者や気候学者が一瞥もしていないデータが与えられる。データが拡大し、批判され、複数の観点から歴史的に検証されると、さらに多くの啓発的な相互関連が成立するのである。

不可視のアーカイブズ

歴史家の奇妙な習慣の一つは、「閲覧禁止」と書かれた文書棚をのぞき込み、当局者の意図により隠蔽されたものについて知りたがることである。この戦術もビッグ・データの時代の新たな活力を獲得しつつある。豊富な情報は、公にされない方がよい部分があるとした政府の関与に光を当てながら、文書館のなかの意図的な沈黙を照らし出す。これらはダーク・アーカイブズ《暗黒文書館》、すなわち、研究者の訪問を待ちわびるだけではなく、むしろ、機密扱いが解除されたり廃棄されたりしたものを読むことによって構築される必要のある文書館である。ここでもまたビッグ・データは、どれだけ、いつ、なぜ消えたのかについてのより深く長い物語を語る助っ人になる。

権力を動揺させるような仕方でアーカイブを拡大していく仕事において、歴史家は主導的な役割を果たしている。歴史家マチュー・コネリーは未刊行あるいは未公開の合衆国国務省報告書を一般人が追跡する援助となる「機密扱い解除エンジン」と呼ぶウェブサイトを考案した。彼が使っている技術によって、一度も一般に公開されてない報告書の遠読の実施が可能となった。実際、彼の研究によって、一九九〇年代以降に機密解除されたファイルが激増していることが明らかになった。一九九〇年代にアメリカ合衆国政府は、個人名やプロジェクト名が入っているために高度に秘密性が高くなっていると理解された特殊ファイルを機密扱いにするよりも、国家プログラムの全体を自動的に公開させないようにし始めた。コネリーの「機密扱い解除エンジン」は、情報公開法を求める要求の拒否をクラウドソーシングすることにより、文書の数十年間にわたる沈黙を明らかにできた[38]。

非政府組織（ＮＧＯ）の時代に、政府が供給するデータ情報は長年にわたる人間の経験と諸機関の他の複数のデータによって補充されてきた。これはインターネットのクラウドソーシングの力によって可能となった。多様な情報源からデータを集め共有するためのインターネットの使用によって、資本主義の道を監視する非政府活動家は新たな文献収集をとりまとめることができるようになった。実際、社会科学者は幾世代にもわたる自身のデータを集積してきたが、一九九〇年代以降はこれらのデータの多くはコンピューター化され共有すらされるようになった[39]。その結果、現代のすっかり新しい歴史学に証拠を提供して、国民国家と企業の両方に批判的な大量のデータが出現した。二〇一二年にドイツの研究主体型大学四校は、金融資本を動員させた結果として世界じゅうで起きたほぼ不可視の「土地強奪」

をめぐる情報を、国際土地同盟と連携して集め始めた(40)。データの時代には、国家も投資家も語りたくない歴史すら可視化できるのである。

国際土地同盟に当てはまることは多くの集団にも当てはまりうる。ビッグ・データの時代には、一人の活動家のスタンスは伝統的な政府には不可視の現象に関する情報を集め、国際的な改革のための手段としてそのデータをそのまま使うことである。同様な活動家のデータベースには、内部告発された国家文書の有名なデータバンクであるウィキリークス、個人や企業が利益を国民国家から迂回させる国際的なタックスヘイブン(租税回避地)の関連ではオフショアリークス*がある。ジャーナリストのニコラス・シャクソンが著書『タックスヘイブンの闇——世界の富は盗まれている!』(二〇一一年)で租税回避地の二〇世紀の歴史を素描した(41)。

*二〇一三年に非営利団体組織の国際調査報道ジャーナリスト連合(ICIJ)により、租税回避地に資産を預けること=オフショアの実態が暴かれた。二〇一六年にも世界じゅうの政治家や富裕層らによる租税回避地の利用情報が記された機密文書「パナマ文書」がリークされた。

情報バンクにこのように集積されたデータは、今のところ、短い歴史的期間しかカバーしていないが、それはポストコロニアル期の不動産への対外投資を追跡できる歴史家による補充を切に求めている。これは、一九四〇年代から五〇年代までの資源ナショナリズムの歴史、また、ルーマニア、ブルガリア、アイスランドといった国々が半世紀経てはじめて不動産を外国からの投機に開放するので、この一〇年間でその関連法を突然破棄したことをかえりみるテーマとなる。

われわれの政府が今どのように見えるのか、投資はどこに向かうのか、今日社会正義の運命とは何か、など現在を描いてみる上で、ダーク・アーカイブズと民間構築のアーカイブは、ビッグ・データはどれだけわれわれに提供してくるのか、を生き生きと表現する。デジタル分析は、上述の話題分析・推定やそのほかの手段も含めた、過去を分析する他の手段と組み合わせると、あまりにも多すぎて読めない書類があるときに歴史を研究するすばらしい手段を提供し始めている。われわれはもはや情報過多の時代にはいない。新たな手段や資料が、かつては沈黙のうちに過ぎていった計り知れないほど長い時間でスケッチし始めている時代にいるのである。

強制退去や抑圧の証拠は残しておく必要がある。それは最も壊れやすく、あらゆる経済的政治的環境的な闘争のなかで最も消滅しやすいものである。数年前に、イングランドの生物学的多様性の活動家は、人間を起因とする気候変動のために絶滅した、既知と未知の失われた種の記念碑を建立した(42)。古い文書も絶滅の出来事についての大きな物語を語るのに突如再活用されたりする。これは東インド会社などのために働いた博物学者が集めた一八世紀の博物誌のコレクションを生態学者が人新世の特徴となる絶滅のパターンの再構築のために使うのと同じである(43)。われわれに必要なのは、植物、動物、原住民、強制退去させられた人びと、ないし忘れられた人びと、忘れるとこの上なく好都合な物語のダーク・アーカイブズのための生のデータを一杯詰め込んだ図書館である。大きな倫理的挑戦の名において、データを保存し再構築すると、科学史家にとって成すに値する課題が設定される。データはわれわれに、経済的不平等や環境の荒廃を経験する多くの個人や民主主義を成し遂げ「近代」世界をもたらした多くの人びとがより生き生きとより多く参加している歴史像を与えてくれる。

既述のように、過去を照らすこういった手段はしばしば未来をめぐるわれわれの理解に跳ね返ってくる。それは持続可能な都市建設の可能性、及び過去数世紀にわたる不平等を理解する方法を変える。活動家や市民が政府の方向性、及び世界経済の解釈方法を理解する助けとなる。これらの歴史研究の手段は現時点での世界的事件を理解するにも大事であり、長期間の未来のための背景をモデル化する出現途上の技術となるのである。

それでは、われわれは未来と過去についていかに考えるべきか?

デジタル化だけでは物語の霧のなかから抜けだし、競合する神話によって分断された社会の混乱から切り抜けるには十分ではない。使えるデータ、設問、テーマを注意深く賢明に扱っていくことが必要である。われわれは統合的で価値のある問題、新たな方法論上の地平を切り開く問題を認識して推進しなければならない。実際、因果関係の問題を理解し、長期間にわたる説得的な物語を語る能力は、今日の情報産業に降りかかる未解決の課題の一つである。よく知られているように、グーグルもフェイスブックもユーザー投稿ページ《ウォール》や過去一年分の雑誌から読者に唯一最大に重要なニュース記事を届けるアルゴリズム*は見つけられていない。もっとも閲覧された物語は数えられるが、最も影響力のあるのは何かまでは、彼らも答えられないでいる。テクノクランチのタリク・コルーラとコーネル大学のモール・ナーマンは、複雑な現実世界の事件を理解するための年表を試作し、シーン・ドット・コ（Seen.co）と呼ばれるウェブサイトを立ち上げた。これはリアルタイムでツイッター上の多様なハッシュタグ**の相対的な「熱」を図示するものである(44)。この試みは、民間部門に短期であれ長期であれ時間を理解する専門家が渇望されていることを示す。同様に、もう一つの事件追跡サイトであるレコーデッド・フューチャー《記録された未来》は、機密情報や企業の裁定取引の顧客数を使って、企業あるいは投資部門に集中して、物語間の共時性や関連性を発見する(45)。その最高経営責任者（CEO）であるクリストファー・アールバークはその使命は「人びとがあらゆる種類の新しい物語と世界の構造を見る手助けをすること」であると書いている(46)。事件のパターンに注目し、相互関連や連携を見つけるこのスキル（すべて伝統的な歴史学の得意分野）は、グーグルによってきわめて価値のある起業と見なされ、二〇一四年のこの会社の初期投資は推計八〇億ドルの値が付けられた。

*情報を処理する集計方法。
**ツイッターのツイートで特定の話題をグルーピングするために、その言葉の前にハッシュマーク（＃）を付けてタグ付けすること。

ペーパー・マシーン・ソフトウェアの活力はもう一つの実例を提供する。ペーパー・マシーンは二〇一二年に作られ、二〇一三年から一四年にかけて改良されたが、これを教育や調査に使った経験に基づき研究者や院生による少数の論文が書かれたり、多くのブログ参加やツイート参加があった。しかしながら、二〇一三年までにそれは世界じゅうの機密情報組織による政府報告書の性質についてデンマークの国家機密に助言するデンマークの軍事機密情報会社にも採用された(47)。ペーパー・マシーンが研究しようとした歴史上の政府に酷似して、これらの諸政府は読み切れないほど多くの書類を発行するし、実際、機密情報もあまりにも多すぎて他の政府がよく理解できなくなるのである。他国の国家治安勢力に関心を抱かせた歴史的傾向の確認は、公的な情報の効果的な処理にとって死活となることが判明した。

来たる数十年間で、時間をモデル化する最上の手段はデータ科学者、気候学者、視覚化の専門家、金融分野によって探究されよう。歴史学には相互に矛盾したデータの分析に適合する基準、技術、理論を開発する重要な役割がある。そこでは、時間の要素が因果関係と関連性の理解にとって不可欠である。潜在的な株式所有者に、さまざまな保険、不動産、製造業、生態学的ないし政治的プログラムの歴史と展望を説明しようとする専門家は全員、長い時間幅での問題を設定する専門家を必要とする。こういった潜在的な受け手の全員も、次第に現実世界と実践的な問題に回答していくようになる歴史学のありようの道徳的な意味に対する関心を（歴史家に対して）提起する。

ビッグ・データの時代は大学をいかに変えるか

情報過多の規模はわれわれの時代における知識経済の現実である。デジタル・アーカイブとデジタル手段は現状では学者、メディア、市民の能力を圧倒している政府と企業のデータの理解を約束する。膨大な資料を目の前にすると、専門領域の境界を乗り越えていくデータの理解を促す調停役が求められる。これらのデータは、経済的、生態学的であるとともに政治的な性質を持ち、目的や偏見が時を経て変化を遂げた機関によって過去に集められたものである。ビッグ・データはほぼ確実に大学の機能を変えていくだろう。未来の大学にはデータと数学的な厳格さばかりか時間をかけて集められたデータの調整がもっと必要である。

大学教育は過去と未来を長期的に研究するのに適切な場所であり、気候、経済、政府がかくも絶え間ない変動を経験している時期にはこのような教育が必須のものとして要請されるべきと考える理由はまだある。大学は個人と社会の来し方行く末を考える重要な空間を提供する。流動性の高い世界にあって、大学による歴史的伝統の長期的な理解は、もう一つの共同体におけるシャーマン、僧、長老が保持していた長期的思考の代替となる。未来をより良く探究するために過去に関わりたいと望む限り、われわれにはそういった時間の方向付けが必要である。

にもかかわらず今の大学にいる専門家の多くにはこういった問題を扱う準備ができていない。短い時間幅でのデータ処理の訓練しか受けていない科学者が、人間が作り出し長年機能した諸機関が集めたビッグ・データを扱い始めると、しばしば誤りをおかす。地理学者が書いたある論文は、一般の人びとがキーワード検索のＩＳＩウェブ・オブ・ノリッジ*データベースを使って、'climat* chang*'と'adapt*'といった重要話題用語を探し、気候変動についてのデータを使えるかどうか、という問いに答えようとした(48)。この種の言葉を数え上げるのは、アメリカにおける優先順位の上昇としての気候変動の情報をほんとうに伝えるのか。このような戦略は歴史学の雑誌には決して通用しない。第三章で見たように、科学者が集めた気候変動の山と積まれた証拠でさえ、学界以外の世界で一般の人びとの同意を示すものとはならない。しかし、もっときめ細かなレベルでもこの研究で叙述されている分析には問題がある。

上記の文字列［'climat* chang*' と 'adapt*'］でさえ、'global warming'［地球温暖化］や 'environmental change'［環境変化］、といった言説依存の変種をはじいてしまう。さらに重要なことに、検索語の適切さをめぐる大学人の間の議論は、大学外での政治活動の測定基準にはとうていならない。

＊科学・学術研究成果の定量分析を実行する分析ツールを提供している。

もっと印象的なのは、アメリカ人が失業の過去と未来について話すために使うデータの事例である。国民の経済的福祉を測るこの基準は、われわれ全員の目的として政治的に計画されたものを表す簡潔表現として、政治経済学、経済学、国際メディアに流布している。しかし、金融分析者にして社会を計測するのにこの指標を使う著名歴史家であるザカリー・カラベルによると、われわれが失業という測定基準を使う方法は短期的思考の偏見に満ちている。失業を測定基準に使うと、多くの種類の仕事が失業に勘定されなくなる。この勘定はもともとニューディール期に開発され、その時代の偏見に忠実なままなので、事業を始める都市農民や工場での雇用よりも子供や両親の世話をすることを選ぶ女性が担う家内労働を「失業」というカテゴリーから常に排除してしまう。それはまた経済的福祉ないし目的を測定するかなり短期の幅しか示さない。どの機関も一九五九年以前のわれわれ自身の基準と同じ基準で測定できる「失業」の統計を出していなかったために、大統領選挙の成功と失敗に関して「自明の理とされるもの」の多くは間違いだったとカラベルは書いている。こういったよく知られた自明の理には、選挙のたびに繰り返し聞かれた、失業率が七・二％以上になるとアメリカの大統領は再選されないといった信念も含まれる。この手のフィクションは「たった五〇年間の情報に基づいている」とカラベルは書いている。この時間幅は「ごく短い時間ですらなく、確信をもって厳格で迅速な結論を出すのに十分とも言えなかった」(49)。

時間をかけてデータを集めるほぼすべての機関で、これらのデータが集められる方法は世代ごとに改良され変遷を遂げている。一九四一年に創設されたNGOであるフリーダム・ハウス*が平和、紛争、民主化についてのデータを集め始めた時、採用された測定基準は報道の自由を強調した。その数十年後に作られた基準は、ポリティ・プロジェクト**が民主制か独裁制かという制度を基準としたものとはかなり異なっていた。このように政治学における価値観の変遷の場合は、フリーダム・ハウスとポリティ・プロジェクトでは調査目標が異なっていたものの、双方の測定基準は有効だった(50)。しかしながら、他の分野では測定基準の流行遅れは、データ全体の有用性に深刻な困難を引き起こしかねない。雇用、消費者物価指数（CPI）、インフレ、国内総生産（GDP）といった測定基準は電子レンジが登場する以前の時代の方法に基づいて計算されているばかりか、その理論と法則とされるものも旧世界の貴族や長老派の老聖職者の古くからの偏見を反映しているかもしれない。カラベルによると、これがわれわれの時代の金融機関が伝統的な経済測定基準を棄てて、今の暮らし方についてより良く教えてくれる「特注の経済指標」を考案する数学者や歴史家を雇う理由の一つである(51)。

*ナチス・ドイツに対抗して自由と民主主義を監視する機関として設立。
**一九六〇年代末に開始された調査事業で、一八〇〇年以後二〇〇年間にわたる世界各国の「民主化」をさまざまな指標を基に測っている。

われわれは数を頼りに未来の舵取りをしてきたが、その数がいつできたのかに対してはあまり関心を払ってこなかったかもしれない。あちこちの時代から取ってきたデータを持つ情報社会には、時間の問題に取り組むよう訓練を受けた情報の調停役がいることが重要である。にもかかわらず、気候学者、経済学者は、データの出所は通常不問のまま、ローマやマヤといった文明の崩壊を含む、長期間の変動を分析し、その意味をめぐる全体像の問題に挑み続けている。データの出所は、民主主義を社会的分裂の根源として非難するエリート、勝利を自画自讃する後世の帝国だったりするのである(52)。情報過多に恐れおののく時代にあって、群れをなしてわれわれに押し寄せるデータ（仕事、税、土地、水の公式の記録、及び、ダーク・アーカイブズ、日常の経験、抑圧された声といった非公式の記録の両方）の歴史的解釈が必要とされる。

専門家どうしの争い

データの調停は主要な研究主体型大学の歴史学部がしっかり主導する役割である。それには他の学問分野が持ち得ないような能力と訓練が必要である。部分的にせよ、この役割を担うのは、世界じゅうの歴史家が大事にしてきた過去の解釈への格別なこだわりである。どのデータを見るかをめぐる二律背反の多くは歴史家ならとうに了解している倫理問題である。諜報機関、金融分野、活動家のすべてがわれわれの世界を形成する長期と短期の事件を解釈しようとする時代にあって、歴史家はこれに大いに貢献できる。歴史学部が手段の考案者、ビッグ・データの分析者を訓練するならば、学界の内外の知識形成の最先端にある学生を育成することにある。

データを比較考慮する歴史学の特別な手段はいくつかの要求に基づいている。データにおける機関の偏見への注目、データの出所の考察、多様なデータの比較、一般に流布する神話がもつ強力な影響力への抵抗、多様な原因の存在への理解などである。歴史家は、官僚制における「当局者の意図」*によって幾世代にもわたりデータが集められ管理される方法を探索する最も重要な解釈者、批評者、懐疑論者でもある。データの過去と未来について考える伝統は、専門職についてのハロルド・パーキン、それ以前の官僚制の歴史に関するマックス・ウェーバーの著書までさかのぼりうる(53)。彼らの著書が一貫して示しているのは、近代官僚制や科学ばかりか数学に至るデータはこれを生み出した制度の価値観にしっかりと結びついていることである。アメリカ陸軍工兵部隊のためになされたように、それはしばしばその研究課題に資金供与する特定の領域に肩入れした偏見の形態を取る。専門家自身に肩入れする偏見の形態を取ることもある。貧困者の資産が市場経済では重要な意味を持ち得ないことを示す偏見や経済学者が経済成長のために不可欠の援助者となっていることを示す偏見もある――彼らの研究の大半が、富がすでに少数者の手に握られている事態を支持するにすぎない場合であっても(54)。歴史家は、出所がおのおのきわめて異なるデータでも多種のデータを見る訓練を受けている。これらは他の分析者の訓練ではしばしば見逃されることのあるスキルである。時代ごとに生み出された一連のさまざまなデータの読解は歴史家の得意技である。

*ロビンソン、ギャラハーの著書『アフリカとヴィクトリア朝人』で使われた帝国主義の政策決定者の思

想、感性、意図を指す用語。

歴史について一般に流布する神話の批判は「包括的な物語」の名で行われている。一九六〇年代以降、歴史理論と歴史哲学の多くの著作は、それ以前の文化についての偏見（プロテスタント、白人、ヨーロッパからの見方が常に最も先進的であるとの偏見を含む）に対する批判的な見方を歴史家がいかに獲得するかに集中していた。こういった優先順位の普遍的な法則への懐疑論は、過去と未来について考えるために不可欠な方法である。歴史が教えてくれる限りでは、ある人種や宗教が他の人種や宗教に勝利することを予告するような自然法則はない。ただし、たとえば、軍事技術とインフラへの未曾有の規模でのアクセスなど、ある特定の時期のある特定の機関の興亡と相関関係のある小規模の動きはある(55)。歴史家にはこういった懐疑論があるために、民主主義やアメリカ文明が他のものに対する勝利をいかに運命づけられているかをめぐる原理主義の推進者とは距離を置くことができる。

われわれが歴史に組み込まれていること、すなわち、われわれが到来する前からあった大きな構造に左右されているわれわれの道をビッグ・データが示唆してくれるような時代に、われわれは住んでいる。たとえば、著名雑誌に掲載された「女性と鋤」という経済学の論文は、近代のジェンダーの役割が農業開始以来のわれわれの選択の優先傾向を構築してきたと教えてくれる(56)。「諸国民の富は紀元前一〇〇〇年に決定されたのか」ともう一人も問う(57)。進化生物学は、経済学に酷似して、豊富なデータがあるにもかかわらずそれを人間の行為主体についての一つないし二つの仮説の検証のためにしか読まれない分野である。非難を浴びるのは、種としての人間、農業、火の発見である。階層秩序のシステムや強欲、ジェンダーの役割、地球自体の搾取もわれわれの遺伝子のせいだとされている。しかし、ジェンダーの役割や階層秩序のシステムは人間の歴史のなかでの膨大な変種を示してくれる。

ある研究者がこのような狩猟採集時代の祖先から引き継がれた不変の法則を語る時、膨大に蓄積された証拠に説得されて、ダーウィンやマルサス経由で解釈された自分たちの理論がその核心では、ある哲学にとどまっていることを忘れているのかもしれない。それは、不変の地球によって、人類を含む生きとし生けるものは、危険を覚悟で挑戦する着実な行動パターンが与えられたと論じる哲学である。進化生物学者や新自由主義経済学者の世界では、複数の未来を選択し管理する可能性は消滅しているようだ。これらは単にデータが支持する理論を装うだけの過去と未来についての還元主義的なフィクションにすぎない。歴史家はこれも時代遅れになっていることに気づく。

またある時には、繰り返される物語によって、われわれは社会をいかに管理するか、他者をいかに扱うかについて、示唆を受けることがある。経済学者や政治学者がマルサス的な成長の限界、いかに地球の「環境収容力」を超えてしまったかについて語る時、彼らが証明された事実ではなくきわめて神学的な論拠を繰り返しているかに歴史家は気づく。近代経済学者は荒ぶる神の像を理論からはずしてきたが、彼らの歴史理論は根元のところで世界は貧困者を罰するために作られ、富裕者の経験は自然の摂理にしたがう証とされた一九世紀初頭にとどまっている(58)。今日、人類学者は過去と現在の多くの社会の証拠を提示している。そこでは、階級の分断は放逐や飢餓の観点から描かれていない(59)。

自然の摂理の実在とパターンの優位によって諸個人が特定の運命に結びつけられることはない。彼らの理解する範囲で、未来を創造するために機能している多くの理念のうちの一つを選ぶ能力（個々の行為主体に具現されている）はまだある。しかし、これは今日いくつの学問分野が説得的かの議論ではない。ジェフリー・ホジソンが学問分野としての近代経済学を分析した結論で述べているように、「均衡の概念を中心に据えた主流の経済学は因果関係の問題を無視してきた」。「今日、データ収集や数学モデルの構築にしか関心を抱かない研究者はその基盤にある問題をしばしば理解し損ねている」とホジソンは結んでいる(60)。

歴史学部以外で、自分たちの分野での結論を大学の他の場所で構築された結論と照らして検証する訓練を受けている研究者はほとんどいない。生物学者は生物学を研究し、経済学者は経済学を研究する。しかし、歴史家はほぼ常に他の何らかの歴史を研究する。データの出自はどこか、たとえ別な歴史家から持ち込まれたものでも（そうであればかえって）それはどれほど有効なものかと問いを立てる。伝統的な歴史学では、多様な因果関係はこの学部の構造自体に埋め込まれている。そのために、歴史学部の学生は、多くの人手をかけて構築された現実を反映する科目である、思想史、芸術史、科学史の授業をとって、歴史の多様な側面、因果関係を探る経験を積む。今日のほぼすべて歴史家はこれらの方法を融合する傾向にある。彼らは思想や外交政策の生態学的な脈絡のなかにおける社会経験を研究する歴史家である。言い換えると、過去二世紀間を扱うならば、歴史家は生態学的な災害にあった労働者階級が経験した記録を手に取り、法律家が言ったことや政治家が行ったことと関連させる。歴史家ジェームズ・ヴァーノンが力説するように、これら今日の歴史家は、「原因は複数で状況は単数のグローバルな近代性の歴史を書く」ことを最低限はしているのだ(61)。不平等、政策、生態系のデータを一括して吟味し、重大ニュース《ビッグ・ノイズ》を因果関係が複雑な一つの物語に変えようとしている(62)。

ビッグ・データの世界では、個々の矛盾する定量的及び定性的なデータを比較する訓練を受ける分析者が必要とされる。データには、裁判所記録における感情表現、当局や企業家が抱いた自然への態度と自然の開発に照らした気候変動の判断などもある。気候の議論のなかで使われる合理性と不平等をめぐる討論のなかで使われる合理性の間には違いがあるのかについて教えてくれるのは誰なのか。これらの物語はほんとうに相容れないものなのか。

多様な因果関係に関する歴史家の理論なくしては、原理主義や教条主義がはびこってしまう。このように歴史を狭く理解してしまうと、考えられる未来はたかだか一つしかなくなる。われわれは大昔にあらかじめ定められた生き物であるために、選択肢は環境崩壊の未来か、生物学エリートであれ技術エリートであれ自称エリートによる支配しかない、とこの物語は進む。いかにして祖先とは異なる思考を学んできたかと問いを立てることによって、別の世代が別な目的のために収集したデータや理論の無批判な利用からわれわれは切り離されるのである(63)。

歴史家は全体的なレベルでの社会変動を概観する新しい方法論を考案する最先端に立つべきである。少なくとも、学術雑誌、政策文書、ニュースにおけるキーワード使用可能検索を経済報告書、気候データはもちろん、集合体としてのキーワード検索とツイートとさえも比較し対照すべきである。これらの「電子ビット」の動向は、まさにわれわれの時代の公的な脈絡を構成している。歴史家はNグラムやペーパー・マシーンといったデジタル手段の理想的な批評者であり、データの出自や、回答可能な質問、回答不可能な質問はどれかを教えてくれる批判者である。

倫理観をたずさえて――生まれ変わる研究主体型大学

一連の歴史的事件としてのビッグ・データを扱う方法はまだ日が浅い。われわれには時を経た思想、個人、機関の変わりゆく変化を理解する手段が必要である。ビッグ・データを長期持続の歴史に転換し、どのデータが適切か、あるいは不適切かを理解するのに歴史を使うことのできる学生を教育する大学が必要である。歴史家が、長期持続を無視したり二次文献だけで研究したりするのではなく、長期持続に回帰するとしたら、ここで概略を述べた多様な種類のデータを批判する立場にあることに気づくだろう。気候のデータ、生物学的多様性のデータ、過去一〇〇〇年ないし五〇〇〇年間にわたる近代の諸機関と諸法についてのデータ、刑務所の記録、文化変動の言語学的証拠、貿易・移民・強制退去の大規模な証拠はすべて収集編纂の途上にある。是非とも必要になっているのはこれらを織り込んで相互に関連させ時間の織物を作っていく教育である。

原理主義が気候の破局、狩猟採集時代の遺伝子、少数者のための資本主義の宿命のいずれを説くのであれ、過去とその意味に関する原理主義の時代は終わった。それに代わり、今は、人間の経験と人間の機関に関するデータをきめ細かく分析してきた分野への指導者を探す時である。われわれは、機関と社会の歴史と未来についての、出所が多様なビッグ・データを批判的に検証する手段や分析形態に投資すべきである。多様でグローバルな挑戦の時代に、存続可能な未来を創造的に見識豊かに形成する能力はここにかかっているかもしれない。

こういった革命が進行すると、歴史家自身も変わらなければならない。歴史家には一般の人びとの代表として受け入れる未来がある。非専門家に行きわたる仕方で書き、データについて語り、膨大なデータの力を部外者にも直ちにわかりやすくする仕方で研究成果を共有しながら、彼らは自信を持って大きな全体像について書き始めることができる。歴史家の教育は、次のような議論にまで進むべきである。何がよき長期持続の物語となるのか。いかにしてミクロな歴史の研究者の文書読解技術が巨視的な視野によって提供される全体的な示唆と結びつくのか。数世紀にわたる検証作業がすべての院生が使う手段の一部となる長期持続の方法の時代には、歴史の大規模な検証の適切な公表や活用をめぐる議論がすべての歴史学部の一部に組み込まれるかもしれない。過去をめぐる知識の調停役とまとめ役としての役割を取り戻すために、歴史家は人類学者、進化生物学者、神経科学者、貿易史家、経済史家、歴史地理学者のデータを解析する不可欠の存在となるべきである。これらを織り込んでいくと、脈絡が付けられデータの訴えるところや依拠する基盤がわかりやすく伝わることになる、大きな物語が作り上げられていくのである。

この課題は、歴史家に過去と未来に関するデータを管理する多くの公的機関においてもっと積極的な役割を引き受けるよう強いる効果を持つかもしれない。政府のデータや活動家のデータの保管庫ばかりか図書館や文書館もあり、とりわけ、ある政治エリートに好都合となるよう特定のエスニシティの証拠文書がすべて消去されるような、「国家形成計画」にはそぐわない目的で運営されている機関もある(64)。強制退去のとりことなった社会は自身の歴史を保存する資源を最も持ち得ない社会である。われわれと未来の世代が周囲の世界に起こることの理解のために使うデータに誰かが責任を負わなければならない。

歴史家が一般の人びとのためのデータの調停役と忘れられた物語の探求者という二重の役割を引き受けるとしたら、彼らにはさらにデータを保存し、保存されたデータと保存されないデータについて一般の人びとに語るもっと積極的な役割も引き受ける必要も出てくる。英語話者が優勢であったり国家主義的な文書館が支配しているような世界でのデジタル化の企画は、サバルタンや開発途上国の代表の問題、少数者言語、非デジタル化の問題を提起する。(多くの場所で見られるように) デジタル文書への資金調達が国家建設の計画と結びついているところでは、女性、少数者、貧民関連の文書はデジタル化されない恐れがあったり、デジタル化への助成が少なかったり、まったくなかったりする場合もある。書籍の腐食や酸化が進まないよう適正な気温と湿度が必要とされるように、デジタル文書には電子データのサーバーや維持のためにたえず資金調達が必要である。国民国家の視野を超えた視野を含む長期持続的な総合を推進するデジタル手段の力は、包括的なアーカイブの絶えざる構築と維持にかかっている。

こういった問いの出所はまさにミクロな歴史の伝統である。ミクロな歴史は、根拠の弱い証言であってもそれを多く重ねて、奴隷制、資本主義、家庭生活の歴史をいかに描けるかに焦点を当てた。実際、長期持続のデジタル化された記録のなかにミクロ文書を組み込んでサバルタンの声を保存する方法についての問いは、きわめて重要な研究方法の最前線となる。その膨大な作業、その背後にある批判的な思考は、顕彰に値し、長期持続的なミクロ文書の共同研究に取り組む研究者を対象とする別格扱いの出版、助成金、賞金によって報いられるべきである。これは長期持続におけるもう一つの公的な仕事の形態である。その目的は、一般の読者や大量販売の本か官僚の読み物というより、文書、物、物語、資源、業務を周到に集め整理し、真の重要性を持つマクロな歴史のためにミクロ文書的な構造を構築することである。

歴史家、ないし文学研究者から社会学者までの歴史に関心を抱く学者のすべてがこの挑戦を受けて立つならば、情報デザインの前衛にいることに気づくかもしれない。彼らならば、時を経た変動を研究するためのより大きくかつより多数の総合的なデータベースの収集管理において活動家、データ科学者、経済学者、気候学者と共同研究できる。将来、歴史家の専門領域は大学を超えた諸分野に求められるようになる。歴史家は手段の消費者や手段の教師であるとともに手段の構築者や手段の批評家になるかもしれない。実際、こういった変化は職業的な歴史学者の生活を根本的に変える可能性を持っている。彼らは、データ分析を立法委員会に提供し、活動家の運動に勧告し、シリコンバレーの起業家と相談し、それによって彼らが伝統的に占拠していて、今一度取り戻すに値する公的な役割を取り戻すからである。こういった変化は未来の歴史家として誰をいかに採用するかを変えるかもしれない。他の専門的な分野やコンピューター科学での訓練で費やされた時間はこの分野への潜在的な利点となるからである。

われわれは、将来、コンピューターのデータを大量に分析する能力を活用するデジタル企画を期待してやまない。われわれは、(今後の)歴史研究の手法に関して、研究者単独で行われてきた史料読解に基づく歴史モデルにこの企画がどのように参入、あるいは参入可能かを熟考することで、現行の研究を統合し個々の研究者の水準が高まることを望みたい。とりわけ、物質・経済・政治・思想と多面的な出所のデータが持つ問題が、相互に重ね合わせられて、長期間変動やわれわれが住む同時代の世界の性質について予想もしなかった発見を生み出すことを望んでいる。

過去の長期持続的な視野は、第三章で概略した過去と未来についての教条的な思考のたぐいに抵抗して未来を語る人びとの助けとなる。天地創造説信奉者、環境保護主義者、自由市場理論家の間でめったに論争しない世界では、長期持続を全体的にカバーするデータについて進んで語り、周囲にあるデータを検証し比較し、不適切なものや策動されたものを削除し、なぜいかにそうしたのかを説明する専門家が必要である。歴史学はここでは調停役として貢献できる。新自由主義、天地創造説、環境を一括して検討できる。歴史学は、学部学生が、政治的経済的イデオロギーを、多くの専門家の議論の成果やデータが拠って立つ主張がもつ鋭敏さと自分なりに折り合いをつけるのに役立ちうる。

データの出所、多様な因果関係、偏見についての批判的な歴史思考の方法は、われわれの時代の市場・国家・地球の運命をめぐって提出された自然の摂理の神話、飢餓と崩壊の呪文を大衆に唱える物語からわれわれを解放する。それはわれわれ人間同胞を遺棄へと導く市場や気候という教条的な思考が一つの選択肢にすぎず、別な世界もあり得ることを明示する。またその思考はこのことを、地球資源のハードデータ、その利用、及び遠い過去とさまざまな可能性のある未来に提示された多くの選択肢を見ることで成し遂げるだろう。

このような展望に焦点を当てることによって（それがいかにわれわれの周囲にある諸機関を邪魔し、より良き知識を持った市民とより開かれた政府を導くかにも焦点を当てる）、大学は一般の人びとに貢献しようとするものを改めて知ることができる。開放資料、再利用できる手段、現存する資源に基づく構築によって、歴史家も一般の人びとも事件を深い文脈に置いてみるよう促され、現代の歴史のために最も重要な物語が引き出されるのである。多くの機関が五年たらずのサイクルで計画を立てて、未来に対する危機で特徴づけられる時代にあって、長期間の変動についての情報を総合する手段はますます重要になったのである。しかし、ビッグデータと分析のためのデジタル手段の威力があるために、政府、活動家、私設部門のすべてが長期展望を理解するのに自分たちのモデルで競いあう未来の到来が告げられている。

過去と未来についての情報が要求されると、気候や市場がいかに変動し、政府や一般の人びととの経験がいかに対応したかについての膨大なデータを統合する手段を求める新たな市場が作られる。膨張するデータの時代にあって、いっそう多くの統合手段は確実に実現する。将来、歴史家はデータの専門家としての新たな役割に踏み込むかもしれない。この専門家は、他者のデータについて公の場で語り、自身の研究方法を使って成長経済学者の方法を気候学者の警告と比較対照するのである。

データこそ大学の未来であるとの議論には尻込みする人文科学者や歴史家も大学には多くいる。長期で行くか短期で行くか、一般に流布する定説を使うか使わないか、ビッグ・データをどう使うかについての決定は方法論の問題であるし倫理上の問題でもある。われわれは歴史家としてこういった危機へのはっきりした解決策を他の学部の同僚の手に委ねていいのか。市民、政策決定者、権力者を自己満足から解放させるようなよき正直な歴史、サイモン・シャーマの言葉では「夜間にも人びとを目覚めさせ続ける」歴史を書くことを、われわれは望むのであろうか(65)。

結論　社会の未来としての過去

歴史が社会の未来《パブリック・フューチャー》と関わりを持つということは、文書情報、事件、資料の解釈を読み解く長期持続的な文脈上の背景を明らかにすることである。序章では、脈々と続く伝統を維持し問い直すために設立された大学が将来の社会の課題に取り組まなければならないことを論証した。第一章では、歴史的伝統の多くがいかに公共的であり未来志向であったのかを示した。特にフェルナン・ブローデルが提唱したもともとの長期持続がそうだった。第二章では、この長期持続は職業的な歴史家にやや退却が見られた時期の後に復活したが、その回帰は世界じゅうの公共文化における最も喫緊のグローバルな問題のいくつかと関連していると論じた。第三章では、不十分にとどまりしばしば矛盾すらきたしたとはいえ、気候、世界的な統治、不平等の未来の危機をめぐる無批判的な憶測によって、社会の未来が提示されている実情を指摘した。治療として必要とされているのは社会の未来への転回であると提案した。次いで第四章では、過去のデータの新たなかつ批判的な分析に基づいた、未来をめぐる共同研究のための作業をいくつか説明した。これはすでに行われている。

社会の未来に応じようとすれば、過去に対する見方を多少とも再考しなければならない。歴史の影に光を当て、一般に流布する常識を検証し、過去についての支配的な理論を問いただすビッグ・データの力についてはすでに触れた。しかし、社会の未来に応ずるということは、思考がたやすく共有されるよう、公の場で過去と未来について書いて語ることも意味する。この一般の人びとへの貢献は、歴史の記述における三つの新しい傾向を予知するものとなる。第一は、非専門家が読めて理解でき参加できる新しい物語の必要である。第二は、視覚化とデジタル手段の強調である。第三は、一方では優れた文書史料研究、他方では、共有する関心の問題をめぐって大きな全体像《ビッグ・ピクチャー》を描く研究、つまり、大きなものと小さなもの、「ミクロ」と「マクロ」を融合することである。

長期持続の思考が本書で提案した約束を実現するならば、われわれに必要なのは申し分のないスキルと歴史的な細やかさを備えたビッグ思考のための心得である。長期持続の物語を見る批判的な眼とは何か。われわれが選択するモデルを統合する際の特徴は何か。過去を振り返り将来を見据える若い知性を教室でいかにして教育したらいいのか。われわれがまとめた議論を振り返り、長期持続的な未来についての主たる思考方法を引き出すことによって、本書を要約する。この仕事には過去を見る訓練を受けた研究者の貢献が必要である。物事の出自を説明でき、短期的過去に関する正確な証拠やビッグ・データと長期持続の全体像を検証でき、過去・現在・未来の連結をめぐる責任ある思考を通じて社会の役に立つよう貢献する研究者である。これらの方法は大学の変革と予測科学と未来への対応全般のための方策を提供するかもしれない。

不平等の拡大、世界的な統治の危機、人間を原因とする気候変動の影響のなかにあって、われわれの生活を形づくる条件を最小限でも理解しようとすれば、調査規模の拡大が必要になる。長期持続が装いを新たにして新しい目的を持って回帰してくると、最も基本的な歴史方法論の問題（どんな問題を選択するのか、テーマの境界をいかに決めるのか、その問題を解決するのに使う道具は何か）への対応がより求められる。過去の未来や大きな全体像についての新しい議論の種はもう蒔かれており、それ自体がビッグ・ヒストリー、ディープ・ヒストリー、人新世の人気がすでに上昇傾向にある理由を表している。これ以外の副次的な分野でも新たな統合は始まっている。ただし、この副次的な分野では、はっきりとデータに批判的でもなければ、視覚化志向でもなく、一般の人びと・活動家・政策に向けられていることはめったにない。

短期主義の危機に陥っているとされる時代は過去に対する態度の再考を開始する絶好の機会である。多くの歴史は、未来への窓を提供するというはっきりした目的を持って書かれたし、そのいくつか、特に資本主義や環境の長期持続の歴史は言うべきことを明快に示している。カリフォルニア大学の歴史家サンフォード・ジャコビーは、現代ゲーム理論がいかに冷戦期の産業複合から出現したものかを示す歴史書を読みこなす力を考察しながら、「われわれは学際的なビッグ思考コースを開発する指導者になるべきである」と熱っぽく語る。ジャコビーは、ビジネススクールで教えており、そこでは「学生は「大きな全体像」は描けず、現時点しか考えられないという足かせから免れることができない。歴史家にはここでは提供すべき多くのものがある」(1)。過去の知識を扱う人びとは、こういった課題を引き受けるために、読みやすい物語を恐れることなく生み出して流布させ、政治史・経済史・環境史についての新しい研究を一般の読者のために、恐れることなく簡略化して示すべきである。

一般の人びとには、われわれがいかに生態学上の危機や不平等の危機の瀬戸際にあるかについての物語が必要である。地球温暖化に対抗するわれわれの経済の方向転換、サバルタンの経験の政策への取り入れを含む長期持続のテーマには、道徳上の関心が見られる。そのために、歴史家は、可能な限り多くの読者に、彼らが執筆する、環境・統治・民主主義・資本主義の諸問題を含む(ものの、これらに限定されない)あらゆる人間の経験を届けるよう余儀なくされる。大学では、われわれが共有する未来についての公共的な知識に集中する研究拠点を作るための変革に、多くのことが必要とされているかもしれない。主要な公共図書館や大学図書館に入館可能な人びとしか閲覧できない、課金の壁*が設けられている雑誌には、世界じゅうの人びとが使えるオープンアクセスの資料が付録として付けられてしかるべきである(2)。われわれに必要なことはまだある。研究調査をわかりやすく視覚化すること、視覚化したものを公開すること、政治情報を踏まえた重要で新たな総合をめざす行動計画に沿って、視覚化の背後にある研究調査を迅速に効果的に査読することである。

*料金などの支払いがない人が閲覧を禁止される。

ミクロな歴史とマクロな歴史(短期分析と長期概観)は連携して、データをもっと真剣にきめ細かく倫理的に統合していく方向をめざすべきである。批判としての歴史、批判史は、マクロ的なものとミクロ的なものの両方に対処できるし、いかにして抑圧された小さな経験が積もり積もって国家や帝国の転覆に結びつくかについて語ることもできる。リン・ハントがいみじくも述べているとおり、「グローバルで、超長期の歴史は、唯一の語られるべき物語なのではない」がこのような長期の歴史にはもっと細かでローカルな歴史の成果を使った叙述が必要であり、その逆も真である。「研究の規模は、答えるべき問題がいかなるものかによるのだ」(3)。あらゆる種のミクロな歴史ないし短期研究は些末というわけではない。その反対である。歴史学が新自由主義経済学と気候激変による破局の神話に突きつける挑戦状で示すとおり、われわれの証拠の多くは、調査へと駆りたてるきわめて論争的な問いを抱きながら文書館で一心不乱に研究した歴史家の仕事から集められたものだ。しかし、遅くとも一九七〇年代以降、歴史家を訓練する方法は、批判的な読解を進める特定の手法をとって、特定の文書資料にたゆみなく集中することの方に重きが置かれて、大きな全体像について考えることをしばしば意気阻喪させるものとなった。

ミクロな歴史とマクロな歴史を結びつけてわれわれの過去の総合的な理解に関しては、しばしば人類学の分野の方が歴史学より進んでいる。ゾミアと呼ばれる中華帝国の周辺にある山岳地帯のディープ・ヒストリーを研究するジェームズ・スコットによる東南アジアの長期の歴史を考えてみよう。彼の発見によると、ゾミアは抑圧的な政治経済体制からの逃亡民と定義され、そこで彼らは、生命維持的な生存、栽培農園よりも野性の香辛料や根茎の交易、階層秩序的な政治形態よりも平等主義的な政治形態、公認宗教よりも予言者的な文化、歴史の暗唱よりも超時的な物語に立ち帰っている。しかも、数世紀にわたって集められた山岳の民についての一連のミクロな歴史は、帝国、中央集権化、資本主義、階層秩序をめぐる既存の説明を揺るがす強力なマクロな歴史となる(4)。

人類学はおそらく、諸機関を近代性の典型とみなす既存の説明を全面的にくつがえすような長期分析を実行できる。その大きな理由は、人類学では歴史学のようにミクロとマクロの区分に基づいた研究がなされていないことである。ミクロなものは「例外的な典型」になり得、法則を証明すると同時に支配的な上部構造がいかに転覆されるかを実証する(5)。研究者なら誰しも、サバルタンを回復し文書の辛抱強い精査をするこの重要なミクロ研究を、歴史学の仕事から取り除いたりすべきではない。実際、スコットはその大胆なマクロな歴史のなかで、研究者は国家と人びとの研究を特定の家族とその長期の相互関係の研究に変えるべきだと助言している。同じように、歴史家は、重要な方向転換、画期点、筋道を探究する研究を回復させてくれる。それによって、ごくありきたりの経験が全体を照らし出すようにもなる。すると、歴史学は再び全体を照らし出さなければならないのである。

われわれが期待する長期持続の復活は、近代化の物語、ホイッグ的な歴史、そのほかの目的論的な思考を揺るがすミクロな歴史の仕事を継続するものである。しかし、より大きな物語との再接続に失敗し、くつがえしたいもの、守りたいものを率直に表明できないミクロな歴史は、古物収集癖を招きかねない。われわれが望むのは、広範な資料で織り込まれた大きなマクロな物語のなかに埋め込まれた、文書を駆使したミクロな歴史の研究を継続して引き受ける役割を担うような歴史学である。このように、実在する人物の生活のなかから得られるしばしばショッキングで参考にもなる事件は、歴史家が議論の幅を広げようとする際も、慎重さと批判的分析のよりどころであり続けなければならない。長期の物語をつないでいる鎖の輪をすべてミクロな歴史の詳細さで説明するのはかならずしも必要ではない。大きな枠組のなかで形づくられて豊かに回復した時間からなる時系列の歴史は、特定の事例の特殊性を持ちながら時を超えてつながった連続性を示すのに十分かもしれない(6)。

学問の諸分野に及び、著者の目的を明示する長期持続を導入すると、短期持続的な文書調査のメッセージが増幅されるかもしれない。しかし、長期持続の枠組がないと、ミクロな歴史は論議の途上で迷子になるかもしれない。文書によるミクロな歴史の仕事とマクロな歴史の枠組は一緒になって、数世紀間にわたる地球大の事件の流れと諸機関を判断する能力に磨きをかける歴史研究者に新しい地平を提供できる。大量の情報を透明な小包のようにしてしまう長期の物語には、「携行用の固形スープのように」、膨大な数の事実をコンパクトにして携行可能とし、共有も可能とする効果があるとポール・カーターは書いている(7)。いかなる政治の分岐点においても、歴史的な総合は、合意が失われたところで合意を形成する手助けとなり得る。一般の人びとが再び長期の物語を必要とする時期にあって、われわれがいかに物語を語り、いかに分析者は方法を考案するか、大学は未来の学者や市民にいかに歴史教育を施すかで、これらの分析方法は重要となっていく。

一般の人びとに理解してもらうように研究の全体像を示す際、必ずしもすべての分野で同じ問題をかかえているわけではない。経済学という学問分野ではわかりやすい表やグラフで細部を説明することが、一九三〇年代から始まっていた。当時、シカゴ大学のレックス・タグウェルのような左翼の経済学者らが、インフラや雇用の政府主導の新たなプログラムに対する一般の支持を集めるねらいで、新しい視覚化の方法を開拓していた。これらの表や要約は、歴史家のようなテキストに基づく研究者の二〇頁分の論文よりもはるかに簡略で複製しやすかったため、一般に流布し、新聞・雑誌・政策文書に再掲載された。たしかに経済学者の政策はしばしば既得権にへつらい、いささかの混乱も予測していなかった。無限の成長の約束に肩入れする潜在的な崇拝者を買収していた(8)。しかし、環境保護論者は、データがありながら、約束してみたり次なる段階を示したりはしなかった。彼らの理論が、学界以外に広く流布されるような読みやすい表やグラフに凝縮して示されることは稀だった。

デジタル大学の世界では、大量の文書を整備し凝縮してそれらを個々に視覚化する手段が広がっている。これによって歴史家は経済学者にならい、自分たちの論拠を視覚化して一つの画面（批判者は「視覚化のショック、視覚化の畏怖」と呼ぶ）を共有することが可能となった。すでにツイッターやブログは歴史家がいかに出版に代わるルート、すなわち、たやすく広がり、伝播を得意とし、言説をきわめて拡散しやすいルート、を探しているかを証明している。われわれは、スタンフォード大学が「書簡の共和国を地図化する第一次計画」を公開した時、ヨーロッパの黒い地図にオレンジ色の光を発するスミス、ヴォルテール、フランクリンの書簡が行き交った社会的ネットワークの地図を見て驚いた。しかしこの地図が持つ真の意義はそれがデータを駆使したデジタル歴史プロジェクトを、たとえば『ニューヨーク・タイムズ』の紙面などに、一般に広く流布した最初のものの一つだったことかもしれない(9)。これらの現実を目の前にして、学者、とりわけ人文科学者と歴史家は、単語の数取り、定量化、話題分析・推定、年表作成とさまざまな方法での視覚化を伴った、長期にわたるモデル化変動の教育・出版・革新に関心を持つよう駆りたてられている。

ミクロな歴史の研究者たちは資本主義はおのずと不平等を減少させるとの主張に長いこと挑戦し続けた。実際、数世紀間にわたるデータはこれとは反対の、資本主義は平等に向かうというより、階級どころか人種とジェンダーの格差も拡大していく傾向があるとの証拠を山と重ねてきた。資本主義による不平等の恒久化をテーマに書かれた本はおびただしい数に達しているにもかかわらず、一般の人びとはこれらの論議にはめったに関心を払わない。資本主義が失業を減らし平等を高めることになると示唆する経済学者による簡便な視覚化は広がりやすい。その安易な合意に挑戦できるほぼ唯一の歴史データはピケティの『二一世紀の資本』であり、これは第三章で触れたように、長期にわたって集められた大量のデータの簡便な視覚化から構成された歴史データである。

歴史は未来について公開討論する案内役と見る古い伝統がある。歴史の再現もの、テレビの「迫真の」歴史番組、歴史を舞台にしたコンピューターゲーム、歴史のシリーズものなどの人気は、歴史が継続して一般人の想像力に訴える何かを示唆する(10)。これ以外にも、最近の過去と遠い過去というわれわれの共通の過去を理解したい人びとの欲求に促され、この三〇年間、繁栄・汚染・人間性そのものの理解に取り組む経済学者と気候学者が歴史から組み立てる議論を提出してきたのである。専門的な歴史家が進んでこれらの議論に参加するしないを問わず、公的な言説は過去と未来についての長期的な視野なしには成り立たない。実際、この種の関与を促す理由から、オーストラリア、ヨーロッパ、イギリスの高等教育や研究評議会は、大学の業績を評価する基準として、社会への関与、「インパクト」、「有用性」を命じているのである(11)。聴衆やテーマをいかに選ぶかに立ち入るかのような事態に恐れおののく研究者もいれば、貢献する貴重な機会を見る研究者もいる。

未来のために過去を見る方法は大学に重要な役割を与える。それは、未来のリスクが気候変動と国境を超えた統治組織のような前例のない規模の問題の形態を取るような、ビッグ・データに圧倒される時代における虚偽・神話・雑音を調停する役割である。ミクロな過去とマクロな過去を一緒に見ると、過去一〇年間かけて形成された機関の力から一〇〇〇年に及ぶ進化を経て形成された気候の力に至る幅を持つ変動の関与や加担を理解する有益なモデルが提供される。社会政策史家のパメラ・コックスがいうように、歴史家は「必要に応じてわれわれの「時代」に閉じ込められないで動き回り、細いブラシを太いブラシに持ち変えて、生硬な決定論ではなく批判的・構造的・懐疑論的な、社会変動の新しい「大きな物語」を描く準備する必要がある」(12)。

われわれは、公共的な使命を持った批判的人間科学としての歴史学を強く訴えてきた。他の学問分野である社会学、人類学、政治学は、言語学、音楽学といった歴史学と隣接する人文科学と並列されるより、通常は社会科学の傘下に集められる。これらの社会科学と比較する限りでは、歴史学だけが、啓蒙と改革の使命感を持つ学問とは言えない。アメリカ社会科学研究評議会の前所長でロンドン大学政治経済学院長のクレイグ・カルフーンが指摘したように、「社会への関与は社会科学が誕生したときからその著しい特徴である」。しかも、社会科学の公的な有用性は専門化と象牙の塔への隠遁とともに衰退した、と彼は続ける。彼は歴史学を人間諸科学の一つとみなしているわけではないが、その診断はわれわれの診断に似ている。公共的な目的の喪失感。弱体化する全体像の理解力。（しばしば外側から押しつけられる評価と「インパクト」の体制のもとでの）研究者の爆発的な生産性。「単数の歴史」よりも「複数の歴史」の増殖。総合や理論よりも革新と発見に向けられる大きな敬意。以上のすべては二〇世紀末と二一世紀初頭の人間諸科学のおなじみの特徴である[13]。歴史学は成功した専門化をめぐる同様の問題の多くを共有してきた。今や課題は、専門主義の明らかな恩恵に浴し続けつつも、単に肯定的というより批判的であり続ける公共的な使命との連携を取り戻すことである。

未来を計画するために過去を振り返ると、特に歴史家、歴史社会学者、歴史地理学者、情報科学者への重要な呼びかけがなされる。過去を振り返ると、政府、金融、保険、非公式、自主組織、市民科学そのほかの諸機関に将来を考えるための道路地図も提供される。この地図にはわれわれがより良き未来への道を探究するとき案内役を頼めるのである。その道を求める人びとが利用できる伝統があり、そのすべてには過去の記録がある。過去はすべてのものの未来の動きを示す最上の指標である。ブローデルは以下のように書いている。「歴史学は塀に囲まれた閉じた庭だけを研究する運命にあるのではない。そうでなければ歴史学は自らが現在抱いている任務の一つに背くことにならないだろうか。歴史学の任務の一つとは現在のさまざまな不安な問題に答えを出すこと、かなり未熟ではあるけれどもきわめて帝国主義的な人間諸科学との連携を保つことである。……おのれの義務とその非常に大きな力を自覚している、野心的な歴史学がなければ、今日的なヒューマニズムはありうるだろうか」[14]。ブローデルの問いは、一九四六年にはじめて提起した時と同様、時宜を得たもので今も喫緊の課題である。

「われわれがすすんで書斎の窓から外を見やり、同僚の専門家からなる小さなギルドの持ち物としてではなく、何百万人もの人びととの正当な遺産として歴史学を考えるならば」、社会の未来としての過去は依然として歴史家の手のもとにある(15)。この言葉はアメリカの歴史家フランクリン・ジェームソンのものであり、一九一二年の一二月に最初に述べられたが、ブローデルと同様、今日も依然として焦眉の課題である。過去一〇〇年以上にわたり、歴史家の専門的な仕事は、本書でこれまで分析してきたような一連の転回を経験してきた。とりわけ、社会論的転回、文化論的転回、ジェンダー論的転回、帝国論的転回、グローバル論的転回、時間横断論的転回などである。歴史家は、今や批判的な国家横断的で時間横断的な視野を備えて、偏狭な視野、風土病的な短期主義に対抗する守護者になり得る。かつて政治的出来事や土地改革、福祉国家の創設や紛争後の調停へのアドバイスを求められると、歴史家は他の人文科学者とともに、一国レベルでもグローバルなレベルでも、公的な領域を経済学者、ときには法律家や政治学者に実質的に譲った（最後に学界のポストからダウニング街やホワイトハウスに人材が送り込まれたのはいつだったか。ましてや世界銀行や国連事務総長に勧告したのはいつだったか）。われわれが世界的な統治の危機をもち、歯止めのない金融市場のなすがままになっていること、人間を原因とする気候変動が政治的安定性と種の生存を脅かしていることに不思議はないかもしれない。これらの課題を視野に入れ、われわれの時代の短期主義を打破するために喫緊に必要なのは、広い範囲と長い射程を持つものの見方であり、それは歴史家にしか提供できないのだ。

万国の歴史家諸君、団結せよ！　諸君には勝ち取るべき世界がある。遅すぎないうちに。

訳者あとがき

社会にすぐに役立つことや短期的な成果が求められがちな今日、人文科学は危機的状況に追いやられている。なかでも、歴史学は深刻である。世間の「歴史離れ」は著しいし、歴史学を専攻する学生も激減している。日本でも欧米でも同じである。では、どうすればいいのだろうか。ふさぎ込むのは、まだ早い！　本書を読んで元気を出そう！

本書は、歴史学は未来を考える導き手という本来の役割を取り戻せると説く、まさに「元気の出る本」である。しかも、お題目を唱えるだけではない。フェルナン・ブローデルから今日までの歴史研究の流れをたどるとともに、膨大な史料データに対応できる最新のデジタル歴史学の成果もふまえて具体的に論証した「お堅い本」でもある。

そもそも歴史家の本来の仕事とは、社会の変化を長期的に捉えることにあり、彼／彼女らが描くマクロな歴史は、社会の未来を考える公共の議論と大いに関わっていた。だが、短期的な過去に焦点を絞るミクロな歴史が台頭するにつれ、社会を長期的かつ広範に捉える見方は疎んじられていった。歴史家は内向化し、歴史研究は専門化し、歴史は公共性を失ったのである。本書は、長期的な視点に立つ歴史の重要性を再認識すべきだと主張する。では、ミクロな歴史は不要なのか。決してそうではない。本書が批判するのは、ミクロな歴史こそが唯一の歴史だとする原理主義的な見方や、一般読者との接点を持とうとしない専門主義的な指向であって、さまざまな史料データを読み解きながら多元的要因を突き止める手法は、高く評価されるのである。歴史家はこのような手法に長けているからこそ、マクロな歴史分析においても、多種多様な史料データを使って複合的な因果関係を説明できるのだ。これは、他の分野の追随を許さない歴史学の独壇場なのだ。史料データには、ビッグ・データと呼ばれる膨大なものまで含まれるが、その分析には、著者の一人ジョー・グルディが共同開発したデジタル史料分析手段「ペーパー・マシーン」や、グーグルブックス・Nグラム・ビューワーなど、デジタル人文科学の分析手段が活用できるという。かくして歴史家は、ビッグ・ヒストリーのような長大な歴史までも含むマクロな歴史を描くことができ、過去に照らして未来を考える導き手という本来の役割、いうなれば、社会における有益な居場所を取り戻すことができるのだ。

社会を分析するはずの歴史家が、仲間うちの世界に引き込もる。大学教育は専門的知識の研磨にあって、大きな問いに答えることにはないと、学生には「焦点を絞れ」と指導する。——長期的思考の場としての大学、長期的思考を必要とする人文科学を危機的状況に追いやった責任は、歴史家の側にもあるのだ。公共性をより強く認識し、積極的に社会と接点をもたなければならない。スタンスを改めるのは、今なのだ。「万国の歴史家諸君、団結せよ！　諸君には勝ち取るべき世界がある。遅すぎないうちに」。

原著は、Jo Guldi and David Armitage, *The History Manifesto*, Cambridge: Cambridge University Press, 2014 である。タイトルは、直訳すれば『歴史学宣言』であり、「妖怪がわれわれの時代をさまよっている。短期という妖怪である」で始まる冒頭部分や、右に引用した末尾のくだりにみられるように、本書は、マルクスとエンゲルスの『共産党宣言』（一八四八年）ばりに、二一世紀の歴史学のマニフェストを唱えているのである。

著者の一人、思想史家デイヴィッド・アーミテイジは、一九六五年、イングランドはストックポートの生まれ。ケンブリッジ大学で博士号を取得した後、コロンビア大学を経て、二〇〇四年にハーヴァード大学教授に就任した。二〇一二〜一四年と二〇一五〜一六年には、同大学歴史学部長を務めている。代表的研究は次の三部作であり、いずれも邦訳されている。

The Ideological Origins of the British Empire, Cambridge: Cambridge University Press, 2000〔『帝国の誕生――ブリテン帝国のイデオロギー的起源』平田雅博・岩井淳・大西晴樹・井藤早織訳、日本経済評論社、二〇〇五年〕

The Declaration of Independence: A Global History, Cambridge, MA: Harvard University Press, 2007〔『独立宣言の世界史』平田雅博・岩井淳・菅原秀二・細川道久訳、ミネルヴァ書房、二〇一二年〕

Foundations of Modern International Thought, Cambridge: Cambridge University Press, 2013〔『思想のグローバル・ヒストリー――ホッブズから独立宣言まで』平田雅博・山田園子・細川道久・岡本慎平訳、法政大学出

版局、二〇一五年〕

このほかにも編著や論文が多数あり（http://scholar.harvard.edu/armitage/publications）、二〇一七年には、古代から現代までの内戦を俯瞰した *Civil Wars: A History in Ideas*, New York: Alfred A. Knopf を刊行した。

一方のジョー（ジョアンナ）・グルディは、イギリス及びイギリス帝国の政治・経済・景観・文化の歴史とデジタル・ヒストリーを専門とする。一九七八年にアメリカ合衆国テキサス州ダラスに生まれ、ハーヴァード大学でギリシア文学を学び、ケンブリッジ大学トリニティ・カレッジにて修士号（歴史地理学）を取得し、カリフォルニア大学バークレー校の博士課程に入学。建築学専攻から歴史学専攻に移籍した後、二〇〇八年に博士号を取得した。シカゴ大学歴史学部デジタル・ヒストリー部門のポスドクや、ハーヴァード大学のジュニア・フェローを務めた後、二〇一二年にブラウン大学助教授（assistant professor）となった。二〇一六年からは、ダラスにある南メソジスト大学（Southern Methodist University）助教授である。著書として、一八世紀から一九世紀にかけてのイギリス国家政策をインフラ整備の観点から描いた *Roads to Power: Britain Invents the Infrastructure State*, Cambridge, MA: Harvard University Press, 2012がある。二〇一二年から翌年にかけて、デジタル史料分析手段である「ペーパー・マシーン」を共同開発しており（http://papermachines.org/）、デジタル史料分析に関する著作も多い。現在、一九世紀から二〇世紀にかけての土地改革をめぐる国家横断的な動きを考察したモノグラフ *The Long Land War* を執筆中である（http://www.joguldi.com/）。グローバルな視点に立つ思想史家アーミテイジとデジタル史料分析に詳しいグルディ。共著者二人は、マルクスとエンゲルスに匹敵する強力タッグといえるだろう。

本書は、ケンブリッジ大学出版局の初めてのオープンアクセス本であり、ウェブサイト（http://historymanifesto.cambridge.org/）からテキスト全文が無料でダウンロードできる。このウェブサイトには公開ブログが開設されていて、読者が自由に書き込み、それに共著者が応答できるようになっているほか、本書をめぐる公開フォーラムの情報や、雑誌・放送メディアでの本書への批評とそれに対する共著者の応答なども、随時アップデートされている。歴史家はもっと社会と関わるべきだという主張を実践すべく、共著者たちはオープンな議論の場を設けているのであり、この試みもまた注目に値する。

本書に対する反響は大きい。訳出したように、『二一世紀の資本』の著者トマ・ピケティや、ビッグ・ヒストリーの提唱者デイヴィッド・クリスチャンらが推薦文を寄せているし、前述の公開ブログには、多くの書き込みがなされている。書評として取り上げる雑誌も多数あるが、『アメリカ歴史評論』の場合、通常の書評ではなく、同書をめぐる「批判と応答」という特集記事を組む破格の扱いをしている（*American Historical Review*, vol. 120, no. 2, 2015）。また、イタリア語、ロシア語、スペイン語、トルコ語、中国語、韓国語に翻訳されている（一部は未刊行）。

本書の翻訳を思いついたのは、原著刊行直前の二〇一四年一〇月、著者アーミテイジ氏からテキスト全文を送られた平田である。「元気の出る本」に感銘を受け、「『万国の歴史家諸君、団結せよ！』に参加して翻訳をしませんか」と、細川に声をかけたことで、共訳作業が始まった。平田が序章・第三章・第四章・結論を、細川が第一章・第二章を、それぞれ担当したが、両者は読み合わせをして訳語の統一などを行った。なお、索引の作成では、信澤淳氏の多大なる協力を得た。氏には、原著の索引を踏まえつつ、訳書のための新たな項目を含めて作成していただいた。記して感謝したい。

刀水書房社長の中村文江さんには、本書の趣旨をご理解いただき刊行を快く引き受けてくださったばかりか、インパクトのあるタイトルまで頂戴した。厚く御礼申し上げます。

二〇一七年三月

万国の歴史家に届くことを切に願いつつ

平田　雅博
細川　道久

《訳者紹介》

平田雅博（ひらた　まさひろ）

1951年，青森県に生まれる。東京大学文学部西洋史学科卒業・東京都立大学大学院人文科学研究科博士課程単位修得退学。愛媛大学法文学部助教授などをへて，現在，青山学院大学文学部教授

主要業績：『イギリス帝国と世界システム』晃洋書房，2000年；『内なる帝国・内なる他者 —— 在英黒人の歴史』晃洋書房，2004年；『ウェールズの教育・言語・歴史 —— 哀れな民，したたかな民』晃洋書房，2016年；『英語の帝国 —— ある島国の言語の1500年史』講談社選書メチエ，2016年

細川道久（ほそかわ　みちひさ）

1959年，岐阜県に生まれる。東京大学文学部西洋史学科卒業・同大学大学院人文科学研究科博士課程退学。博士（文学）。現在，鹿児島大学法文教育学域法文学系教授

主要業績：『カナダ・ナショナリズムとイギリス帝国』刀水書房，2007年；『「白人」支配のカナダ史 —— 移民・先住民・優生学』彩流社，2012年；『カナダの自立と北大西洋世界 —— 英米関係と民族問題』刀水書房，2014年；『カナダの歴史を知るための50章』（編著）明石書店，2017年

索　引

ア　行

IHS グローバル・インサイト　IHS Global Insight（データベース）…… 141
ISI ウェブ・オブ・ノリッジ　ISI Web of Knowledge（データベース）…… 153
アイキャン（ICANN）　Internet Corporation for Assigned Names and Numbers …… 115
アウグスティヌス　Aurelius Augustinus …… 30
『神の国』…… 30
アクトン卿　Lord Acton, John Emerich Edward Dalberg Acton …… 72
『アナール』 *Annales* …… 16, 25, 29, 67
アナール学派 …… 26, 32, 60, 67
アメリカ合衆国 …… 13
——における専門的歴史教育 …… 64
——における歴史叙述 …… 37〜42, 116, 117
アメリカ国立科学財団　National Science Foundation …… 64
『アメリカ歴史評論』 *American Historical Review* …… 69, 70
アルテルモンディアリスム Altermondialisme …… 113
アルバーク，クリストファー Christopher Ahlberg …… 151
アレヴィ，エリ　Elie Halévy …… 72
『1815年のイギリス』（1913年）…… 72
アレント，ハンナ　Hannah Arendt … 39
イエーツ，ジョシュア・J.　Joshua J. Yates …… 103, 107
イリー，ジョフ　Geoff Eley …… 58, 59, 61〜67
1970年代のサセックス大学 …… 59, 61
『ドイツ史の特異性』（1984年）…… 61
ヴァーノン，ジェームズ　James Vernon …… 127, 160
ウィキリークス　Wikileaks（データベース）…… 148
ヴィクトリア朝期のイギリス社会の不平等 …… 84〜87
ウィトゲンシュタイン，ルートヴィヒ Ludwig Wittgenstein …… 71
ヴィノグラドフ，ポール　Paul Vinogradoff …… 42
ウィリアムズ，ウィリアム・アップルマン William Appleman Williams …… 40, 62
ウィリアムズ，エリック　Eric Williams …… 38
ウィルソン，E. O.　E. O. Wilson …… 93
ヴィンデルバント，ヴィルヘルム Wilhelm Windelband …… 24
「歴史と自然科学」（1894年の講義）…… 24
ウェア，キャロライン　Caroline Ware …… 121
ウェストファリア的な国家　Westphalian state system …… 112
ウェッブ夫妻，ベアトリスとシドニー Beatrice & Sidney Webb …… 33〜35,

37, 62
『イングランドの地方行政』(1906-29年) ………… 33
『ロンドン計画』(1891年) ………… 35
ヴェーバー，マックス　Max Weber ………… 42, 157
ウェブ・オブ・サイエンス　Web of Science（データベース）………… 131
ウォード，ポール　Paul Warde ………… 99, 100
ウォーラーステイン，イマニュエル　Immanuel Wallerstein ………… 79
ヴォルテール　Voltaire ………… 48, 176
エイミス，キングズリー　Kingsley Amis ………… 72, 73
『ラッキー・ジム』(1953年) ………… 72, 73
エウセビオス　Eusebios ………… 30
エールリヒ，パウル　Paul Ehrlich … 91
エンガマン，スタンリー　Stanley Engerman ………… 142, 143
オスターハメル，ユルゲン　Jürgen Osterhammel ………… 54
オックスフォード・マーティン委員会　Oxford Martin Commission ………… 5〜7
『今こそ，長期を』(2013年の報告書) ………… 5〜7
→ラミーを参照
オフショアリークス　Offshorelaks（データベース）………… 148
オール，ジョン・ボイド　John Boyd Orr ………… 40
オールド・ベイリー・オンライン　Old Baily Online（イギリスの判例データベース）………… 138

カ　行

ガイガー，G. R.　George Raymond Geiger ………… 42
解放の神学運動 ………… 136
拡張可能性　extensibility ………… 138, 139
カーソン，レイチェル　Rachel Carson ………… 91〜93
『沈黙の春』(1962年) ………… 91, 92
カーター，ポール　Paul Carter ………… 175
カーチ，マール　Merle Curti ………… 38
カラベル，ザカリー　Zachary Karabell ………… 154, 155
カルフーン，クレイグ　Craig Calhoun ………… 178, 179
カーン，ハーマン　Herman Kahn ……… 44
『環境革新と社会転換』 *Environmental and Innovation and Societal Transition* ………… 140
環境収容力　carrying capacity ………… 107, 159
→持続可能性も参照
還元主義　reductionism
経済学における―― ………… 84〜88
時間と関連づけられた―― ………… 95
進化論に基づく生物学における―― ………… 159
環大西洋奴隷貿易データベース　Trans-Atlantic Slave Trade Database ………… 141, 142
キケロ　Marcus Tullius Cicero … 30, 71
気候変動　climate change ………… 3
気候変動研究 ………… 46, 47, 91〜95
――でのビッグ・データの利用 ………… 144, 145, 153, 154
――と歴史家たちによる未来思考 ………… 91〜108
――における還元主義 ………… 94〜96
――についての経済学者の見解 ………… 94, 95, 98, 99

『気候変動の経済学に関するスターン報告書』（2006年）……94
技術の進歩と一般参加型民主主義……114〜116
ギゾー，フランソワ　François Guizot……31
キャナダイン，デイヴィッド　David Cannadine……78, 79
教会史家……30
共産主義（社会主義）の崩壊……109, 110
「共有地の悲劇」 tragedy of the commons……91, 106, 107
→ハーディンを参照
記録された未来（ウェブサイト）Recorded Future……151
キーワード検索……82, 131, 132, 153, 154
キング，ラッセル　Russell King……41
ギンズブルク，カルロ　Carlo Ginzburg……68
空間と歴史……24, 25
グーグル　Google……109, 150, 151
グーグル・アイディアズ　Google Ideas……109
グーグル・アース　Google Earth……142
グーグル・ブック検索　Google Book Search（データベース）……132
グーグルブックス・Nグラム・ビューワー　Google Books Ngrams Viewer（検索エンジン）……132, 136, 139
クズネッツ，サイモン　Simon Kuznets……117, 119
グッドマン，ポール　Paul Goodman……62, 63
クラーク，グレッグ　Greg Clark……88
グラフィカル・インターフェース graphical interface……133
グリーン，ウィリアム・A.　William A. Green……81
クルッツェン，パウル　Paul Crutzen……97, 104
グルディ，ジョー　Jo Guldi……132〜135
　『長い土地戦争』（近刊）……135
　→ペーパー・マシーンを参照
グレーヴズ，ロバート　Robert Graves……72
　『長い週末』（1940年）……72
グレーバー，デイヴィッド　David Graeber……111, 112
　『負債論，貨幣と暴力の5000年』（2010年）……111, 112
グレンディ，エドアルド　Edoardo Grendi……67
グローバル化　globalisation……53, 108〜116
グローバル化への反対運動……113, 114
クワキウトル・インディアン　Kwakiutl Indian……111
クーン，トマス　Thomas Kuhn……71
経済学……160, 175, 176
経済学者
　気候変動への見解……94〜99
　――の優越……18, 19
　不平等と資本主義の相関性についての見解……85〜88, 116〜120, 177
経済成長
　――と気候変動……106
　――の限界……159, 160
経済的福祉を測る基準　measurement of economic well-being……154
経済面での国際政府……113
計量経済史　cliometrics……142, 143
『月例エネルギー報告』 *Monthly Energy Review*……141
ケネディ，ジョン・フィッツジェラルド

John Fitzgerald Kennedy ………… 40
研究　research
——の成果の可視化 ……… 175～178
電子的情報を駆使した——
…………………………… 131～139
公的責任　public responsibility
社会科学の—— ……………… 178, 179
歴史研究の—— …………… 169～172,
177～180
国際研究交流委員会(IREX)　International Research and Exchanges Boad ··· 144
国際統治　international governance
——と気候変動 ………………… 106
——と「長期持続」の歴史
…………………………… 108～116
国際土地同盟　International Land Coalition …………………………… 148
国際連合 ……………………… 61, 113
国際連盟 …………………………… 112
コックス，パメラ　Pamela Cox ····· 178
コネリー，マチュー　Matthew Connelly
……………………………… 108, 147
「機密扱い解除エンジン」'Declassification Engine'(ウェブサイト) ……………………………… 147
コルーラ，タリク　Tarikh Korula
……………………………… 150, 151
コンテクスト理論，コンテクスト主義者　contextualism, contextualist ····· 70, 71
ケンブリッジ学派の—— ………… 70
コント，オーギュスト　August Comte
…………………………………… 34

サ　行

サーヴァルカル，V．D．　V.D.Savarkar
…………………………………… 38
サエズ，エマニュエル　Emmanuel Saez
…………………………………… 119
サコルスキー，アーロン　Aaron Sakolski
…………………………………… 42
『アメリカにおける土地保有と課税』(1957年) ………………………… 42
サースク，ジョーン　Joan Thirsk ··· 102
サッチャー，マーガレット　Margaret Thatcher …………………………… 111
ジェイコブズ，ジェイン　Jane Jacobs
…………………………………… 39
ジェイムズ，C．L．R．　C.L.R. James ……………………………… 38
ジェノヴェーゼ，ユージーン　Eugene Geovese …………………………… 73
『流れよ，うなるヨルダン川よ』(1974年) ………………………… 73
ジェファソン，トマス　Thomas Jefferson …………………………… 41
ジェームソン，J. フランクリン　J. Franklin Jameson ……………… 180
時間
——とデータ解析 ………………… 155
——と歴史 …………………… 25, 26
——の分析における還元主義
……………………………… 95, 96
持続可能性　sustainability
…………………………… 47～50, 103
——と「長期持続」の歴史…… 51, 52, 101, 102
失業者統計における短期的思考に基づく偏見 ……………………… 154, 155
シドニー大学 ……………………… 10
→スペンスを参照
資本家の文化 ……………………… 111
資本主義
——による不平等の縮小 …… 84～87, 116～121, 144, 145, 177

——のための選択肢 …………… 111
社会の未来（公共的な未来） public future ……… 14, 20, 44, 83, 169～181
ジャクソン，ウェス Wes Jackson ………………………………… 48, 51
『農業の新たな根源』（1980年） …… 51
シャクソン，ニコラス Nicholas Shaxson …………………………… 148
『タックスヘイブンの闇 世界の富は盗まれている！』（2011年） …… 148
ジャコビー，サンフォード Sanford Jacoby ……………………… 171, 172
シャーマ，サイモン Simon Schama ………………………………… 168
自由意志 free will …………… 44～47
シュウェル，ウィリアム William Sewell ………………………………… 74
囚人のジレンマ prisoner's dilemma ………………………………… 49, 50
終末論，終末論的 apocalyptic …………………………… 19, 92～95
シュミット，ベン Ben Schmidt ………………………………… 136, 137
シュレジンジャー，アーサー（父） Arthur Schlesinger, Sr … 37, 39, 76, 77
『都市の勃興 1878-98年』（1933年） ………………………………… 76, 77
シュレジンジャー，アーサー（子） Arthur Schlesinger, Jr …………… 40
蒸気機関の進歩 …………………… 104
情報過多 information overload ………………………………… 129, 152
書簡の共和国を地図化する第一次計画 first Mapping of the Republic of Letters Project（スタンフォード大学のプロジェクト） ………………………… 176
ジョージ，ヘンリ Henry George ………………………………… 36, 41
ジョレス，ジャン Jean Jaurès …… 31
シーリー，ジョン・ロバート Sir John Robert Seeley …………………… 31
進化生物学 evolutionary biology ……………………………… 146, 158
人口統制 ……………………… 107, 108
新自由主義 neo-liberalism … 87, 88, 109
人種主義 racism ……… 37, 53, 66, 67, 81, 115, 143, 144
シーン・ドット・コム Seen.Co（ウェブサイト） ……………… 150, 151
人文科学の危機 crisis of humanities ………………………… 11, 12, 25, 26
人類学 ……………………………… 174
経済人類学に基づく神話 ……… 117
構造—— ………………………… 27
神話の破壊
短期的過去による—— ………… 117
「長期持続」による—— …… 117～125
スキナー，クェンティン Quentin Skinner ……………………… 70, 71
「グランド・セオリーの復権」（1985年の論文） ……………………… 71
スコット，ジェームズ・C． James C. Scott …………………… 173, 174
『ゾミア，脱国家の世界史』（2009年） ……………………………… 173, 174
スコット，ジョーン・ヴァラッハ Joan Wallach Scott ……………………… 74
ステッドマン・ジョーンズ，ギャレス Gareth Stedman Jones …………… 65
スペンサー，エドモンド Edmund Spencer ………………………… 34
スペンス，マイケル Michael Spence ……………………………………… 10
スマイルズ，サミュエル Samuel

Smiles ……………………………… 71
『技師たちの生涯』(1874-99年) …… 71
スメール，ダニエル・ロード　Daniel Lord Smail ……………………… 124
西洋
——の気候変動に対する責任 …………………………… 106〜108
——の優越という認識 …… 81, 105, 106
世界銀行 ………… 7, 43, 61, 98, 109, 111, 113, 122, 136, 180
世界貿易機構（WTO）………… 5, 7, 109
セール，ネイサン　Nathan Sayre …………………………… 107, 108
セン，アマルティア　Amartya Sen ………………………………… 145
『貧困と飢饉』（1981年）………… 145
専門職化への批判　criticism of specialisation …………………… 72, 73
ゾウテロ　Zotero（プログラム） …………………………… 132, 133
組織の力　corporate power … 114〜116
ソト，エルナンド・デ　Hernando de Soto ………………………………… 98
ゾミア　Zomia ………………… 173, 174

タ　行

ダイアー，クリフトファー　Christopher Dyer ……………………………… 143
ダイアモンド，ジャレド　Jared Diamond ……………………………… 83, 95
『文明崩壊，滅亡と存続の命運を分けるもの』(2005年) …………… 83
大学
——での教育
ビッグ・データの利用 …… 152〜156
歴史教育 …… 57〜59, 64〜66, 75, 163
——の危機 ……………………… 8〜12
——の長期継続性 ……………… 9, 10
大規模公開オンライン授業（MOOCs, ムークス）…………………………… 12
太平洋問題調査会 …………………… 36
ダーウィン，チャールズ　Charles Darwin ……………………… 34, 159
ダーク・アーカイブズ　Dark Archives …………………………… 146〜149
——と活動家たちの行動 …… 147, 148
タグウェル，レックス　Rex Tugwell …………………………… 175, 176
ターナー，フレデリック・ジャクソン　Frederick Jackson Turner ………… 64
短期主義　short-termism …… 5, 6, 13, 21
短期的過去　Short Past ……… 59〜61, 63〜77
大学教育における—— …………… 75
——と社会の変革 ……………… 61, 62
——とミクロな歴史 ………… 60, 61, 66〜70, 122
——の貢献 …………… 80, 81, 83, 84
——の支配 ………………… 120, 121
——への批判 ……………… 76〜80
ダーントン，ロバート　Robert Darnton …………………………… 67, 79, 83
チャーチル，ウィンストン　Sir Winston Churchill ………………………… 23
チャンドラー，アルフレッド・ノブリット　Alfred Noblit Chandler …………………………… 41, 42
『土地保有権の起源，力と欺瞞の物語』（1945年）………………………… 41
中国 … 3, 35, 36, 49, 81, 100, 108, 113, 140
「長期持続」 *longue-durée* ……………………… 15〜17, 25〜29
いかさまの——　dirty ~ ……… 42, 43
気候変動をめぐる—— ……… 96〜108

——と国際統治思考 ……………………………… 108〜116
——とビッグ・データ ………………… 129, 130, 134〜139
——と不平等論争 ………… 116〜120
——と変化または転換点 ………… 54
——とミクロな歴史 …… 53, 54, 67, 68, 73〜75, 174, 175
——と未来思考 … 91〜108, 169〜171
——によって破壊された神話 ………………………… 116〜121
——の政治的効用 …………… 32〜44
——の退潮 ………… 59〜66, 120〜123
——への回帰 …… 14〜16, 21, 50〜55, 70, 71, 124〜127
ティエール，アドルフ　Adolphe Thiers ……………………………………… 31
テイラー，A. J. P.　A. J. P. Taylor ……………………………………… 84
デーヴィス，ナタリー・ゼーモン　Natalie Zemon Davis ………… 67, 79, 83
デジタル化された人文科学　digital humanities ………………… 131〜139
デュパン，シャルル　Charles Dupin ……………………………………… 43
　『グレート・ブリテンの商業力』（1825年）………………………… 43
デュボイス，W. E. B.　W. E. B. Du Bois ………………………………… 64
転回　turn
　空間論的　spatial ………………… 69
　グローバル論的　global …… 69, 180
　言語論的　linguistic ……………… 69
　国際論的　international ………… 69
　国家横断論的　transnational ‥ 69, 180
　ジェンダー論的　gendered …… 180
　社会論的　social …………… 69, 180
　帝国論的　imperial ………… 69, 180
　定量論的　quantitative …… 141, 143
　批判論的　critical …………… 69, 70
　文化論的　cultural …… 63, 69, 81, 180
　ポストコロニアル的　postcolonial ……………………………… 81, 180
　ミクロ史論的　micro-historical ……………………………………… 144
伝記 ……………………………… 71, 72
ツヴェト，テルジャ　Terje Tvedt … 100
　『水の歴史』（共著，2006年）……… 100
トゥキディデス　Thucydides ……… 30
土地所有権の歴史研究 ……………………… 41, 42, 134〜136
土地なき人民の運動（MST），ブラジルの　Movimiento Sin Tierra de Brasil ……………………………………… 114
トーニー，R. H.　Richard Henry Tawney …… 35〜37, 40, 42, 58, 62, 124
　『十六世紀における農業問題』（1912年）………………………… 35
　『中国における土地と労働』（1932年）………………………… 36
トムスン，E. P.　E. P. Thompson ……………………………… 39, 62, 73
　『イングランド労働者階級の形成』（1963年）………………………… 73
トムスン，ポール・B.　Paul B. Thompson ……………… 49, 102, 107

ナ　行

ナーマン，モール　Mor Naaman ……………………………………… 150, 151
ナーランダ大学（インド，ビハール州の）……………………………………… 9
『ニューヨーカー』　*The New Yorker* ……………………………………… 39

『ニューヨーク・タイムズ』*New York Times* …… 176
『ニュー・リパブリック』 *The New Republic* …… 39
人間科学　human science …… 16, 24～29
『ネーション』 *Nation* …… 40
ネーミア，サー・ルイス　Sir Lewis Namier …… 70, 79
ノヴィック，ピーター　Peter Novick …… 79
　『かの高貴な夢』(1988年) …… 79
農業
　還元主義者の理論 …… 159
　持続可能な—— …… 47～52
ノース，ダグラス　Douglas North …… 95

ハ　行

バーカー，ロドニー　Rodney Barker …… 76
　『近代イギリスにおける政治理念』(1978年) …… 76
ハガード，H. ライダー　Henry Rider Haggard …… 50
パーキン，ハロルド　Harold Perkin …… 157
白色人種の優越という神話 …… 81
バシュフォード，アリソン　Alison Bashford …… 108
バージン，アンガス　Angus Bargin …… 109
　『大いなる説得』(2012年) …… 109
ハッキング，イアン　Ian Hacking …… 66, 118, 119
　『狂った旅人たち』(1997年) …… 66
ハーディン，ガレット　Garret Hardin …… 91
　「共有地の悲劇」(1968年の論文) …… 91
『ハーパーズ・マガジン』 *Harper's Magazine* …… 39
ハーバーマス，ユルゲン　Jürgen Habermas …… 39, 74
　『公共性の構造的転換』(1962年) …… 74
パーマー，R. R.　R. R. Palmer …… 78, 79
　「アメリカにおけるフランス史研究の1世紀」(1985年の論文) …… 78
パーマカルチャー　permaculture …… 51, 52, 102, 104
ハモンド，ジョンとバーバラ　John & Barbala Hammond …… 38
バルル，サビーヌ　Sabine Barles …… 100, 101
反事実的思考 …… 47～50
ハンチントン，サミュエル　Samuel Huntington …… 110, 112
　『文明の衝突』(1996年) …… 110
ハント，リン　Lynn Hunt …… 11, 173
　『グローバル時代の歴史学』(2014年) …… 11, 173
ビア・カンペシーナ　Via Campesina …… 113
ビアード，チャールズ　Charles Beard …… 37, 39
ピケティ，トマ　Thomas Piketty …… 117～120, 177
　『21世紀の資本』(2014年) …… 117～120, 177
非政府組織(NGO)によるデータ収集 …… 147, 148
ビッグ・データ　big data …… 14, 15, 19, 20
　分析
　　批判的—— …… 161, 162, 166, 167
　　——における偏見 …… 157～160

——のための手段 ……… 131～139, 150～152, 167
歴史家による—— ……… 156～167
保存 …………………………………… 164
有用性 …………………… 94, 139～146
不可視のアーカイブズの—— …………………………… 146～150
利用 …………………… 118, 165～167
気象変動の研究での—— ……. 140, 144, 145, 153, 154
社会科学での—— ………… 129, 130
政治科学での—— ……… 110, 111, 143～145, 154, 155
大学教育での—— ……… 152～155
歴史研究での—— ………… 82～84, 98～101, 118～120, 136～139
ヒトゲノム ……………………………… 129
人新世　Anthropocene …… 97, 103, 105, 124, 126, 138, 149, 171
ヒメルファーブ，ガートルード Getrude Himmelfarb ……………… 33
ビュー，ポール　Paul Bew ………… 76
『アイルランドにおける土地と民族問題，1858-72年』(1979年) ……. 76
ヒューム，マイク　Mike Hulme …… 46
ヒル，ステュアート　Stuart Hill …. 102
ビレン，ジル　Gilles Billen …. 100, 101
ファイヤアーベント，ポール　Paul Feyerabend …………………………… 71
ファソルト，コンスタンティン Constantin Fasolt ………………… 125
『フィナンシャル・タイムズ』 *Financial Times* …………………………………… 118
フェイスブック ………………………… 150
フェーヴル，リュシアン　Lucian Febvre ……………………………………… 29
フェビアン協会　Fabian Society …… 35
フォーゲル，ロバート　Robert Fogel …………………………………… 142, 143
フォード財団 ………………………… 136
フォルクスワーゲン財団 …………… 92
フォレスター，ジェイ　Jay Forrester ……………………………………… 92
復員兵援護法，アメリカの(1944年) GI Bill of 1944 ……………………… 64
フクヤマ，フランシス　Francis Fukuyama …………………… 110, 112
『歴史の終わりと最後の人間』(2006年) ………………………… 110
フーコー，ミシェル　Michel Foucault …………………………… 39, 71, 74
不平等 ……………………………… 3, 18
資本主義による不平等の縮小 …. 84～88, 116～121, 144, 145, 177
——と闘う歴史家たち …………… 33
——と「長期持続」の歴史 …………………………… 116～121
ブーホルツ，フランツ・ベルンハルド・フォン　Franz Bernhard von Bucholtz ……………………………………… 72
フュステル・ド・クーランジュ，ヌマ・ドニ　Numa Denis Fustel de Coulanges ……………………………………… 42
ブランド，ステュアート　Stewart Brand …………………………………… 4, 5, 7
→ロング・ナウ財団を参照
ブリクストン暴動 …………………… 61
フリーダム・ハウス　Freedom House (1941年設立の NGO) ……… 144, 155
プルタルコス　Plutarchus ………… 71
『対比列伝』 ………………………… 71
ブルデュー，ピエール　Pierre Bourdieu ……………………………………… 15
「文化生産の界」(1983年にフランス

語で発表された論文) …………… 15
ブルントラント委員会　Brundtland Commission …………………… 49, 108
『われわれの共通の未来』(1987年の報告書) ………………………… 49
プレイフェア, ウィリアム　William Playfair …………………………… 137
フレンドリー, マイケル　Michael Friendley ………………………… 137
ブローデル, フェルナン　Fernand Braudel ……… 15〜17, 25〜29, 36, 60, 79, 119, 169, 179, 180
「長期持続」(1958年の論文) … 15〜17, 25〜28
『フェリペ二世時代の地中海と地中海世界』(1949年) …… 26, 27, 179, 180
文化軋轢　cultural conflict ………… 110
「文献の共和国」企画　Republic of Literature project (ワイルダーによる法データベース構想) …………… 138
文書館での研究 ………………… 64〜67
不可視や閲覧禁止のデータについての―― …………………… 146〜150
文明
――の衝突 ……………………… 110
――をめぐる偏見 ……………… 158
ベイリン, バーナード　Bernard Bailyn ………………………………… 78, 79
「現代歴史記述の課題」(1981年の講演) ………………………………… 78
ベーコン, フランシス　Francis Bacon ………………………………… 51
ベッカー, カール　Carl Becker …… 77
ペーパー・マシーン　Paper Macine (ソフトウェア) … 132〜136, 151, 152
→グルディを参照
ベルジェ, ガストン　Gaston Berger ………………………………… 29
ペルソン, カール　Karl Persson …… 88
ベレスフォード, モーリス　Maurice Beresford ………………………… 38
変化
世界の変革と歴史研究 ……… 61〜63
――の意識 ……………………… 6〜9
――を扱う扱う専門家としての歴史家 …………………… 23, 24, 178, 179
偏見
データ解析での―― ……… 154〜158, 160, 161
文明をめぐる―― ………………… 158
包括的な物語　metanarratives ………………………………… 94, 158
ホジソン, ジョフリー　Geoffrey Hodgson ………………………… 160
ホスキンズ, W. G.　W. G. Hoskins ………………………………… 38
ポーター, セオドア　Theodore Poter ………………………………… 118
ホブズボーム, エリック　Eric Hobsbawm ………… 36, 37, 58, 59, 62
『素朴な反逆者たち』(1959年) …… 36
ポランニー, カール　Karl Polanyi … 38
ポリティ・プロジェクト　Polity Project ………………………………… 155
ホルンボルク, アルフ　Alf Hornborg …………………………… 104〜106
ホーレル, セーラ　Sara Horrell …… 87
ホロコースト ………………………… 61

マ　行

マーカンジャ, アニル　Anil Markandya ………………………………… 98, 99
マキャヴェッリ, ニッコロ　Niccolò Machiavelli ………………………… 31

『君主論』……………………………… 31
『リウィウス論』……………………… 31
マクドナルド，ラムジー　Ramsay MacDonald ………………………… 35
マクニール，ウィリアム・H.　William H. McNeil ………………………… 53
マクレナン，J．F.　John Ferguson McLennan ………………………… 34
マクロな歴史　macro-history
人類学者による―― ………… 173, 174
――とミクロな歴史 ……………… 74, 172〜175, 178
マコーレー，トマス・バビントン Lord Macaulay, Thomas Babington Macaulay ……………………………… 31
マス・オブザーベイション　Mass Observation ……………………… 115
マゾワー，マーク　Mark Mazower ……………………………………… 112
マッキントッシュ，サー・ジェイムズ Sir James Mackintosh …………… 72
マッコイ，フローレンス　Florence McCoy ……………………………… 75
マハン，アルフレッド・セアー　Alfred Thayer Mahan ………………… 31, 32
『歴史に及ぼした海軍力の影響』（1890年）…………………………… 31
マルクス，カール　Karl Marx …… 27, 33, 36, 70, 107
マルサス，トマス・ロバート　Thomas Robert Malthus ………… 92, 108, 159
マルサスの虚妄　Malthus delusion ‥ 88
マルム，アンドレアス　Andreas Malm ……………………………… 104〜106
マレット　MALLET（話題分析・推定ソフトウェア）…………………… 135
マロニー，トマス　Thomas Maloney ……………………………………… 143
マンデス＝フランス，ピエール　Pierre Mendès France ……………………… 6
マンハッタン計画 …………………… 98
マンフォード，ルイス　Lewis Mumford …………………… 37, 39, 50, 79, 124
『技術と文明』(1934年）…………… 39
『ユートピアの系譜』(1922年）…… 50
ミクロな歴史研究　micro-history ……………………… 17, 18, 143, 163
――と短期的過去 …… 60, 61, 66〜68
――と「長期持続」……… 50〜53, 67, 68, 74, 121, 122, 174, 175
――とマクロな歴史 ……………… 74, 172〜175, 178
ミシュレ，ジュール　Jules Michelet ……………………………………… 72
ミーニュ，ジャック・ポール　Jacques Paul Migne ………………………… 72
未来学，未来を見通そうとする学 futurology …………………… 6〜9, 29
未来についての思考　future thinking
――と気候変動研究 ………… 96〜108
――と「長期持続」の歴史 ………………… 91〜94, 169〜171
歴史を通しての―― ………… 18〜23, 44〜52, 177〜180
ミレニアム開発目標(MDGs)　Millennium Develoment Goals ………………… 113
民主主義
民主化の測定基準 ………………… 155
――と飢饉の回避の相関性 ……… 145
――と技術の進歩 ………… 114〜116
――と専門家の支配パターン ………………………… 115, 116
ムリガン，マーティン　Martin Mulligan ……………………………………… 102

メイトランド，F. W.　Frederic William Maitland ………………………… 42
メイン，ヘンリ　Henry Maine …… 34, 42
メニー・アイズ　ManyEyes（「遠読」ソフトウェア）……………………… 136
モア，サー・トマス　Sir Thomas More ……………………………………… 50
モーゼズ，ロバート　Robert Moses ……………………………………… 39
モムゼン，テオドール　Theodor Mommsen ……………………………… 34
モレッティ，フランコ　Franco Moretti ……………………………………… 136

ヤ　行

ユートピア的思考 ………………… 50～52
ユネスコの『人類の歴史』(1954～66年) ……………………………………… 121

ラ　行

ラヴジョイ，アーサー　Arthur Lovejoy ………………………………… 70, 79
ラッセル卿，ジョン　Lord John Russell ……………………………………… 31
ラミー，パスカル　Pascal Lamy ……… 5
　→オックスフォード・マーティン委員会を参照
ランダ，マヌエル・デ　Mauel de Landa ……………………………………… 54
ランデス，デイヴィッド　David Landes ……………………………………… 41
ランド研究所　Rand Corporation …………………………… 43, 48, 144
リオタール，ジャン＝フランソワ　Jean-François Lyotadt …………………… 79
リンゼイ，ハル　Hal Lindsay ……… 93
　『地球最後の日』(1970年) ………… 93
レヴィストロース，クロード　Claud Lévi-Strauss ………………………… 27
歴史家
　情報デザイナーとしての―― …… 165
　反抗者としての―― ……………… 63
　――のための研究職市場 ……… 63～66
　――の不平等への反対 …………… 33
　――を養成するための大学教育 ……………………… 57～63, 75, 163
　ローマの―― ……………………… 30
歴史研究
　計量的手法 ………………… 141～144
　視覚化 ……………………… 176～178
　専門的歴史家以外による―― …… 43
　データ分析 ………………… 156～167
　――とビッグ・データ ……… 83, 84, 98～101, 118～120, 129～131, 136～139
　――の政治目的や政策決定のための利用 ……………… 31～44, 84～88
歴史と歴史叙述 …………… 13, 14, 88, 89
　近代史 ……………………………… 31
　グローバルな歴史　global history ……………………………………… 24
　軍事史 …………………………… 31, 32
　経済の観点からの歴史 … 84～88, 115, 116, 121, 122, 144, 145
　国民史（一国史）　national history ………………………… 25, 37, 38
　古代の歴史叙述 …………………… 30
　国家横断的な歴史　Transnational History ……………………………… 25
　時間横断的な歴史　Transtemporal History ……………………………… 25
　中世の歴史叙述 …………………… 30
　ディープ・ヒストリー　Deep History …………………… 14, 126, 171, 173

都市史　urban history …… 65, 100, 101
ビッグ・ヒストリー　Big History …… 14, 126, 171
批判としての歴史 …… 23, 24, 80, 107, 108, 172, 173
水の歴史 …… 100
歴史学の社会的責任 …… 169～172, 177～180
歴史と気候変動研究 …… 91～108
歴史と時間 …… 25～27
歴史と未来思考 …… 9～11, 19～23, 44～52, 169～171, 177～181
歴史の語り　history-telling …… 82, 83
→長期持続,「転回」, マクロな歴史, ミクロな歴史も参照
レコーデッド・フューチャー　Recorded Future（事件追跡サイト）…… 151
ロイド・ジョージ, デイヴィッド　David Lloyd George …… 36
ロジャーズ, ダニエル　Daniel Rogers …… 77
『分裂の時代』(2011年) …… 77
ロックフェラー財団 …… 136
ロディガー, デイヴィッド　David Roediger …… 65
ロビン, リビー　Libby Robin …… 46, 97, 102, 103, 107
ローマ・クラブ　Club of Rome … 43, 92
『成長の限界』(1972年) …… 92
ロング・ナウ財団　Long Now Foundation …… 4, 5
ロング・ナウ時計 …… 5, 7
→ブランドを参照
『ロンドン書籍評論』 *London Review of Books* …… 61

ワ　行

ワイルダー, コリン　Colin Wilder …… 138
話題分析・推定ソフトウェア　Topic-modelling software …… 130
→マレットを参照

原　註

序　章

(1)　Alfred Rappaport, *Saving Capitalism from Short-termism: How to Build Long-term Value and Take Back our Financial Future* (New York, 2011); Dominic Barton and Mark Wiseman, 'Focusing Capital on the Long Term', *Harvard Business Review* 92, 1–2 (January–February 2014), 44–51.

(2)　Stewart Brand, *The Clock of the Long Now: Time and Responsibility* (New York, 1999), 3: http://longnow.org/.

(3)　Pascal Lamy et al., *Now for the Long Term: The Report of the Oxford Martin Commission for Future Generations* (Oxford, 2013), 6, 9.

(4)　Francis Fukuyama, *The End of History and the Last Man* (New York, 2006); [フランシス・フクヤマ（渡部昇一訳）『歴史の終わり ── 歴史の「終点」に立つ最後の人間』上・下，三笠書房，1992]; Thomas L. Friedman, *Hot, Flat, and Crowded: Why We Need a Green Revolution - And How it Can Renew America* (New York, 2008) [トーマス・フリードマン（伏見威蕃訳）『グリーン革命 ── 温暖化，フラット化，人口過密化する世界』上・下，日本経済新聞出版社，2009].

(5)　こういった通俗化の着想は以下から得た。Steven D. Levitt and Stephen J. Dubner, *Freakonomics: A Rogue Economist Explores the Hidden Side of Everything* (New York, 2005) [スティーヴン・D・レヴィット／スティーヴン・J・ダブナー（望月衛訳）『ヤバい経済学 ── 悪ガキ教授が世の裏側を探検する』東洋経済新報社，2006]; Gregory Clark, *A Farewell to Alms: A Brief Economic History of the World* (Princeton, NJ, 2007) [グレゴリー・クラーク（久保恵美子訳）『10万年の世界経済史』上・下，日経ＢＰ社，2009]; and Francis Fukuyama, *The Origins of Political Order: From Prehuman Times to the French Revolution* (New York, 2011) [フランシス・フクヤマ（会田弘継訳）『政治の起源 ── 人類以前からフランス革命まで』上・下，講談社，2013].

(6)　'The World's Oldest Companies', *The Economist* (16 December 2004): www.economist.com/node/3490684.

(7) Stefan Collini, *What Are Universities For?* (London, 2012); Andrew McGettigan, *The Great University Gamble: Money, Markets and the Future of Higher Education* (London, 2013).

(8)　Michael Spence, 'How Best to Measure the Value of Research', *The Chronicle of Higher Education* (8 August 2013): http://chronicle.com/blogs/worldwise/how-best-to-measure-the-value-of-research/32765.

（9） Rens Bod, *A New History of the Humanities: The Search for Principles and Patterns from Antiquity to the Present* (Oxford, 2013).

（10） Lynn Hunt, *Writing History in the Global Era* (New York, 2014), 1［リン・ハント（長谷川貴彦訳）『グローバル時代の歴史学』岩波書店，2016，1頁］.

（11） ブリテンと合衆国からの人文学の最近の重要な擁護論として以下がある。Louis Menand, *The Marketplace of Ideas* (New York, 2010); Martha Nussbaum, *Not for Profit: Why Democracy Needs the Humanities* (Princeton, NJ, 2010)［マーサ・ヌスバウム（小沢自然・小野正嗣訳）『経済成長がすべてか？ ── デモクラシーが人文学を必要とする理由』岩波書店，2013］; Jonathan Bate (ed.), *The Public Value of the Humanities* (London, 2011)*; Helen Small, The Value of the Humanities* (Oxford, 2013).

（12） Daniel Lord Smail, 'Introduction: History and the Telescoping of Time: A Disciplinary Forum', *French Historical Studies* 34 (2011), 1, 2.

（13） David Christian, 'The Longest Durée: A History of the Last 15 Billion Years', *Australian Historical Association Bulletin*, 59–60 (August–November 1989), 27–36; Christian, 'Big History: The Longest "Durée"', *Österreichische Zeitschrift für Geschichtswissenschaften* 20 (2009), 91–106; Tom Griffiths, 'Travelling in Deep Time: La Longue Durée in Australian History', *Australian Humanities Review* (June 2000): www.australianhumanitiesreview.org/archive/Issue-June-2000/griffiths4.html.

（14） David Armitage and Jo Guldi, 'Le Retour de la longue durée. Une perspective anglo-saxonne', *Annales. Histoire, Sciences sociales*, 70 (2015). より一般的には以下を参照。Barbara Weinstein, 'History Without a Cause? Grand Narratives, World History, and the Postcolonial Dilemma', *International Review of Social History* 50 (2005), 71–93; Penelope Corfield, 'The Big Picture's Past, Present and Future', *The Times Higher* (27 July 2007), 14; Donald A. Yerxa, 'Introduction: History on a Large Scale', in Yerxa (ed.), *World History and the History of the West: Historians in Conversation* (Columbia, SC, 2009), 1–12; David Christian, 'The Return of Universal History', *History and Theory* 49 (2010), 6–27; David Sebouh Aslanian et al., 'How Size Matters: The Question of Scale in History', *American Historical Review* 118 (2013), 1431–72.

（15） Richard Drayton, 'Imperial History and the Human Future', *History Workshop* Journal, 74 (2012), 167.

（16） Fernand Braudel, 'Histoire et Sciences sociales. La longue durée', *Annales. Histoire, Sciences sociales* 13 (1958), 725–53［フェルナン・ブローデル「長期持続 ── 歴史と社会科学」，所収，フェルナン・ブローデル（井上幸治編集監訳）『フェルナン・ブローデル ── 1902–1985』新評論，1989，15〜68頁］; trans. as Braudel, 'History and the Social Sciences', in Braudel, *On History* (trans.) Sar-

ah Matthews (Chicago, 1982), 25–54.

(17)　Pierre Bourdieu, 'The Field of Cultural Production, or: The Economic World Reversed', in Bourdieu, *The Field of Cultural Production: Essays on Art and Literature* (ed. and introd.) Randal Johnson (New York, 1993), 60.

第一章

(1)　Michel de Certeau, *The Writing of History* (trans.) Tom Conley (New York, 1988)［ミシェル・ド・セルトー（佐藤和生訳）『歴史のエクリチュール』法政大学出版局，1996］.

(2)　Winston Churchill, toast to the Royal College of Physicians (2 March 1944): 'Prime Minister Among the Physicians', *The Lancet* 243 (11 March 1944), 344; Peter Clarke, *Mr Churchill's Profession: Statesman, Orator, Writer* (London, 2012).

(3)　たとえば，次を参照。Richard L. Bushman, *The Refinement of America: Persons, Houses, Cities* (New York, 1993); Norbert Elias, *The Civilizing Process: Sociogenetic and Psychogenetic Investigations* (trans.) Edmund Jephcott, rev. edn (Oxford, 2000)［ノルベルト・エリアス（赤井慧爾・中村元保・吉田正勝・波田節夫・溝辺敬一・羽田洋・藤平浩之訳）『文明化の過程（上）（下）』法政大学出版局，改装版，2010］.

(4)　Quentin Skinner, 'Meaning and Understanding in the History of Ideas', *History and Theory* 8 (1969), 3–53［クェンティン・スキナー「思想史における意味と理解」，所収，クェンティン・スキナー（半澤孝麿・加藤節編訳）『思想史とは何か ── 意味とコンテクスト』岩波書店，1990，4～140頁］.

(5)　Wilhelm Windelband, 'Rectorial Address, Strasbourg, 1894' (trans.) Guy Oakes, *History and Theory* 19 (1980), 169–85［ヴィンデルバント「歴史と自然科学 ── シュトラースブルク大学総長就職講演1894年」，所収，ヴィンデルバント（篠田英雄訳）『歴史と自然科学 ── 聖『プレルーディエン』より』岩波文庫，1936，9～86頁］.

(6)　David Armitage, 'What's the Big Idea? Intellectual History and the *Longue Durée*', *History of European Ideas* 38 (2012), 493–507.

(7)　Fernand Braudel, 'History and the Social Sciences: The *Longue Durée*' (1958), in Braudel, *On History* (trans.) Sarah Matthews (Chicago, 1982), 47.

(8)　William H. Sewell, Jr, *Logics of History: Social Theory and Social Transformation* (Chicago, 2005).

(9)　Fernand Braudel, 'Histoire et Sciences sociales. La longue durée', *Annales. Histoire, Sciences sociales* 13 (1958), 725–53［ブローデル「長期持続」，所収，ブローデル『フェルナン・ブローデル』15～68頁］.

(10)　Fernand Braudel, 'Préface' (1946), in *La Méditerranée et le Monde méditer-*

ranéen à l'époque de Philippe II (Paris, 1949), xiii ［フェルナン・ブローデル（浜名優美訳）『地中海』第１巻，藤原書店，1991，22頁］.

(11) 次の文献は，批判を直ちに否定した。Witold Kula, 'Histoire et économie. Le longue durée', *Annales. Histoire, Sciences sociales* 15 (1960), 294–313.

(12) Braudel, 'Histoire et Sciences sociales', 735, 751 ［ブローデル「長期持続」29，61頁］.

(13) たとえば，次を参照。Eugène Garsonnet, *Histoire des locations perpétuelles et des baux à longue durée* (Paris, 1878); Victor Lemaitre, *Considérations sur la paralysie générale de longue durée* (Paris, 1879); Gaston Imbert, *Des mouvements de longue durée Kondratieff*, 3 vols. (Aix-en-Provence, 1956).

(14) Peter Burke, *The French Historical Revolution: The Annales School, 1929–89* (Oxford, 1990), 33 ［ピーター・バーク（大津真作訳）『フランス歴史学革命 ── アナール学派1929–89年』岩波書店，2005，14頁］; Paule Braudel, 'Braudel en captivité', in Paul Carmignani (ed.), *Autour de F. Braudel* (Perpignan, 2001), 13–25; Peter Schöttler, 'Fernand Braudel als Kriegsgefangener in Deutschland', in Fernand Braudel, *Geschichte als Schlüssel zur Welt. Vorlesungen in Deutscher Kriegsgefangenschaft 1941* (ed.) Peter Schöttler (Stuttgart, 2013), 187–211. 収容所でのブローデルの講演は，次の書で再編集されている。'L'Histoire, mesure du monde' (1941–4), in Fernand Braudel, *Les ambitions de l'Histoire* (ed.) Roselyne de Ayala and Paule Braudel (Paris, 1997), 13–83 ［フェルナン・ブローデル「世界の尺度としての歴史」，所収，フェルナン・ブローデル（浜名優美監訳）『歴史学の野心（ブローデル歴史集成Ⅱ）』藤原書店，2005，19～120頁］.

(15) Giuliana Gemelli, *Fernand Braudel e l'Europa universale* (Venice, 1990), 246–300; Maurice Aymard, 'La longue durée aujourd'hui. Bilan d'un demi-siècle (1958–2008)', in Diogo Ramada Curto, Eric R. Dursteller, Julius Kirshner, and Francesca Trivellato (eds.), *From Florence to the Mediterranean and Beyond: Essays in Honour of Anthony Molho*, 2 vols. (Florence, 2009), II, 559–60 (quoted).

(16) Fernand Braudel, 'Gaston Berger, 1896–1960', *Annales. Histoire, Sciences sociales* 16 (1961), 210–11; Gaston Berger, *Phénoménologie du temps et prospective* (Paris, 1964); Gemelli, *Fernand Braudel e l'Europa universale*, 301–62; Jenny Andersson, 'The Great Future Debate and the Struggle for the World', *American Historical Review* 117 (2012), 1417–18.

(17) Cicero, *De Oratore*, II.36: 'Historia vero testis temporum, lux veritatis, vita memoriae, magistra vitae, nuntia vetustatis, qua voce alia nisi oratoris immortalitati commendatur?'（時代の証人，真実を照らし出す光，記憶の命の糧，人生の師，古《いにしえ》を告げ知らせる使者である歴史は，弁論家の声以外の誰の声によって永遠の不滅性を与えられるであろう［キケロ「弁論家について（第２巻）36」，所収，キケロ（大西英文訳）『キケロ ── 選集７　修辞学Ⅱ』岩波書店，1999，151頁］）。

(18) John Burrow, *A History of Histories: Epics, Chronicles, Romances and Inquiries from Herodotus and Thucydides to the Twentieth Century* (London, 2007), 163–4.

(19) Burrow, *A History of Histories*, 366, 426; Deborah Wormell, *Sir John Seeley and the Uses of History* (Cambridge, 1980), ch. 4, 'School of Statesmanship'.

(20) Alfred Thayer Mahan, *The Influence of Sea Power Upon History, 1660–1783* (Boston, 1890)［マハン（水交社訳）『海上権力史論』東方協會，1896／アルフレッド・セイヤー・マハン（北村健謙一訳）『マハン海上権力史論』原書房，2008]; Mark Russell Shulman, 'The Influence of Mahan upon Sea Power', *Reviews in American History* 19 (1991), 522–7.

(21) John Keegan, *The Face of Battle* (London, 1976); Peter Paret, Gordon A. Craig, and Felix Gilbert (eds.), *Makers of Modern Strategy: From Machiavelli to the Nuclear Age* (Princeton, NJ, 1986)［ピーター・パレット（防衛大学校「戦争・戦略の変遷」研究会訳）『現代戦略思想の系譜 ── マキャヴェリから核時代まで』ダイヤモンド社，1989]; John Keegan, *A History of Warfare* (New York, 1993)［ジョン・キーガン（遠藤利国訳）『戦略の歴史 ── 抹殺・征服技術の変遷 ── 石器時代からサダム・フセインまで』心交社，1997]; Allan D. English (ed.), *The Changing Face of War: Learning from History* (Montreal, 1998); Azar Gat, *A History of Military Thought: From the Enlightenment to the Cold War* (Oxford, 2001); Jo Guldi, 'The Uses of Planning and the Decay of Strategy', *Contemporary Security Policy* 27 (2006), 209–36; Williamson Murray, *War, Strategy, and Military Effectiveness* (Cambridge, 2011); Hew Strachan, *The Direction of War: Contemporary Strategy in Historical Perspective* (Cambridge, 2013).

(22) Williamson Murray and Richard Hart Sinnreich (eds.), *The Past as Prologue: The Importance of History to the Military Profession* (Cambridge, 2006)［ウィリアムソン・マーレー／リチャード・ハート・シンレイチ編（小堤盾・蔵原大・今村伸哉訳）『歴史と戦略の本質 ── 歴史の英知に学ぶ軍事文化』原書房，2011].

(23) Louis Geoffroy, *Napoléon apocryphe, 1812–1832: histoire de la conquête du monde & de la monarchie universelle* (Paris, 1836); Catherine Gallagher, 'What Would Napoleon Do? Historical, Fictional, and Counterfactual Characters', *New Literary History* 42 (2011), 323–5.

(24) Sidney and Beatrice Webb, *English Local Government*, 11 vols. (London, 1906–29).

(25) Gertrude Himmelfarb, 'The Intellectual in Politics: The Case of the Webbs', *Journal of Contemporary History* 6 (1971), 3.

(26) Adam Kuper, 'The Rise and Fall of Maine's Patriarchal Society', in Alan Diamond (ed.), *The Victorian Achievement of Sir Henry Maine* (Cambridge, 1991),

100–10; C. Hill, 'Sidney Webb and the Common Good: 1887–1889', *History of Political Thought* 14 (1993), 591–622.

(27) Sidney Webb, 'The Basis of Socialism: Historic', in George Bernard Shaw (ed.), *Fabian Essays in Socialism* (1889) (London, 1948), 29, 32, 46–7.

(28) Sidney Webb, *The London Programme* (London, 1891); Asa Briggs, *Victorian Cities* (London, 1963), 350–2.

(29) John Broich, *London: Water and the Making of the Modern City* (Pittsburgh, 2013).

(30) R. H. Tawney, *The Agrarian Problem in the Sixteenth Century* (London, 1912).

(31) R. H. Tawney, *A Memorandum on Agriculture and Industry in China* (Honolulu, 1929); Tawney, *Land and Labour in China* (London, 1932)［R・H・トーネイ（浦松佐美太郎・牛場友彦訳）『支那の農業と工業』岩波書店，1935]; Lawrence Goldman, *The Life of R. H. Tawney: Socialism and History* (London, 2013), 147.

(32) E. J. Hobsbawm, *Labouring Men: Studies in the History of Labour* (London, 1965)［E・J・ホブズボーム（鈴木幹久・永井義雄訳）『イギリス労働史研究』ミネルヴァ書房，新装版，1998]; Hobsbawm, *Primitive Rebels: Studies in Archaic Forms of Social Movement in the 19th and 20th Centuries* (London, 1965)［E・J・ホブズボーム（水田洋・安川悦子・堀田誠三訳）『素朴な反逆者たち ―― 思想の社会史』社会思想社，1989]; Hobsbawm, *The Age of Revolution: Europe 1789–1848* (London, 1962)［E・J・ホブズボーム（安川悦子・水田洋訳）『市民革命と産業革命 ―― 二重革命の時代』岩波書店，1968].

(33) E. J. Hobsbawm, 'The Social Function of the Past: Some Questions', *Past & Present* 55 (1972), 3–17; Hobsbawm, *On History* (New York, 1997)［エリック・ホブズボーム（原剛訳）『ホブズボーム歴史論』ミネルヴァ書房，2001]; Hobsbawm, *On the Edge of the New Century* (London, 2000)［エリック・ホブズボーム（河合秀和訳）『21世紀の肖像 ―― 歴史家ホブズボームが語る』三省堂，2000]; Hobsbawm, *On Empire: America, War, and Global Supremacy* (London, 2008); Gregory Elliott, *Hobsbawm: History and Politics* (London, 2010).

(34) Charles Beard, *American Government and Politics* (New York, 1910); Charles Beard and Mary Beard, *The Rise of American Civilization* (New York, 1928); Merle Curti, *The American Peace Crusade, 1815–1860* (Durham, NC, 1929); Curti, *Peace or War: The American Struggle* (New York, 1936).

(35) J. L. Hammond and Barbara Hammond, *The Village Labourer, 1760–1832: A Study in the Government of England before the Reform Bill* (London, 1911); Karl Polanyi, *The Great Transformation* (New York, 1944)［カール・ポラニー（野口健彦・栖原学訳）『「新訳」大転換 ―― 市場社会の形成と崩壊』東洋経済新報

社，2009]; W. G. Hoskins, *The Making of the English Landscape* (London, 1955)［W・G・ホスキンズ（柴田忠作訳）『景観の歴史学』東海大学出版会，2008]; M. W. Beresford, *History on the Ground: Six Studies in Maps and Landscapes* (London, 1957).

(36) Jawaharlal Nehru, *Glimpses of World History* (Kitabistan, 1934)［ジャワハルラール・ネルー（大山聰訳）『父が子に語る世界歴史』全8巻，みすず書房，2002–3]; Vinayak Domodar Savarkar, *Six Glorious Epochs of Indian History* (Delhi, 1963); C. L. R. James, *State Capitalism and World Revolution* (Chicago, 1986); James, *The Future in the Present* (London, 1977).

(37) Hannah Arendt, *The Human Condition* (Chicago, 1958)［ハンナ・アレント（志水速雄訳）『人間の条件』ちくま学芸文庫，1994]; Arendt, *The Origins of Totalitarianism* (New York, 1958)［ハナ・アレント（大久保和郎・大島通義・大島かおり訳）『全体主義の起源』全3巻，みすず書房，1972，1974]; Arendt, *Between Past and Future: Six Exercises in Political Thought* (New York, 1961)［ハンナ・アーレント（引田隆也・齊藤純一訳）『過去と未来の間――政治思想への8試論』みすず書房，1994（試論2篇を追加した1968年の原著の翻訳）].

(38) Lewis Mumford, *The Story of Utopias* (New York, 1922)［マンフォード（月森佐知訳）『ユートピアの思想史的省察』新評論，1997／ルイス・マンフォード（関裕三郎訳）『ユートピアの系譜――理想の都市とは何か』新泉社，新版，2000]; Mumford, *Technics and Civilization* (New York, 1934)［ルイス・マンフォード（生田勉訳）『技術と文明』美術出版社，新版，1972]; Mumford, *The Culture of Cities* (New York, 1938)［マンフォード（生田勉訳）『都市の文化』鹿島研究所出版会，1974]; Thomas P. Hughes, *Lewis Mumford: Public Intellectual* (Oxford, 1990).

(39) Charles Beard, *American Government and Politics* (New York, 1910, and later edns); Arthur Schlesinger, Sr, *Political and Social History of the United States, 1829–1925* (New York, 1925, and later edns).

(40) たとえば，次を参照。Lewis Mumford, 'The Intolerable City: Must It Keep on Growing?', *Harper's Magazine* 152 (1926), 283–93; Mumford, 'Magnified Impotence', *New Republic* 49 (22 December 1926), 138–40; Mumford, 'The Sky Line: Bigger Slums or Better City?', *The New Yorker* 26 (24 June 1950), 78–84.

(41) William Appleman Williams, *The Tragedy of American Diplomacy* (New York, 1962)［ウィリアム・A・ウィリアムズ（高橋章・松田武・有賀貞訳）『アメリカ外交の悲劇』御茶の水書房，新装版，1991]; Kevin Mattson, *Intellectuals in Action: The Origins of the New Left and Radical Liberalism, 1945–1970* (University Park, PA, 2002), 147–51, 159.

(42) John Boyd Orr, *A Short History of British Agriculture* (London, 1922). 同書は比較的知られていないが，制度によって農業がいかに刷新できるのかについて

歴史から引き出したオールの見解は，彼が創設に協力した国際連合の諸機関によって，その後数十年間，グローバルな規模で実行に移された。

(43) David Landes, *The Unbound Prometheus: Technological Change and Industrial Development in Western Europe from 1750 to the Present* (London, 1969); William J. Ashworth, 'The British Industrial Revolution and the Ideological Revolution: Science, Neoliberalism and History', *History of Science* (2014): doi: 10. 1177/0073275314529860.

(44) Elias H. Tuma, *Twenty-Six Centuries of Agrarian Reform: A Comparative Analysis* (Berkeley, 1965); Russell King, *Land Reform: A World Survey* (London, 1977).

(45) Alfred N. Chandler, *Land Title Origins: A Tale of Force and Fraud* (New York, 1945).

(46) George Raymond Geiger, *The Theory of the Land Question* (New York, 1936); Paolo Grossi, *An Alternative to Private Property: Collective Property in the Juridical Consciousness of the Nineteenth Century* (trans.) Lydia G. Cochrane (Chicago, 1981).

(47) Aaron M. Sakolski, *Land Tenure and Land Taxation in America* (New York, 1957), 13. 次と比較のこと。Eric Nelson, *The Hebrew Republic: Jewish Sources and the Transformation of European Political Thought* (Cambridge, MA, 2010), 57–87.

(48) Charles Dupin, *The Commercial Power of Great Britain* (1824) (Eng. trans.), 2 vols. (London, 1825).

(49) たとえば，次を参照。Paul R. Ehrlich, *The Population Bomb* (New York, 1968)［ポール・R・エーリック（宮川毅訳）『人口爆弾』河出書房新社，1974]; Erich Fromm, *The Revolution of Hope: Toward a Humanized Technology* (New York, 1968)［エーリッヒ・フロム（作田啓一・佐野哲郎訳）『希望の革命 ―― 技術と人間化をめざして』紀伊國屋書店，1970]; R. Buckminster Fuller, *Utopia or Oblivion: The Prospects for Humanity* (London, 1969); Alvin Toffler, *Future Shock* (New York, 1970)［A・トフラー（徳山二郎訳）『未来の衝撃』中公文庫，1982]; Norman Borlaug, *Mankind and Civilization at Another Crossroad* (Madison, WI, 1971); Herman Kahn and B. Bruce-Briggs, *Things to Come: Thinking about the Seventies and Eighties* (New York, 1972)［ハーマン・カーン／B・ブルース・ブリックス（風間禎三郎監訳）『世界はこう変わる ―― 1980年代の展望』時事通信社，1972]; George Leonard, *The Transformation: A Guide to the Inevitable Changes in Humankind* (New York, 1972); Donella Meadows *et al.*, *The Limits to Growth: A Report for the Club of Rome's Project on the Predicament of Mankind* (New York, 1972)［ドメラ・H・メドウズ他（大来佐武郎監訳）『成長の限界 ―― ローマ・クラブ「人類の危機」レポート』ダイヤモンド社，1972]; Adrian Berry, *The Next*

Ten Thousand Years: A Vision of Man's Future in the Universe (New York, 1974) ［A・ベリー（小林司訳）『宇宙に移住する人類』カッパ・ブックス，1975］; Mihajlo Mesarović and Eduard Pestel, *Mankind at the Turning Point: The Second Report to the Club of Rome* (New York, 1974) ［M・メサロビッチ／E・ペステル（大来佐武郎・茅陽一監訳）『転機に立つ人間社会 ── ローマ・クラブ第2レポート』ダイヤモンド社，1975］; Herman Kahn, William Brown, and Leon Martel, *The Next 200 Years: A Scenario for America and the World* (New York, 1976) ［ハーマン・カーン（小松達也・小沼敏訳）『未来への確信 ── 成長限界論を超えて』サイマル出版会，1976］; Wayne I. Boucher (ed.), *The Study of the Future: An Agenda for Research* (Washington, DC, 1977); Ervin László *et al.*, *Goals for Mankind: A Report to the Club of Rome on the New Horizons of Global Community* (New York, 1977) ［アーヴィン・ラズロー他編（大来佐武郎監訳）『人類の目標 ── 地球社会への道（ローマ・クラブ第5レポート）』ダイヤモンド社，1980］.

(50) Herman Kahn, William Brown, and Leon Martel, *The Next 200 Years: A Scenario for America and the World* (New York, 1976); Paul Dragoş Aligică, *Prophecies of Doom and Scenarios of Progress: Herman Kahn, Julian Simon, and the Prospective Imagination* (New York, 2007); Andersson, 'The Great Future Debate and the Struggle for the World', 1416.

(51) Mike Hulme, 'Reducing the Future to Climate: A Story of Climate Determinism and Reductionism', *Osiris* 26 (2011), 256.

(52) Libby Robin, 'Histories for Changing Times: Entering the Anthropocene?', *Australian Historical Studies* 44 (2013), 333.

(53) Bill Vitek and Wes Jackson (eds.), *The Virtues of Ignorance: Complexity, Sustainability, and the Limits of Knowledge* (Lexington, KY, 2008); Wes Jackson, *Consulting the Genius of the Place: An Ecological Approach to a New Agriculture* (Berkeley, 2010).

(54) Niall Ferguson (ed.), *Virtual History: Alternatives and Counterfactuals* (London, 1997); Richard Evans, *Altered Pasts: Counterfactuals in History* (London, 2014).

(55) Humberto Llavador, John E. Roemer, and Joaquim Silvestre, 'A Dynamic Analysis of Human Welfare in a Warming Planet', *Journal of Public Economics* 95 (2011), 1607–20; Llavador, Roemer, and Silvestre, *Sustainability for a Warming Planet* (Cambridge, MA, 2015).

(56) Ted Steinberg, 'Can Capitalism Save the Planet? On the Origins of Green Liberalism', *Radical History Review* 107 (2010), 7–24; Emma Rothschild, Paul Warde, and Alison Frank, 'Forum: The Idea of Sustainability', *Modern Intellectual History* 8 (2011), 147–212; Joshua J. Yates, 'Abundance on Trial: The Cul-

tural Significance of "Sustainability"', *The Hedgehog Review* 14 (2012), 8–25.

(57) World Commission on Environment and Development, *Our Common Future* (New York, 1987); Paul B. Thompson, *The Agrarian Vision: Sustainability and Environmental Ethics* (Lexington, KY, 2010), 197–200.

(58) Mumford, *The Story of Utopias*; Gregory Claeys, *Searching for Utopia: The History of an Idea* (London, 2011).

(59) Wes Jackson, *New Roots for Agriculture* (San Francisco, 1980).

(60) Martin Mulligan and Stuart Hill, *Ecological Pioneers: A Social History of Australian Ecological Thought and Action* (Cambridge, 2001), 195–200.

(61) L. C. Jain and Karen Coelho, *In the Wake of Freedom: India's Tryst with Co-operatives* (New Delhi, 1996); John Curl, 'The Cooperative Movement in Century 21', *Affinities: A Journal of Radical Theory, Culture, and Action* 4 (2010), 12–29; John Restakis, *Humanizing the Economy: Co-operatives in the Age of Capital* (Philadelphia, 2010); John Curl, *For All the People* (Oakland, CA, 2012); John F. Wilson, Anthony Webster, and Rachael Vorberg-Rugh, *Building Co-operation: A Business History of the Co-operative Group, 1863–2013* (Oxford, 2013); Jessica Gordon Nembhard, *Collective Courage: A History of African American Cooperative Economic Thought and Practice* (University Park, PA, 2014).

(62) William H. McNeill, 'Organizing Concepts for World History', *World History Bulletin* 4 (1986–7), 1–4; Peter N. Stearns, 'Periodization in World History Teaching: Identifying the Big Changes', *The History Teacher* 20 (1987), 561–80.

(63) William A. Green, 'Periodization in European and World History', *Journal of World History* 3 (1992), 13–53; Jerry H. Bentley, 'Cross-Cultural Interaction and Periodization in World History', *American Historical Review* 101 (1996), 749–70.

(64) Jürgen Osterhammel, *The Transformation of the World: A Global History of the Nineteenth Century* (Princeton, NJ, 2014), 48. 次も参照。Wolfgang Reinhard, 'The Idea of Early Modern History', in Michael Bentley (ed.), *Companion to Historiography* (London, 1997), 290; Penelope Corfield, *Time and the Shape of History* (New Haven, 2007), 134–8.

(65) Manuel De Landa, *A Thousand Years of Nonlinear History* (New York, 1997).

第二章

(1) E. J. Hobsbawm, *Primitive Rebels: Studies in Archaic Forms of Social Movement in the 19th and 20th Centuries* (Manchester, 1959); Hobsbawm, *The Age of Revolution, 1789–1848* (London, 1962); Hobsbawm, *Labouring Men: Studies in the History of Labour* (London, 1964); Hobsbawm, *Industry and Empire: The*

Making of Modern English Society, 1750 to the Present Day (London, 1968) [E・J・ホブズボーム(浜林正夫・神武庸四郎・和田一夫訳)『産業と帝国』未来社, 新装版, 1996]; Hobsbawm, *Bandits* (New York, 1969) [E・J・ホブズボーム(斎藤三郎訳)『匪賊の社会史 ── ロビン・フッドからガン・マンまで』みすず書房, 1972/エリック・ホブズボーム(船山榮一訳)『匪賊の社会史』ちくま学芸文庫, 2011]. 1968年については, 次を参照。Ronald Fraser, *1968: A Student Generation in Revolt* (New York, 1988); Michael Seidman, *The Imaginary Revolution: Parisian Students and Workers in 1968* (New York, 2004); Rainer Horn, *The Spirit of '68: Rebellion in Western Europe and North America, 1956–1976* (Oxford, 2007); Martin Klimke, *The Other Alliance: Student Protest in West Germany and the United States in the Global Sixties* (Princeton, NJ, 2011).

(2) Geoff Eley, *A Crooked Line: From Cultural History to the History of Society* (Ann Arbor, MI, 2005), ix.

(3) Geoff Eley, 'The German Navy League in German Politics, 1898–1914' (DPhil. thesis, University of Sussex, 1974); Eley, 'Reshaping the Right: Radical Nationalism and the German Navy League, 1898–1908', *The Historical Journal* 21 (1978), 327–54.

(4) たとえば, 次を参照。Charles Tilly, *Big Structures, Large Processes, Huge Comparisons* (New York, 1984); Richard E. Lee (ed.), *The Longue Durée and World-Systems Analysis* (Albany, NY, 2012).

(5) David Blackbourn and Geoff Eley, *Mythen deutscher Geschichtsschreibung. Die gescheiterte bürgerliche Revolution von 1848* (Frankfurt, 1980) [デーヴィド・ブラックボーン/ジェフ・イリー(望田幸男訳)『現代歴史叙述の神話 ── ドイツとイギリス』晃洋書房, 1983]; Blackbourn and Eley, *The Peculiarities of German History: Bourgeois Society and Politics in Nineteenth-Century Germany* (Oxford, 1984).

(6) Geoff Eley, 'Holocaust History', *London Review of Books* (3 March 1983), 6–9.

(7) Gerald Bloom, 'Science and Technology for Health: Towards Universal Access in a Changing World', 2009: http://opendocs.ids.ac.uk/opendocs/handle/123456789/2282; Adrian Ely and Martin Bell, 'The Original "Sussex Manifesto": Its Past and Future Relevance', 2009: http://opendocs.ids.ac.uk/opendocs/handle/123456789/2283; Melissa Leach, 'Sustainability, Development, Social Justice: Towards a New Politics of Innovation', in Leach, *Technologies and Innovations for Development* (Springer, 2012), 19–29; Esha Shah, 'Manifesting Utopia: History and Philosophy of UN Debates on Science and Technology for Sustainable Development': 2009: http://mobile.opendocs.ids.ac.uk/opendocs/handle/123456789/2451.

(8) William Robbins, 'William Appleman Williams: "Doing History Is Best of

All. No Regrets'", in Lloyd Gardner (ed.), *Redefining the Past: Essays in Diplomatic History in Honor of William Appleman Williams* (Corvallis, OR, 1986), 4–5; Michael D. Bess, 'E. P. Thompson: The Historian as Activist', *The American Historical Review* 98 (1993), 18–38.

(9) E. J. Hobsbawm, 'The Social Function of the Past: Some Questions', *Past & Present* 55 (May 1972), 3–17; Hobsbawm, 'Mass-Producing Traditions: Europe, 1870–1914', in E. J. Hobsbawm and T. O. Ranger (eds.), *The Invention of Tradition* (Cambridge, 1983), 263–307［E・ホブズボウム「伝統の大量生産 ── ヨーロッパ，1870–1914」E・ホブズボウム／T・レンジャー編（前川啓治・梶原景昭他訳）『創られた伝統』紀伊國屋書店，1992，402〜470頁］.

(10) Paul Goodman, 'The Devolution of Democracy', *Dissent* 9 (1962), 10, quoted in Kevin Mattson, *Intellectuals in Action: The Origins of the New Left and Radical Liberalism, 1945–1970* (University Park, PA, 2002), 124.

(11) Eley, *A Crooked Line*, 129–30.

(12) Lori Thurgood, Mary J. Golladay, and Susan T. Hill, 'US Doctorates in the 20th Century: Special Report' (National Science Foundation, June 2006), 7: www.nsf.gov/statistics/nsf06319/pdf/nsf06319.pdf.

(13) Frederick Jackson Turner, *The Character and Influence of the Indian Trade in Wisconsin: A Study of the Trading Post as an Institution* (Baltimore, 1891); W. E. B. Du Bois, 'Suppression of the African Slave Trade in the United States' (PhD dissertation, Harvard University, 1895); Du Bois, *The Suppression of the African Slave-Trade to the United States of America, 1638–1870* (New York, 1896).

(14) Benjamin Schmidt, 'What Years Do Historians Write About?', *Sapping Attention* (9 May 2013): http://sappingattention.blogspot.com/2013/05/what-years-do-historians-write-about.html. 最新の調査結果を共有し，博士論文にみられる傾向を視覚化した図の使用を許可してくれたベンジャミン・シュミットに感謝する。

(15) Gareth Stedman Jones, *Outcast London: A Study in the Relationship between Classes in Victorian Society* (Oxford, 1971); Stedman Jones, *Languages of Class: Studies in English Working Class History, 1832–1982* (Cambridge, 1983)［G・ステッドマン・ジョーンズ（長谷川貴彦訳）『階級という言語 ── イングランド労働者階級の政治社会史1832–1982年』刀水書房，2010］; David R. Roediger, *Wages of Whiteness: Race and the Making of the American Working Class* (London, 1991)［デイヴィッド・R・ロディガー（小原豊志・竹中興慈・井川真砂・落合明子訳）『アメリカにおける白人意識の構築 ── 労働者階級の形成と人種』明石書店，2006］.

(16) Arlette Farge, *Le Goût de l'archive* (Paris, 1989).

(17) たとえば，次を参照。R. B. Rose, 'The Priestley Riots of 1791', *Past & Present* 18 (1960), 68–88; John Bohstedt, *Riots and Community Politics in England and Wales, 1790–1810* (Cambridge, MA, 1983); Colin Haydon, *Anti-Catholicism in Eighteenth-Century England, c. 1714–80* (Manchester, 1993); Ian Haywood and John Seed (eds.), *The Gordon Riots: Politics, Culture and Insurrection in Late Eighteenth-Century Britain* (Cambridge, 2012).

(18) Ilza Veith, *Hysteria: The History of a Disease* (Chicago, 1965); Robert Darnton, *Mesmerism and the End of the Enlightenment in France* (Cambridge, MA, 1968) [ロバート・ダーントン（稲生永訳）『パリのメスマー ── 大革命と動物磁気催眠術』平凡社，1987]; William J. McGrath, *Freud's Discovery of Psychoanalysis: The Politics of Hysteria* (Ithaca, 1986); Ian Hacking, *Mad Travelers: Reflections on the Reality of Transient Mental Illnesses* (Charlottesville, VA, 1998); Rachel Maines, *The Technology of Orgasm: 'Hysteria', the Vibrator, and Women's Sexual Satisfaction* (Baltimore, 1998) [レイチェル・P・メインズ（佐藤雅彦訳）『ヴァイブレーターの文化史 ── セクシュアリティ・西洋医学・理学療法』論創社，2010]; Georges Didi-Huberman, *Invention of Hysteria: Charcot and the Photographic Iconography of the Salpêtrière* (trans.) Alisa Hartz (Cambridge, MA, 2003); David Trotter, 'The Invention of Agoraphobia', *Victorian Literature and Culture* 32 (2004), 463–74; Mark S. Micale, *Hysterical Men: The Hidden History of Male Nervous Illness* (Cambridge, MA, 2008).

(19) Eley, *A Crooked Line*, 184, 129.

(20) Natalie Zemon Davis, *Society and Culture in Early Modern France: Eight Essays* (Stanford, 1975) [ナタリー・ゼーモン・デーヴィズ（成瀬駒男訳）『愚者の王国　愚者の都市 ── 近代初期フランスの民衆文化』平凡社，1987]; Robert Darnton, *The Great Cat Massacre and Other Episodes in French Cultural History* (New York, 1984) [ロバート・ダーントン（海保眞夫・鷲見洋一訳）『猫の大虐殺』岩波現代文庫，2007].

(21) Edoardo Grendi, 'Micro-analisi e storia sociale', *Quaderni storici* 35 (1977), 512. より一般的には，次の書を参照。Jacques Revel (ed.), *Jeux d'échelles. La micro-analyse à l'expérience* (Paris, 1996); Paola Lanaro (ed.), *Microstoria. A venticinque anni de l'eredità immateriale* (Milan, 2011); Francesca Trivellato, 'Is There a Future for Italian Micro-History in the Age of Global History?', *California Italian Studies* 2 (2011): www.escholarship.org/uc/item/0z94n9hq.

(22) Carlo Ginzburg, *Storia notturna. Una decifrazione del sabba* (Turin, 1989) [カルロ・ギンズブルク（竹山博英訳）『闇の歴史 ── サバトの解読』せりか書房，1992].

(23) Giovanni Levi, 'On Micro-history', in Peter Burke (ed.), *New Perspectives on Historical Writing* (Cambridge, 1991), 94 [ジョヴァンニ・レーヴィ「ミクロ

ストーリア」ピーター・バーク編（谷川稔他訳）『ニュー・ヒストリーの現在 ── 歴史叙述の新しい展望』人文書院，1996，109頁（訳を一部改めた）].

(24) Mark Salber Phillips, *On Historical Distance* (New Haven, 2013), 205–6.

(25) Richard Rorty (ed.), *The Linguistic Turn: Recent Essays in Philosophical Method* (Chicago, 1967); Gabrielle M. Spiegel (ed.), *Practicing History: New Directions in Historical Writing after the Linguistic Turn* (London, 2005); Judith Surkis, 'When Was the Linguistic Turn? A Genealogy', *American Historical Review* 117 (2012), 700–22.

(26) Victoria E. Bonnell and Lynn Hunt (eds.), *Beyond the Cultural Turn: New Directions in the Study of Society and Culture* (Berkeley, 1999); James W. Cook, Lawrence B. Glickman, and Michael O'Malley (eds.), *The Cultural Turn in US History: Past, Present, and Future* (Chicago, 2005).

(27) Antoinette Burton (ed.), *After the Imperial Turn: Thinking With and Through the Nation* (Durham, NC, 2003); Ulf Hedetoft, *The Global Turn: National Encounters with the World* (Aalborg, 2003); Winfried Fluck, Donald E. Pease, and John Carlos Rowe (eds.), *Re-Framing the Transnational Turn in American Studies* (Hanover, NH, 2011); Durba Ghosh, 'Another Set of Imperial Turns?', *American Historical Review* 117 (2012), 772–93.

(28) Jo Guldi, 'What is the Spatial Turn?' (2011): http://spatial.scholarslab.org/spatial-turn/; David Armitage, 'The International Turn in Intellectual History', in Armitage, *Foundations of Modern International Thought* (Cambridge, 2013), 17–32［デイヴィッド・アーミテイジ「思想史における国際論的転回」，所収，デイヴィッド・アーミテイジ（平田雅博・山田園子・細川道久・岡本慎平訳）『思想のグローバル・ヒストリー ── ホッブズから独立宣言まで』法政大学出版局，2015，21～44頁]; 次も参照。Darrin M.McMahon and Samuel Moyn (eds.), *Rethinking Modern European Intellectual History* (New York, 2014), 232–52.

(29) Judith Surkis, Gary Wilder, James W. Cook, Durba Ghosh, Julia Adeney Thomas, and Nathan Perl-Rosenthal, '*AHR* Forum: Historiographic "Turns" in Critical Perspective', *American Historical Review* 117 (2013), 698–813.

(30) Emile Perreau-Saussine, 'Quentin Skinner in Context', *Review of Politics* 69 (2007), 110.

(31) Quentin Skinner, 'Introduction: The Return of Grand Theory', in Skinner (ed.), *The Return of Grand Theory in the Human Sciences* (Cambridge, 1985), 12［クエンティン・スキナー編（加藤尚武他訳）『グランドセオリーの復権 ── 現代の人間科学』産業図書，1998，16頁].

(32) Quentin Skinner, 'The Vocabulary of Renaissance Republicanism: A Cultural *longue-durée*?', in Alison Brown (ed.), *Language and Images of Renaissance Italy* (Oxford, 1995), 87–110, は，次の書の要点をおさえている。Skinner, *Reason*

and Rhetoric in the Philosophy of Hobbes (Cambridge, 1996); Skinner, *Liberty Before Liberalism* (Cambridge, 1998)［クェンティン・スキナー（梅津順一訳）『自由主義に先立つ自由』聖学院大学出版会，2001］; Skinner and Martin van Gelderen (eds.), *Republicanism: A Shared European Heritage*, 2 vols. (Cambridge, 2002); Skinner, 'A Genealogy of the Modern State', *Proceedings of the British Academy* 162 (2009), 325–70; and Skinner and van Gelderen (eds.), *Freedom and the Construction of Europe*, 2 vols. (Cambridge, 2013). 次と比較のこと。Darrin M. McMahon, 'The Return of the History of Ideas?', in McMahon and Moyn (eds.), *Rethinking Modern European Intellectual History*, 13–31; Armitage, 'What's the Big Idea?'.

(33) David Knowles, *The Historian and Character* (Cambridge, 1955).

(34) John Emerich Edward Dalberg Acton, *Lectures on Modern History* (London, 1906), 14.

(35) Elie Halévy, *Histoire du peuple anglais au XIXe siècle, I: L'Angleterre en 1815* (Paris, 1913); Robert Graves, *The Long Week-End: A Social History of Great Britain, 1918–1939* (London, 1940).

(36) Kingsley Amis, *Lucky Jim* (1953) (New York, 2012), 9［キングズレー・エイミス（福田陸太郎訳）『ラッキー・ジム』三笠書房，1958，11頁］; David Cannadine, 'British History: Past, Present - and Future?', *Past and Present* 116 (1987), 177.

(37) E. P. Thompson, *The Making of the English Working Class* (London, 1963)［エドワード・P・トムソン（市橋秀夫・芳賀健一訳）『イングランド労働者階級の形成』青弓社，2003］; Eugene D. Genovese, *Roll, Jordan, Roll: The World the Slaves Made* (New York, 1974).

(38) Joan Wallach Scott, *The Glassworkers of Carmaux: French Craftsmen and Political Action in a Nineteenth-Century City* (Cambridge, MA, 1974); William Sewell, Jr, *Work and Revolution in France: The Language of Labor from the Old Regime to 1848* (Cambridge, 1980).

(39) Michel Foucault, *Discipline and Punish: The Birth of the Prison* (trans.) Alan Sheridan (New York, 1979)［ミシェル・フーコー（田村俶訳）『監獄の誕生 ── 監視と処罰』新潮社，1977］; Jürgen Habermas, *The Structural Transformation of the Public Sphere: An Inquiry into a Category of Bourgeois Society* (trans.) Thomas Burger with the assistance of Frederick Lawrence (Cambridge, MA, 1989)［ユルゲン・ハーバーマス（細谷貞雄・山田正行訳）『公共性の構造転換 ── 市民の1カテゴリーについての探究』未来社，第2版，1994］.

(40) Thomas Laqueur, *Making Sex: Body and Gender from the Greeks to Freud* (Cambridge, MA, 1990)［トマス・ラカー（高井宏子・細谷等訳）『セックスの発明 ── 性差の観念史と解剖学のアポリア』工作舎，1998］; Theodore M.

Porter, *Trust in Numbers: The Pursuit of Objectivity in Science and Public Life* (Princeton, NJ, 1995)［セオドア・M・ポーター（藤垣裕子訳）『数値と客観性 —— 科学と社会における信頼の獲得』みすず書房，2013］; Miles Ogborn, *Spaces of Modernity: London's Geographies, 1680–1780* (London, 1998); Vanessa R. Schwartz, *Spectacular Realities: Early Mass Culture in Fin-de-Siècle Paris* (Berkeley, 1998).

(41) Florence N. McCoy, *Researching and Writing in History: A Practical Handbook for Students* (Berkeley, 1974), 3–6.

(42) Paul Bew, *Land and the National Question in Ireland, 1858–82* (Atlantic Highlands, NJ, 1979); L. M. Cullen, 'Review', *The Agricultural History Review* 28 (1980), 140.

(43) Rodney Barker, *Political Ideas in Modern Britain: In and After the Twentieth Century* (London, 1978); Leon D. Epstein, 'Review', *Albion: A Quarterly Journal Concerned with British Studies* 11 (1979), 189–90.

(44) Arthur Schlesinger, Sr, *The Rise of the City, 1878–98* (New York, 1933); Donald Fleming *et al.*, 'Arthur Meier Schlesinger: February 27, 1888-October 30, 1965', *The Journal of Negro History* 5 (1967), 147.

(45) Daniel T. Rodgers, *Age of Fracture* (Cambridge, MA, 2011), 255.

(46) Bernard Bailyn, 'The Challenge of Modern Historiography', *American Historical Review* 87 (1982), 2, 4, 7–8.

(47) R. R. Palmer, 'A Century of French History in America', *French Historical Studies* 14 (1985), 173–4; David Armitage, 'Foreword', in Palmer, *The Age of the Democratic Revolution: A Political History of Europe and America, 1760–1800*, new edn (Princeton, NJ, 2014), xv–xxii.

(48) Cannadine, 'British History: Past, Present - And Future?', 176, 177.

(49) Peter Novick, *That Noble Dream: The 'Objectivity Question' and the American Historical Profession* (Cambridge, 1988), 577–92; Jean-François Lyotard, *La Condition postmoderne. Rapport sur le savoir* (Paris, 1979), 7［ジャン＝フランソワ・リオタール（小林康夫訳）『ポスト・モダンの条件 —— 知・社会・言語ゲーム』書肆風の薔薇，星雲社（発売），1986，8～9頁］.

(50) Jean Heffer, 'Is the *Longue Durée* Un-American?', *Review* 24 (2001), 137.

(51) William A. Green, 'Periodization in European and World History', *Journal of World History* 3 (1992), 13.

(52) Rebecca Amato and Jeffrey T. Manuel, 'Using Radical Public History Tours to Reframe Urban Crime', *Radical History Review*, 113 (2012), 212–24; Jo Guldi, 'Landscape and Place', in Simon Gunn and Lucy Faire (eds.), *Research Methods for History* (Edinburgh, 2012), 66–80.

(53) Jared Diamond, *Collapse: How Societies Choose to Fail or Succeed* (London,

2005)［ジャレド・ダイアモンド（楡井浩訳）『文明崩壊 ── 滅亡と存続の命運を分けるもの（上）（下）』草思社，2012］; A. J. P. Taylor, *The Origins of the Second World War* (London, 1961), 102［A・J・P・テイラー（吉田輝夫訳）『第２次世界大戦の起源』講談社学術文庫，2011，186頁］.

(54) Jason Long, 'Rural-Urban Migration and Socio-economic Mobility in Victorian Britain', *The Journal of Economic History* 65 (2005), 1–35; Long, 'The Surprising Social Mobility of Victorian Britain', *European Review of Economic History* 17 (2013), 1–23; Joel Mokyr, 'Entrepreneurship and the Industrial Revolution in Britain', in David S. Landes, Joel Mokyr, and William J. Baumol, eds., *The Invention of Enterprise: Entrepreneurship from Ancient Mesopotamia to Modern Times* (Princeton, NJ, 2012), 183–210; Andrew Godley and Mark Casson, 'History of Entrepreneurship: Britain, 1900–2000', in Landes, Mokyr, and Baumol, eds., *The Invention of Enterprise*, 243–72.

(55) Patrick Joyce, *Work, Society, and Politics: The Culture of the Factory in Later Victorian England* (Brighton, 1980); Gareth Stedman Jones, *Languages of Class: Studies in English Working Class History, 1832–1982* (Cambridge, 1983); Joyce, *Visions of the People: Industrial England and the Question of Class, 1848–1914* (Cambridge, 1991); James Vernon, *Politics and the People: A Study in English Political Culture, c. 1815–1867* (New York, 1993); James Epstein, *Radical Expression: Political Language, Ritual, and Symbol in England, 1790–1850* (New York, 1994); Epstein, *In Practice: Studies in the Language and Culture of Popular Politics in Modern Britain* (Stanford, 2003).

(56) David R. Green, 'Pauper Protests: Power and Resistance in Early Nineteenth-Century London Workhouses', *Social History* 31 (2006), 137–59; Green, *Pauper Capital London and the Poor Law, 1790–1870* (Farnham, 2010); David Englander, *Poverty and Poor Law Reform in Nineteenth-Century Britain, 1834–1914: From Chadwick to Booth* (London, 2013).

(57) Philip T. Hoffman *et al*., 'Real Inequality in Europe Since 1500', *The Journal of Economic History* 62 (2002), 322–55.

(58) Gareth Stedman Jones, *Outcast London: A Study in the Relationship Between Classes in Victorian Society* (Oxford, 1971).

(59) Johnson and Nicholas, 'Male and Female Living Standards in England and Wales, 1812–1867', 470–81; Robert J. Barro, 'Democracy and Growth', *Journal of Economic Growth* 1 (1996), 1–27; Jakob B. Madsen, James B. Ang, and Rajabrata Banerjee, 'Four Centuries of British Economic Growth: The Roles of Technology and Population', *Journal of Economic Growth* 15 (2010), 263–90; Morgan Kelly and Cormac Ó Gráda, 'Numerare Est Errare: Agricultural Output and Food Supply in England Before and During the Industrial Revolution', *The Journal of*

Economic History 73（2013）, 1132–63.

（60） R. M. Hartwell, 'The Rising Standard of Living in England, 1800–1850', *The Economic History Review* 13（1961）, 397–416.

（61） Sara Horrell, David Meredith, and Deborah Oxley, 'Measuring Misery: Body Mass, Ageing and Gender Inequality in Victorian London', *Explorations in Economic History* 46（2009）, 93–119; Sébastien Rioux, 'Capitalism and the Production of Uneven Bodies: Women, Motherhood and Food Distribution in Britain c. 1850–1914', *Transactions of the Institute of British Geographers*,（2014）: doi:10. 1111/tran.12063.

（62） Sara Horrell, 'The Wonderful Usefulness of History', *The Economic Journal* 113（2003）, F180–F186.

（63） Karl Gunnar Persson, 'The Malthus Delusion', *European Review of Economic History* 12（2008）, 165–73.

第三章

（1） Garrett Hardin, 'The Tragedy of the Commons', *Science* 162（1968）, 1243–8; David Feeny *et al.*, 'The Tragedy of the Commons: Twenty-Two Years Later', Human Ecology 18（1990）, 1–19; Hardin, 'Extensions of "The Tragedy of the Commons"', *Science* 280（1998）, 682–3.

（2） Harrison Brown, *The Challenge of Man's Future*（New York, 1954）; Georg Borgstrom, *The Hungry Planet*（New York, 1965）; Paul Ehrlich,*The Population Bomb*（New York, 1968）; Matthew Connelly, *Fatal Misconception: The Struggle to Control World Population*（Cambridge, MA, 2008）; Alison Bashford, *Global Population: History, Geopolitics, and Life of Earth*（New York, 2014）.

（3） Janine Delaunay（ed.）, *Halte à la Croissance? Enquête sur le Club de Rome*（Paris, 1972）; Donella H. Meadows, Dennis L. Meadows, Jorgen Randers, and William W. Behrens, III, *The Limits to Growth*（New York, 1972）; Fernando Elichigority, *Planet Management: Limits to Growth, Computer Simulation, and the Emergence of Global Spaces*（Evanston, 1999）; Clément Levallois, 'Can De-Growth Be Considered a Policy Option? A Historical Note on Nicholas Georgescu-Roegen and the Club of Rome', *Ecological Economics* 69（2010）, 2272; Josh Eastin, Reiner Grundmann, and Aseem Prakash, 'The Two Limits Debates: "Limits to Growth" and Climate Change', *Futures* 43（2011）, 16–26.

（4） Hal Lindsay, The Late Great Planet Earth（Grand Rapids, MI, 1970）［ハル・リンゼイ（湖浜馨訳）『地球最後の日』いのちのことば社，1973］; Daniel Wojcik, 'Embracing Doomsday: Faith, Fatalism, and Apocalyptic Beliefs in the Nuclear Age', *Western Folklore* 55（1996）, 305; Karl Butzer and George Endfield, 'Critical Perspectives on Historical Collapse', *Proceedings of the Na-*

tional Academy of Science 109 (2012), 3628–31.

(5)　Martin Rees, *Our Final Century?: Will the Human Race Survive the Twenty-first Century?* (London, 2003) [マーティン・リース（堀千恵子訳）『今世紀で人類は終わる？』草思社，2007]. 本書は合衆国では以下のタイトルで出版された。Rees, *Our Final Hour: A Scientist's Warning: How Terror, Error, and Environmental Disaster Threaten Humankind's Future in This Century - On Earth and Beyond* (New York, 2003); Jared Diamond, *Collapse: How Societies Choose to Fail or Succeed* (London, 2005); Vaclav Smil, *Global Catastrophes and Trends: The Next 50 Years* (Cambridge, MA, 2008); James Lovelock, *The Vanishing Face of Gaia: A Final Warning* (New York, 2009); Ian Sample, 'World Faces "Perfect Storm" of Problems by 2030, Chief Scientist to Warn', *Guardian* (18 March 2009): hwww.guardian.co.uk/science/2009/mar/18/perfect-storm-john-beddington- energy-food-climate; David R. Montgomery, *Dirt: The Erosion of Civilizations* (Berkeley, 2012).

(6)　Clark A. Miller, 'Climate Science and the Making of a Global Political Order', in Sheila Jasanoff (ed.), *States of Knowledge: The Co-Production of Science and Social Order* (London, 2004), 46–66; Naomi Oreskes, 'The Scientific Consensus on Climate Change', *Science* 306 (2004), 1686; Mike Hulme, 'Reducing the Future to Climate: A Story of Climate Determinism and Reductionism', *Osiris* 26 (2011), 245–66; R. Agnihotri and K. Dutta, 'Anthropogenic Climate Change: Observed Facts, Projected Vulnerabilities and Knowledge Gaps', in R. Sinha and R. Ravindra (eds.), *Earth System Processes and Disaster Management* (Berlin, 2013), 123–37.

(7)　Hulme は気候学者に見られる，特に歴史の担い手を説明する際の「気候還元主義」を非難している。Richard Peet, 'The Social Origins of Environmental Determinism', *Annals of the Association of American Geographers* 75 (1985), 309–33; David N. Livingstone, 'Race, Space and Moral Climatology: Notes toward a Genealogy', *Journal of Historical Geography* 28 (2002), 159–80; Christopher D. Merrett, 'Debating Destiny: Nihilism or Hope in Guns, Germs, and Steel?', *Antipode* 35 (2003), 801–6; Andrew Sluyter, 'Neo-Environmental Determinism, Intellectual Damage Control, and Nature/Society Science', *Antipode* 35 (2003), 813–17; Christina R. Foust and William O'Shannon Murphy, 'Revealing and Reframing Apocalyptic Tragedy in Global Warming Discourse', *Environmental Communication* 32 (2009), 151–67; Hulme, 'Reducing the Future to Climate', 246.

(8)　Nicholas Stern *et al.*, *The Economics of Climate Change: The Stern Review* (Cambridge, 2007); William D. Nordhaus, 'A Review of the "Stern Review on the Economics of Climate Change"', *Journal of Economic Literature* 45 (2007), 686; 'No Need to Panic About Global Warming', W*all Street Journal*, 27 January

2012, sec. Opinion: http://online.wsj.com/news/articles/SB10001424052970204301404577171531838421366?mg¼ reno64-wsj&url¼http%3A%2F%2Fonline.wsj.com%2Farticle%2FSB10001424052970204301404577171531838421366.html.

（9） Gene M. Grossman and Alan B. Krueger, Economic Growth and the Environment, National Bureau of Economic Research, *Working Paper* 4634 (1994): http://www.nber.org/papers/w4634; Nemat Shafik, 'Economic Development and Environmental Quality: An Econometric Analysis', *Oxford Economic Papers* 46 (1994), 757–73; Bjørn Lomborg, *The Skeptical Environmentalist: Measuring the Real State of the World* (Cambridge, 2001). Grossman と Krueger の「諸社会は新しい技術を利用する驚くべき才能を発揮してきた」(ibid., p. 1) との長期的世界観は David Landes と Joel Mokyr の特徴である工業化の楽観主義的な歴史学を土台としている。

（10） たとえば，以下を参照。Richard E. Neustadt and Ernest R. May, *Thinking in Time: The Uses of History for Decision-Makers* (New York, 1986) [R. E. ニュースタット／E. R. メイ（臼井久和 他訳）『ハーバード流歴史活用法 ── 政策決定の成功と失敗』三嶺書房，1996]; C. A. Bayly, Vijayendra Rao, Simon Szreter, and Michael Woolcock (eds.), *History, Historians and Development Policy: A Necessary Dialogue* (Manchester, 2011).

（11） Paul J. Crutzen, 'Geology of Mankind', *Nature*, 415 (2002), 23; Will Steffen, Paul J. Crutzen, and John R. McNeill, 'The Anthropocene: Are Humans Now Overwhelming the Great Forces of Nature?', *AMBIO: A Journal of the Human Environment* 36 (2007), 614–21; Steffen, J. Grinevald, Paul J. Crutzen, and John R. McNeill, 'The Anthropocene: Conceptual and Historical Perspectives', *Philosophical Transactions of the Royal Society A: Mathematical, Physical and Engineering Sciences* 369 (2011), 842–67.

（12） Libby Robin, 'Histories for Changing Times: Entering the Anthropocene?', *Australian Historical Studies* 44 (2013), 330.

（13） Erle C. Ellis and N. Ramankutty, 'Putting People in the Map: Anthropogenic Biomes of the World', *Frontiers in Ecology and the Environment* 6 (2008), 439–47; Jed O. Kaplan, Kristen M. Krumhardt, Erle C. Ellis, William F. Ruddiman, Carsten Lemmen, and Kees Klein Goldewijk, 'Holocene Carbon Emissions as a Result of Anthropogenic Land Cover Change', *The Holocene* 21 (2011), 775–91. 以下も参照。*Integrated History and Future of People on Earth* (IHOPE). これは長い時間尺度の気候変動の物語を組み入れるために人文科学者も参加した気候学者の研究課題（ihope.org.）である。

（14） Frank Biermann, '"Earth System Governance" as a Crosscutting Theme of Global Change Research', *Global Environmental Change* 17 (2007), 326–37; Frank Biermann and Ingrid Boas, 'Preparing for a Warmer World: Towards a

Global Governance System to Protect Climate Refugees', *Global Environmental Politics* 10 (2010), 60–88; Biermann et al., 'Navigating the Anthropocene: Improving Earth System Governance', *Science* 335 (2012), 1306–7: http://ie.environment.arizona.edu/files/env/ Biermann%20et%20al_2012_Science_Anthropocene.pdf.

(15) Chi-Jen Yang and Michael Oppenheimer, 'A "Manhattan Project" for Climate Change?', *Climatic Change* 80 (2007), 199–204; Larry Lohmann, 'Carbon Trading, Climate Justice and the Production of Ignorance: Ten Examples', *Development* 51 (2008), 359–65; Jaap C. J. Kwadijk *et al.*, 'Using Adaptation Tipping Points to Prepare for Climate Change and Sea Level Rise: A Case Study in the Netherlands', *Wiley Interdisciplinary Reviews: Climate Change* 1 (2010), 729–40.

(16) Kees Klein Goldewijk, 'Estimating Global Land Use Change over the Past 300 Years: The HYDE Database', *Global Biogeochemical Cycles* 15 (2001), 417–33; Goldewijk, 'Three Centuries of Global Population Growth: A Spatial Referenced Population (Density) Database for 1700–2000', *Population and Environment* 26 (2005), 343–67; Erle C. Ellis et al., 'Anthropogenic Transformation of the Biomes, 1700 to 2000', *Global Ecology and Biogeography* 19 (2010), 589–606; Goldewijk *et al.*, 'The HYDE 3. 1 Spatially Explicit Database of Human-Induced Global Land-Use Change over the Past 12, 000 Years', *Global Ecology and Biogeography* 20 (2011), 73–86; Erle C. Ellis et al., 'Used Planet: A Global History', *Proceedings of the National Academy of Sciences* 110 (2013), 7978–85.

(17) Anil Markandya, 'Can Climate Change Be Reversed under Capitalism?', *Development and Change* 40 (2009), 1141.

(18) David I. Stern and Michael S. Common, 'Is There an Environmental Kuznets Curve for Sulfur?', *Journal of Environmental Economics and Management* 41 (2001), 162–78; Stern 'The Rise and Fall of the Environmental Kuznets Curve', *World Development* 32 (2004), 1419–39.

(19) ドイツの歴史家たちは近世期のヨーロッパを通じて広がり，未伐採の森林のある開拓入植地，後には燃焼させる石炭と石油の探究を推進した森の危機を記録化した。彼らの仕事は，農民がいついかなる条件で自分たちが所有しない木の切り倒しに対する最大限の罰を受けたのかを記録した，ドイツじゅうの幾十もの地元の近隣村の裁判記録の検証を意味した。Paul Warde, 'Fear of Wood Shortage and the Reality of the Woodland in Europe, c. 1450–1850', *History Workshop Journal* 62 (2006), 28–57; Warde, *Ecology, Economy and State Formation in Early Modern Germany* (Cambridge, 2006). より一般的には以下を参照。Astrid Kander, Paolo Manamina, and Paul Warde, *Power to the People: Energy in Europe over the Last Five Centuries* (Princeton, NJ, 2014).

(20) Terje Tvedt, *The River Nile in the Age of the British: Political Ecology and*

the Quest for Economic Power (London, 2004); Terje Tvedt *et al., A History of Water*, 3 vols. (London, 2006); Tvedt, Terje Oestigaard, and Richard Coopey, *A History of Water*, Series ii, 3 vols. (London, 2010).

(21) Terje Tvedt, *A Journey in the Future of Water* (London, 2014).

(22) Sabine Barles, 'Feeding the City: Food Consumption and Flow of Nitrogen, Paris, 1801–1914', *Science of the Total Environment* 375 (2007), 48–58; Barles and Laurence Lestel, 'The Nitrogen Question: Urbanization, Industrialization, and River Quality in Paris, 1830–1939', *Journal of Urban History* 33 (2007), 794–812; Barles, 'Urban Metabolism of Paris and Its Region', *Journal of Industrial Ecology* 13 (2009), 898–913; Gilles Billen *et al.*, 'The Food-Print of Paris: Long-Term Reconstruction of the Nitrogen Flows Imported into the City from Its Rural Hinterland', *Regional Environmental Change* 9 (2009), 13–24; Billen *et al.*, 'Grain, Meat and Vegetables to Feed Paris: Where Did and Do They Come from? Localising Paris Food Supply Areas from the Eighteenth to the Twenty-First Century', *Regional Environmental Change* 12 (2012), 325–35.

(23) Christopher Hamlin, 'Sewage: Waste or Resource?', *Environment: Science and Policy for Sustainable Development* 22 (1980), 16–42; E. Marald, 'Everything Circulates: Agricultural Chemistry and Recycling Theories in the Second Half of the Nineteenth Century', *Environment and History* 8 (2002), 65–84; Timothy Cooper, 'Peter Lund Simmonds and the Political Ecology of Waste Utilization in Victorian Britain', *Technology and Culture* 52 (2011), 21–44; Peter Thorsheim, 'The Corpse in the Garden: Burial, Health, and the Environment in Nineteenth-Century London', *Environmental History* 16 (2011), 38–68.

(24) Joan Thirsk, *Alternative Agriculture: A History from the Black Death to the Present Day* (Oxford, 1997); Martin Mulligan and Stuart Hill, *Ecological Pioneers: A Social History of Australian Ecological Thought and Action* (Cambridge, 2001); Paul B. Thompson, *The Agrarian Vision: Sustainability and Environmental Ethics* (Lexington, KY, 2010).

(25) Robin, 'Histories for Changing Times', 339–40.

(26) Joshua J. Yates, 'Abundance on Trial: The Cultural Significance of "Sustainability"', *The Hedgehog Review* 14 (2012), 22.

(27) Yates, 'Abundance on Trial', 12.

(28) Mulligan and Hill, *Ecological Pioneers.*

(29) Anil Agarwal and Sunita Narain, *Global Warming in an Unequal World: A Case of Environmental Colonialism* (New Delhi, 1991); Andreas Malm and Alf Hornborg, 'The Geology of Mankind? A Critique of the Anthropocene Narrative', *The Anthropocene Review* (2014): doi:10. 1177/2053019613516291. 環境史に対する批判の重要性についての正反対の見解として，以下を参照。Paul S. Sut-

ter, 'The World with Us: The State of American Environmental History', *Journal of American History* 100 (2013), 98.

(30) James C. Scott, *Seeing Like a State: How Certain Schemes to Improve the Human Condition Have Failed* (New Haven, 1998); Fredrik Albritton Jonsson, *Enlightenment's Frontier: The Scottish Highlands and the Origins of Environmentalism* (New Haven, 2013).

(31) Malm and Hornborg, 'The Geology of Mankind?', 3. この引用文中にあるさらなる引用文は以下から。John Lewis Gaddis, *The Landscape of History* (Oxford, 2002), 96［ジョン・L・ギャディス（浜林正夫・柴田知薫子訳）『歴史の風景 ── 歴史家はどのように過去を描くのか』大月書店，2004，123頁，訳注も］.

(32) Peter Linebaugh, 'Enclosures from the Bottom Up', *Radical History Review* 108 (2010), 11–27; Anant Maringanti *et al.*, 'Tragedy of the Commons Revisited (i)', *Economic and Political Weekly* 47 (2012), 10–13; Michael Heller, 'The Tragedy of the Anticommons: A Concise Introduction and Lexicon', *The Modern Law Review* 76 (2013), 6–25; Kenneth R. Olwig, 'Globalism and the Enclosure of the Landscape Commons', in Ian D. Rotherham (ed.), *Cultural Severance and the Environment: The Ending of Traditional and Customary Practice on Commons and Landscapes Managed in Common* (Dordrecht, 2013), 31–46. コモンズの歴史についての学識豊かな研究は以下を参照。Elinor Ostrom et al., *Digital Library of the Commons*: http://dlc.dlib.indiana.edu/dlc/. Ostrom 自身のコモンズの研究は，歴史的持続というより，コモンズの超持続性の特徴となりそうな抽象原理の抽出についてである。ヨーロッパのコモンズの囲い込みに関する以下の文献はこれについて考えるのに有益である。Leigh Shaw-Taylor, 'Parliamentary Enclosure and the Emergence of an English Agricultural Proletariat', *Journal of Economic History* 61 (2001), 640–62.

(33) Marsha L. Weisiger, *Dreaming of Sheep in Navajo Country* (Seattle, 2009).

(34) Nathan F. Sayre, 'The Genesis, History, and Limits of Carrying Capacity', *Annals of the Association of American Geographers* 98 (2008), 120–34.

(35) Connelly, *Fatal Misconception*; Bashford, *Global Population*.

(36) Michael Redclift, 'Sustainable Development (1987–2005): An Oxymoron Comes of Age', *Sustainable Development* 13 (2005), 212–27; Chris Sneddon, Richard B. Howarth, and Richard B. Norgaard, 'Sustainable Development in a Post-Brundtland World', *Ecological Economics* 57 (2006), 253–68; Paul B. Thompson, *The Agrarian Vision: Sustainability and Environmental Ethics* (Lexington, KY, 2010), 197–200.

(37) Angus Burgin, *The Great Persuasion: Reinventing Free Markets Since the Depression* (Cambridge, MA, 2012).

(38) David Harvey, *A Brief History of Neoliberalism* (Oxford, 2005)［デヴィッ

ド・ハーヴェイ（森田成也他訳）『新自由主義 ── その歴史的展開と現在』作品社，2007］; Wolfgang Streeck, *Buying Time: The Delayed Crisis of Democratic Capitalism* (London, 2014).

（39） Eric Schmidt and Jared Cohen, *The New Digital Age: Transforming Nations, Businesses, and Our Lives* (New York, 2014).

（40） Francis Fukuyama, *The End of History and the Last Man* (New York, 1992); Samuel P. Huntington, *The Clash of Civilizations and the Remaking of World Order* (New York, 1996)［サミュエル・ハンチントン（鈴木主税訳）『文明の衝突』集英社，1998］.

（41） Errol Henderson, 'Culture or Contiguity? Ethnic Conflict, the Similarity of States, and the Onset of Interstate War, 1820–1989', *Journal of Conflict Resolution* 41 (1997), 649–68; Henderson, 'The Democratic Peace through the Lens of Culture, 1820–1989', *International Studies Quarterly* 42 (1998), 461–84; Manus I. Midlarsky, 'Democracy and Islam: Implications for Civilizational Conflict and the Democratic Peace', *International Studies Quarterly* 42 (1998), 485–511; Eric Weede, 'Islam and the West: How Likely Is a Clash of These Civilizations?', *International Review of Sociology* 8 (1998), 183–95; Bruce M. Russett, John R. Oneal, and Michaelene Cox, 'Clash of Civilizations, or Realism and Liberalism Déjà Vu? Some Evidence', *Journal of Peace Research* 37 (2000), 583–608; Giacomo Chiozza, 'Is There a Clash of Civilizations? Evidence from Patterns of International Conflict Involvement, 1946–97', *Journal of Peace Research* 39 (2002), 711–34; Tanja Ellingsen, 'Toward a Revival of Religion and Religious Clashes?', *Terrorism and Political Violence* 17 (2005), 305–32; Kunihiko Imai, 'Culture, Civilization, or Economy? Test of the Clash of Civilizations Thesis', *International Journal on World Peace* 23 (2006), 3–26; Mustafa Aydin and Çınar Özen, 'Civilizational Futures: Clashes or Alternative Visions in the Age of Globalization?', *Futures, Special Issue: Futures for Multiple Civilizations*, 42 (2010), 545–52; Alexis Pasichny, 'Two Methods of Analysis for Huntington's "Clash of Civilizations"', *Challenges of Modern Technology* 3 (2012): http://yadda.icm.edu.pl/baztech/element/bwmeta1.element.baztech-ddff88f7-7650-49d5-8164-033422b0de1e/c/Pasichny.pdf.

（42） Shireen Hunter and Huma Malik, *Modernization, Democracy, and Islam* (Westport, CT, 2005).

（43） David Graeber, *Debt: The First 5,000 Years* (Brooklyn, NY, 2010)［デヴィッド・グレーバー（酒井隆史監訳）『負債論 ── 貨幣と暴力の5000年』以文社，2016］.

（44） David Armitage, *The Declaration of Independence: A Global History* (Cambridge, MA, 2007)［D・アーミテイジ（平田雅博・岩井淳・菅原秀二・細川道久訳）『独立宣言の世界史』ミネルヴァ書房，2012］; Andreas Wimmer and Yuval

Feinstein, 'The Rise of the Nation-State Across the World, 1816 to 2001', *American Sociological Review* 75 (2010), 764–90.

(45) Michael Goldman, *Imperial Nature: The World Bank and Struggles for Social Justice in the Age of Globalization* (New Haven, 2005) [マイケル・ゴールドマン (山口富子訳)『緑の帝国 —— 世界銀行とグリーン・ネオリベラリズム』京都大学学術出版会, 2008]; Amy L. Sayward, *The Birth of Development: How the World Bank, Food and Agriculture Organization, and World Health Organization Changed the World, 1945–1965* (Kent, OH, 2006); Mark Mazower, *Governing the World: The History of an Idea* (London, 2012) [マーク・マゾワー (依田卓巳訳)『国際協調の先駆者たち —— 理想と現実の200年』ＮＴＴ出版, 2015]; Patricia Clavin, *Securing the World Economy: The Reinvention of the League of Nations, 1920–1946* (Oxford, 2013).

(46) Angus Lindsay Wright, *To Inherit the Earth: The Landless Movement and the Struggle for a New Brazil* (Oakland, CA, 2003); Wendy Wolford, *This Land Is Ours Now: Social Mobilization and the Meanings of Land in Brazil* (Durham, NC, 2010).

(47) Jo Guldi, *Roads to Power: Britain Invents the Infrastructure State* (Cambridge, MA, 2012).

(48) Fred Turner, *From Counterculture to Cyberculture: Stewart Brand, the Whole Earth Network, and the Rise of Digital Utopianism* (Chicago, 2006); Mathew Hilton, 'Politics Is Ordinary: Non-Governmental Organizations and Political Participation in Contemporary Britain', *Twentieth Century British History* 22 (2011), 230–68; Jo Guldi, 'Can Participatory Maps Save the World?' (talk at Brown University, 7 November 2013): https://www.youtube.com/watch?v¼tYL4pVUW7Lg&list¼PLTiEffrOcz_7MwEs7L79ocdSIVhuLXM22&index¼11.

(49) Penny Summerfield, 'Mass-Observation: Social Research or Social Movement?', *Journal of Contemporary History* 20 (1985), 439–52; David Matless, 'Regional Surveys and Local Knowledges: The Geographical Imagination in Britain, 1918–39', *Transactions of the Institute of British Geographers*, New Series, 17 (1992), 464–80; Matless, 'The Uses of Cartographic Literacy: Mapping, Survey and Citizenship in Twentieth-Century Britain', in Dennis E. Cosgrove (ed.), *Mappings* (London, 1999), 193–212; James Hinton, *The Mass Observers: A History, 1937–1949* (Oxford, 2013).

(50) David Ludden, 'Patronage and Irrigation in Tamil Nadu: A Long-Term View', *Indian Economic & Social History Review* 16 (1979), 347–65; Christopher Hamlin, *Public Health and Social Justice in the Age of Chadwick: Britain, 1800–1854* (Cambridge, 1998); Timothy Mitchell, *Rule of Experts: Egypt, Techno-Politics, Modernity* (Berkeley, 2002); Rohan D'Souza, *Drowned and Damned: Colo-*

nial Capitalism and Flood Control in Eastern India (New Delhi, 2006).

(51) Terje Tvedt, 'NGOs' Role at "The End of History" : Norwegian Policy and the New Paradigm', *Forum for Development Studies* 21 (1994), 139–66; J. Petras, 'Imperialism and NGOs in Latin America', *Monthly Review* - New York 49 (1997), 10–27; Akira Iriye, 'A Century of NGOs', *Diplomatic History* 23 (1999), 421–35; Diana Mitlin, Sam Hickey, and Anthony Bebbington, 'Reclaiming Development? NGOs and the Chal- lenge of Alternatives', *World Development* 35 (2007), 1699–720.

(52) John Markoff and Verónica Montecinos, 'The Ubiquitous Rise of Economists', *Journal of Public Policy* 13 (1993), 37–68; Marion Fourcade, 'The Construction of a Global Profession: The Transnationalization of Economics', *American Journal of Sociology*, 112 (2006), 145–94.

(53) Richard White, *Railroaded: The Transcontinentals and the Making of Modern America* (New York, 2011).

(54) Nick Cullather, '"The Target Is the People" : Representations of the Village in Modernization and US National Security Doctrine', *Cultural Politics: An International Journal* 2 (2006), 29–48; Cullather, 'The Foreign Policy of the Calorie', *The American Historical Review* 112 (2007), 337–64; Greg Grandin, *Fordlandia: The Rise and Fall of Henry Ford's Forgotten Jungle City* (New York, 2009); Cullather, *The Hungry World: America's Cold War Battle Against Poverty in Asia* (Cambridge, MA, 2010).

(55) Richard R. Nelson and Sydney G. Winter, *An Evolutionary Theory of Economic Change* (Cambridge, MA, 1982)［リチャード・R. ネルソン／シドニー・G. ウィンター（後藤晃・角南篤・田中辰雄訳）『経済変動の進化理論』慶應義塾大学出版会，2007］; Nelson and Winter, 'Evolutionary Theorizing in Economics', *Journal of Economic Perspectives* 16 (2002), 23–46.

(56) Zachary Karabell, *The Leading Indicators: A Short History of the Numbers that Rule Our World* (New York, 2014), 52–72.

(57) Thomas Piketty, *Le Capital au XXIe siècle* (Paris, 2013); Piketty, *Capital in the Twenty-First Century* (trans.) Arthur Goldhammer (Cambridge, MA, 2014)［トマ・ピケティ（山形浩生・守岡桜・森本正史訳）『21世紀の資本』みすず書房，2014］.

(58) Piketty, *Capital in the Twenty-First Century*, 11–17.

(59) Simon Kuznets and Elizabeth Jenks, *Shares of Upper Income Groups in Income and Savings* (Cambridge, MA, 1953); Simon Kuznets, 'Economic Growth and Income Inequality', *American Economic Review* 45 (1955), 1–28.

(60) Chris Giles, 'Data Problems with Capital in the 21st Century': http:// blogs. ft.com/money-supply/2014/05/23/data-problems-with-capital-in- the-21st-

century; Thomas Piketty, 'Technical Appendix of the Book,Capital in the 21st Century' (21 May 2014): http://piketty.pse.ens.fr/files/capital21c/en/Piketty2014TechnicalAppendixResponsetoFT.pdf.

(61) Ian Hacking, *The Emergence of Probability: A Philosophical Study of Early Ideas About Probability, Induction and Statistical Inference* (Cambridgc, 1975) [イアン・ハッキング(広田すみれ・森元良太訳)『確率の出現』慶應義塾大学出版会, 2013]; Theodore M. Porter, *The Rise of Statistical Thinking, 1820–1900* (Princeton, NJ, 1986); Ian Hacking, *The Taming of Chance* (Cambridge, 1990) [イアン・ハッキング(石原英樹・重田園江訳)『偶然を飼いならす —— 統計学と第二次科学革命』木鐸社, 1999]; Porter, *Trust in Numbers: The Pursuit of Objectivity in Science and Public Life* (Princeton, NJ, 1995) [セオドア・M. ポーター(藤垣裕子訳)『数値と客観性 —— 科学と社会における信頼の獲得』みすず書房, 2013]; Alain Desrosières, *The Politics of Large Numbers: A History of Statistical Reasoning* (Cambridge, MA, 2002); Michael Ward, *Quantifying the World: UN Ideas and Statistics* (Bloomington, IN, 2004); Karabell, *The Leading Indicators*.

(62) Sebastian De Grazia, *Of Time, Work, and Leisure* (New York, 1962); Ivan Illich, *Toward a History of Needs* (New York, 1978).

(63) Facundo Alvaredo, Anthony Atkinson, Thomas Piketty, and Emmanuel Saez, 'The World Top Incomes Database': http://topincomes.par- isschoolofeconomics.eu/.

(64) Piketty, *Capital in the Twenty-First Century*, 33.

(65) Tony Judt, 'A Clown in Regal Purple: Social History and the Historians', *History Workshop Journal* 7 (1979), 84–5 (特にスコットとシュウェルについて). しかしながら, Judt ジャッドは Braudel の長期持続が「歴史的事件の全面的な廃棄」に与える影響には批判的であり,「その結果, 微小で取るに足らない問題についての論文が山と現れた」。Ibid., 85.

(66) 以下に引用。Grace V. Leslie, 'Seven Hundred Pages of "Minor Revisions" from the Soviet Union: Caroline Ware, the UNESCO History of Mankind, and the Trials of Writing International History in a Bi-Polar World, 1954–66', paper presented at the annual meeting of the American Historical Association, New Orleans, Louisiana, 3 January 2013; ユネスコの企画に関してより一般的には以下を参照。Gilbert Allardyce, 'Toward World History: American Historians and the Coming of the World History Course', *Journal of World History* 1 (1990), 26–40.

(67) Frederick Cooper and Randall M. Packard (eds.), *International Development and the Social Sciences: Essays on the History and Politics of Knowledge* (Berkeley, 1997); Gilbert Rist, *The History of Development: From Western Origins to Global Faith* (New York, 2002); Nils Gilman, *Mandarins of the Future:*

Modernization Theory in Cold War America (Baltimore, 2007).

(68) Jean-Claude Passeron and Jacques Revel, 'Penser par cas. Raissoner à partir de singularités', in Passeron and Revel (eds.), *Penser par cas* (Paris, 2005), 9–44.

(69) Markoff and Montecinos, 'The Ubiquitous Rise of Economists'; Gerald D. Suttles and Mark D. Jacobs, *Front Page Economics* (Chicago, 2011).

(70) この時期へのエレジーには以下も含まれる。Russell Jacoby, *The Last Intellectuals: American Culture in the Age of Academe* (New York, 1987); Michael Bérubé and Cary Nelson (eds.), *Higher Education under Fire: Politics, Economics, and the Crisis of the Humanities* (New York, 1995); Richard A. Posner, *Public Intellectuals: A Study of Decline* (Cambridge, MA, 2003); Jo Guldi, 'The Surprising Death of the Public Intellectual: A Manifesto', *Absent* 1 (2008): http://archive.org/details/TheSurprisingDeathOfThe PublicIntellectualAManifestoForRestoration.

(71) Daniel Lord Smail, *On Deep History and the Brain* (Berkeley, 2008); Smail, 'Beyond the Longue Durée: Human History and Deep Time', *Perspectives on History*, 50 (2012), 59–60.

(72) Denis E. Cosgrove, *Apollo's Eye: A Cartographic Genealogy of the Earth in the Western Imagination* (Baltimore, 2001); John R. Gillis, *The Human Shore: Seacoasts in History* (Chicago, 2012).

(73) Constantin Fasolt, The Limits of History (Chicago, 2004), 19.

(74) Jeremy Adelman, 'Latin American Longues Durées', *Latin American Research Review* 39 (2004), 224; Thomas W. Laqueur, 'Sexuality and the Transformation of Culture: The *Longue Durée*', *Sexualities* 12 (2009), 418; Susan Gillman, 'Oceans of *Longues Durées*', *PMLA* 127 (2012), 328.

(75) Matthew Connelly, 'The Cold War in the *Longue Durée*: Global Migration, Public Health, and Population Control', in Melvyn P. Leffler and Odd Arne Westad (eds.), *The Cambridge History of the Cold War*, 3 vols. (Cambridge, 2009), iii 466–88; William M. Johnston, *Visionen der langen Dauer Österreichs* (Vienna, 2009); Suzanne L. Marchand, 'Orientalism and the *Longue Durée*', in Marchand, *German Orientalism in the Age of Empire: Religion, Race, and Scholarship*. (Cambridge, 2009), 1–52; Laurence Lux-Sterritt and Carmen M. Mangion, 'Gender, Catholicism and Women's Spirituality over the *Longue Durée*', in Lux-Sterritt and Mangion (eds.), *Gender, Catholicism and Spirituality: Women and the Roman Catholic Church in Britain and Europe, 1200–1900* (Basingstoke, 2011), 1–18; Alexander A. Bauer and Owen P. Doonan, 'Fluid Histories: Culture, Community, and the *Longue Durée* of the Black Sea World', in Ruxandra Ivan (ed.), *New Regionalism or No Regionalism?: Emerging Re-*

gionalism in the Black Sea Area (Farnham, 2012), 13–30; Dirk Hoerder, 'Migrations and Belongings: A *Longue-Durée* Perspective', in Emily S. Rosenberg (ed.), *A World Connecting, 1870–1945* (Cambridge, MA, 2012), 444–67; Julia Clancy-Smith, 'From Sidi Bou Zid to Sidi Bou Said: A *Longue Durée* Approach to the Tunisian Revolutions', in Mark L. Haas and David W. Lesch (eds.), *The Arab Spring: Change and Resistance in the Middle East* (Boulder, CO, 2013), 13–34; Jörn Leonhard, 'Introduction: The *Longue Durée* of Empire: Comparative Semantics of a Key Concept in Modern European History', *Contributions to the History of Concepts* 8 (2013), 1–25.

(76) Ben Kiernan, *Blood and Soil: A World History of Genocide and Extermination from Sparta to Darfur* (New Haven, 2007); Diarmaid MacCulloch, *A History of Christianity: The First Three Thousand Years* (London, 2009); Ian Morris, *Why the West Rules—For Now: The Patterns of History, and What They Reveal About the Future* (New York, 2010) ［イアン・モリス（北川知子訳）『人類5万年文明の興亡 —— なぜ西洋が世界を支配しているのか』上・下，筑摩書房，2014］; Max Boot, *Invisible Armies: An Epic History of Guerrilla Warfare from Ancient Times to the Present* (New York, 2012); Joyce E. Chaplin, *Round About the Earth: Circumnavigation from Magellan to Orbit* (New York, 2012); Lawrence Freedman, *Strategy: A History* (Oxford, 2013); Morris, *The Measure of Civilization: How Social Development Decides the Fate of Nations* (Princeton, 2013); David Nirenberg, *Anti-Judaism: The Western Tradition* (New York, 2013); Francisco Bethencourt, *Racisms: From the Crusades to the Twentieth Century* (Princeton, NJ, 2013).

(77) Cynthia Stokes Brown, *Big History: From the Big Bang to the Present* (New York, 2007); Fred Spier, *Big History and the Future of Humanity* (Chichester, 2010); David Christian, *Maps of Time: An Introduction to Big History*, new edn (Berkeley, 2011). 以下で扱われた問題は，長くて広大な時間と空間を含み込んでいるからではなく，全般的という意味での「ビッグ」である。Harriet Swain (ed.), *Big Questions in History* (London, 2005).

(78) Andrew Shryock and Daniel Lord Smail (eds.), *Deep History: The Architecture of Past and Present* (Berkeley, 2011); Smail and Shryock, 'History and the Pre', *American Historical Review* 118 (2013), 709–37.

(79) Dipesh Chakrabarty, 'The Climate of History: Four Theses', *Critical Inquiry* 35 (2009), 197–222; Chakrabarty, 'Postcolonial Studies and the Challenge of Climate Change', *New Literary History* 43 (2012), 1–18; Fredrik Albritton Jonsson, 'The Industrial Revolution in the Anthropocene', *The Journal of Modern History* 84 (2012), 679–96; Alison Bashford, 'The Anthropocene is Modern History: Reflections on Climate and Australian Deep Time', *Australian Historical Stud-*

ies 44 (2013), 341–9.
(80) James Vernon, *Distant Strangers: How Britain Became Modern* (Berkeley, 2014), 132.

第四章

(1) Ann Blair, 'Reading Strategies for Coping with Information Overload ca. 1550–1700', *Journal of the History of Ideas* 64 (2003), 11–28; Brian W. Ogilvie, 'The Many Books of Nature: Renaissance Naturalists and Information Overload', *Journal of the History of Ideas* 64 (2003), 29–40; Daniel Rosenberg, 'Early Modern Information Overload', *Journal of the History of Ideas* 64 (2003), 1–9; Ann Blair, Too Much to Know: *Managing Scholarly Information Before the Modern Age* (New Haven, 2010).
(2) Prabhakar Raghavan, 'It's Time to Scale the Science in the Social Sciences', *Big Data and Society* 1 (2014): doi:10. 1177/2053951714532240.
(3) たとえば以下を参照。David Geggus, 'Sex Ratio, Age and Ethnicity in the Atlantic Slave Trade: Data from French Shipping and Plantation Records', *The Journal of African History* 30 (1989), 23–44; Thomas C. Peterson and Russell S. Vose, 'An Overview of the Global Historical Climatology Network Temperature Database', *Bulletin of the American Meteorological Society* 78 (1997), 2837–49; Stephen C. Trombulak and Richard Wolfson, 'Twentieth-Century Climate Change in New England and New York, USA', *Geophysical Research Letters* 31 (2004), 1–4; Indra De Soysa and Eric Neumayer, 'Resource Wealth and the Risk of Civil War Onset: Results from a New Dataset of Natural Resource Rents, 1970–1999', *Conflict Management and Peace Science* 24 (2007), 201–18; David Eltis, 'The US Transatlantic Slave Trade, 1644–1867: An Assessment', *Civil War History* 54 (2008), 347–78; Nathan Nunn, 'The Long-Term Effects of Africa's Slave Trades', *The Quarterly Journal of Economics* 123 (2008), 139–76; Kenneth E. Kunkel *et al.*, 'Trends in Twentieth-Century US Snowfall Using a Quality-Controlled Dataset', *Journal of Atmospheric and Oceanic Technology* 26 (2009), 33–44; Nathan Nunn and Leonard Wantchekon, *The Slave Trade and the Origins of Mistrust in Africa* (National Bureau of Economic Research, 2009): www. nber.org/papers/w14783; David Eltis and David Richardson, 'The Trans-Atlantic Slave Trade Database Voyages: "Introductory Maps"', *Map* (Emory University: Digital Library Research Initiative, 1 January 2010): https://saylor.longsight.com/handle/1/12201; Lakshmi Iyer, 'Direct versus Indirect Colonial Rule in India: Long-Term Conse-quences', *The Review of Economics and Statistics* 92 (2010), 693–713; Adrian M. Lister, 'Natural History Collections as Sources of Long-Term Datasets', *Trends in Ecology & Evolution* 26 (2011),

153–4; Enric Tello and Marc Badía-Miró, 'Land-Use Profiles of Agrarian Income and Land Ownership Inequality in the Province of Barcelona in Mid-Nineteenth Century', January 2011: http://repositori.uji.es/xmlui/ handle/ 10234/20513; Patrick Manning, 'Historical Datasets on Africa and the African Atlantic', *Journal of Comparative Economics, Slavery, Colonialism and Institutions Around the World*, 40 (2012), 604–7; Colin F. Wilder, 'Teaching Old Dogs New Tricks: Four Motifs of Legal Change from Early Modern Europe', *History and Theory* 51 (2012), 18–41; G. S. J. Hawkins et al., 'Data Rescue and Re-Use: Recycling Old Information to Address New Policy Concerns', *Marine Policy* 42 (2013), 91–8.

（4） Edward Tufte, *The Visual Display of Quantitative Information*, 2nd edn (Cheshire, CT, 2001); Daniel Rosenberg and Anthony Grafton, *Cartographies of Time* (New York, 2010).

（5） Tomiko Yamaguchi and Craig K. Harris, 'The Economic Hegemonization of Bt Cotton Discourse in India', *Discourse & Society* 15 (2004), 467–91; Anabela Carvalho and Jacquelin Burgess, 'Cultural Circuits of Climate Change in UK Broadsheet Newspapers, 1985–2003', *Risk Analysis* 25 (2005), 1457–69; Francis L. F. Lee, Chin-Chuan Lee, and Nina Luzhou Li, 'Chinese Peasants in the Process of Economic Reform: An Analysis of *New York Times*'s and *Washington Post*'s Opinion Discourses, 1981–2008', *Communication, Culture & Critique* 4 (2011), 164–83; Alan Partington, 'The Changing Discourses on Antisemitism in the UK Press from 1993 to 2009: A Modern-Diachronic Corpus-Assisted Discourse Study', *Journal of Language and Politics* 11 (2012), 51–76; Bruno Turnheim and Frank W. Geels, 'Regime Destabilisation as the Flipside of Energy Transitions: Lessons from the History of the British Coal Industry (1913–1997)', *Energy Policy,* Special Section: Past and Prospective Energy Transitions—Insights from History, 50 (2012), 35–49.

（6） John Cook et al., 'Quantifying the Consensus on Anthropogenic Global Warming in the Scientific Literature', *Environmental Research Letters* 8 (2013): doi:10. 1088/1748–9326/8/2/024024.

（7） Brad Pasanek and D. Sculley, 'Mining Millions of Metaphors', *Literary and Linguistic Computing* 23 (2008), 345–60; D. Sculley and Bradley M. Pasanek, 'Meaning and Mining: The Impact of Implicit Assumptions in Data Mining for the Humanities', *Literary and Linguistic Computing* 23 (2008), 409–24; Frederick W. Gibbs and Daniel J. Cohen, 'A Conversation with Data: Prospecting Victorian Words and Ideas', *Victorian Studies* 54 (2011), 69–77; Joanna Guldi, 'The History of Walking and the Digital Turn: Stride and Lounge in London, 1808–1851', *The Journal of Modern History* 84 (2012), 116–44; Matthew Lee Jockers,

Macroanalysis: Digital Methods and Literary History (Urbana, 2013); Ted Underwood, 'We Don't Already Understand the Broad Outlines of Literary History', *The Stone and the Shell* 8 (2013): http://tedunderwood.com/2013/02/08/we-dont-already-know-the-broad- outlines-of-literary-history/.

（8） http://papermachines.org/; www.zotero.org/.

（9） Jo Guldi, *The Long Land War: A Global History of Land Reform, c. 1860–Present* (forthcoming).

（10） Daniel Rosenbergによるグーグル・ブックス・コーパスに関する研究はNグラムへの転回の理由がグーグル・ブックスのために選別された文書資料と多大な関係があることを示唆している。にもかかわらず，Nグラムは，英語，ドイツ語，フランス語，ロシア語，ヘブライ語を通じて現れる「ホロコースト」「ショアー」といった言葉の上昇を比較する，間大陸的，時間横断的な比較としてなお有効である。しかし，概して，抽出と総合の手段は，物語を語る他の手段も補充すれば，われわれに近代世界をもたらした基本的な事件や闘争についての知識を与えてくれる。Geoffrey Nunberg, 'Counting on Google Books', *Chronicle of Higher Education* (16 December 2010): http://chronicle. com/article/Counting-on-Google-Books/125735; Anthony Grafton, 'Loneliness and Freedom', *AHA Perspectives* (March 2011): www.historians.org/Perspectives/issues/2011/1103/1103pre1.cfm; Erez Aiden and Jean-Baptiste Michel, *Uncharted: Big Data as a Lens on Human Culture* (New York, 2013)［エレツ・エイデン／ジャン＝バティースト・ミシェル（阪本芳久訳）『カルチャロミクス――文化をビッグデータで計測する』草思社，2016］; Daniel Rosenberg, 'Data Before the Fact', in Lisa Gitelman (ed.), *'Raw Data' Is an Oxymoron* (Cambridge, MA, 2013), 15–40.

（11） Franco Moretti, Graphs, *Maps, Trees: Abstract Models for a Literary History* (New York, 2007); Ben Schmidt, *Sapping Attention*: http://sappingattention.blogspot.com/.

（12） http://books.google.com/ngrams; www.wordle.net/; http://papermachines.org/.

（13） デジタル分析に今利用できるポスト古典期のラテン語の10億の単語については，以下を参照。David Bamman and David Smith, 'Extracting Two Thousand Years of Latin from a Million Book Library', *Journal on Computing and Cultural Heritage* 5 (2012), 1–13.

（14） Michael Friendly, 'A.-M. Guerry's "Moral Statistics of France": Challenges for Multivariable Spatial Analysis', *Statistical Science* 22 (2007), 368–99; Friendly, 'A Brief History of Data Visualization', in Chun-houh Chen, Wolfgang Härdle, and Antony Unwin, *Handbook of Data Visualization* (Berlin, 2008), 15–56; Friendly, Matthew Sigal, and Derek Harnanansingh, 'The Milestones Project:

A Database for the History of Data Visualization' (2012): http://datavis.ca/papers/MilestonesPro- ject.pdf.

(15) Tim Hitchcock and Robert Shoemaker, 'Digitising History from Below: The Old Bailey Proceedings Online, 1674–1834', *History Compass* 4 (2006), 1–10: www.oldbaileyonline.org/; https://sites.google.com/site/ colinwilder/.

(16) Central Intelligence Agency, *Potential Implications of Trends in World Population, Food Production and Climate*, Report No. OPR-401 (Washington, DC, 1974); Crispin Tickell, *Climate Change and World Affairs* (Cambridge, MA, 1977), 64; Jill Williams (ed.), *Carbon Dioxide, Climate and Society* (Oxford, 1978); Council of Environmental Quality, *Global Energy Futures and the Carbon Dioxide Problem* (Washington, DC, 1981); Sheila Jasanoff, 'Image and Imagination: The Formation of Global Environmental Consciousness', in Clark Miller and Paul N. Edwards (eds.), *Changing the Atmosphere* (Cambridge, MA, 2001), 309–37; Paul N. Edwards, *A Vast Machine: Computer Models, Climate Data, and the Politics of Global Warming* (Cambridge, MA, 2010); Mike Hulme, 'Reducing the Future to Climate: A Story of Climate Determinism and Reductionism', *Osiris* 26 (2011), 245–66.

(17) G. van der Schrier *et al.*, 'A scPDSI-Based Global Data Set of Dry and Wet Spells for 1901–2009', *Journal of Geophysical Research: Atmospheres* 118 (2013), 4025–48.

(18) Benjamin S. Felzer, 'Carbon, Nitrogen, and Water Response to Climate and Land Use Changes in Pennsylvania During the 20th and 21st Centuries', *Ecological Modelling* 240 (2012), 49–63.

(19) C. J. Caseldine and C. Turney, 'The Bigger Picture: Towards Integrating Palaeoclimate and Environmental Data with a History of Societal Change', *Journal of Quaternary Science* 25 (2010), 88–93.

(20) Joseph A. Tainter, 'Energy, Complexity, and Sustainability: A Historical Perspective', *Environmental Innovation and Societal Transitions* 1 (2011), 89–95; Geoffrey Parker, *Global Crisis: War, Climate Change and Catastrophe in the Seventeenth Century* (New Haven, 2013); Harry Verhoeven, 'Climate Change, Conflict and Development in Sudan: Global Neo-Malthusian Narratives and Local Power Struggles', *Development and Change* 42 (2011), 679–707.

(21) www.eia.gov/totalenergy/data/annual/; http://data.un.org/; www.euromonitor.com; www.imf.org/external/pubs/cat/longres.cfm?sk¼18674.0.

(22) Robert C. Allen *et al.*, 'Preliminary Global Price Comparisons, 1500–1870', paper presented at the *XIII Congress of the International Economic History Association, Buenos Aires* (July 22–26), 2002: www.iisg.nl/hpw/papers/lindert.pdf; Livio Di Matteo, 'The Effect of Religious Denomination on Wealth: Who

Were the Truly Blessed?', *Social Science History* 31 (2007), 299–341; Kunkel *et al.*, 'Trends in Twentieth-Century US Snowfall', 33–44; W. Bradford Wilcox *et al.*, 'No Money, No Honey, No Church: The Deinstitutionalization of Religious Life Among the White Working Class', *Research in the Sociology of Work* 23 (2012), 227–50; Tobias Preis *et al.*, 'Quantifying the Behavior of Stock Correlations Under Market Stress', *Scientific Reports* 2 (2012); Carles Boix, Michael Miller, and Sebastian Rosato, 'A Complete Data Set of Political Regimes, 1800–2007', *Comparative Political Studies* 46 (2013), 1523–54; Peter H. Lindert and Jeffrey G. Williamson, 'American Incomes Before and After the Revolution', *The Journal of Economic History* 73 (2013), 725–65.

(23) Allen *et al.*, 'Preliminary Global Price Comparisons, 1500–1870'; Konstantinos M. Andreadis *et al.*, 'Twentieth-Century Drought in the Conterminous United States', *Journal of Hydrometeorology* 6 (2005), 985–1001; Kees Klein Goldewijk, 'Three Centuries of Global Population Growth: A Spatial Referenced Population (Density) Database for 1700–2000', *Population and Environment* 26 (2005), 343–67; Kyle F. Davis et al., 'Global Spatio-Temporal Patterns in Human Migration: A Complex Network Perspective', *PLoS ONE* 8 (2013): e53723; Manning, 'Historical Datasets on Africa and the African Atlantic', 604–7; Zeev Maoz and Errol A. Henderson, 'The World Religion Dataset, 1945–2010: Logic, Estimates, and Trends', *International Interactions* 39 (2013), 265–91.

(24) David Eltis and David Richardson, *Atlas of the Transatlantic Slave Trade* (New Haven, 2010)［デイヴィッド・エルティス／デイヴィッド・リチャードソン（増井志津代訳）『環大西洋奴隷貿易歴史地図』東洋書林，2012］: www.slavevoyages.org/tast/index.faces.

(25) Blair, *Too Much to Know*, 2, は「情報化時代」という言葉の発明は以下でなされたとしている。Fritz Machlup, *The Production and Distribution of Knowledge in the United States* (Princeton, NZ, 1962).

(26) Robert William Fogel and Stanley L. Engerman, 'The Relative Efficiency of Slavery: A Comparison of Northern and Southern Agriculture in 1860', *Explorations in Economic History* 8 (1971), 353–67; Fogel and Engerman, *Time on the Cross: The Economics of American Negro Slavery* (Boston, 1974)［R. W. フォーゲル／S. L. エンガマン（田口芳弘・榊原胖夫・渋谷昭彦訳）『苦難のとき ── アメリカ・ニグロ奴隷制の経済学』創文社，1981］; Fogel, 'The Limits of Quantitative Methods in History', *The American Historical Review* 80 (1975), 329–50; Herbert G. Gutman, *Slavery and the Numbers Game: A Critique of Time on the Cross* (Urbana, 1975); Samuel P. Hays, 'Scientific versus Traditional History: The Limitations of the Current Debate', *Historical Methods: A Journal of Quantitative and Interdisciplinary History* 17 (1984), 75–8; Fogel, *The Slavery Debates,*

1952–1990: A Retrospective (Baton Rouge, LA, 2003).

(27) Christopher Dyer, 'Poverty and Its Relief in Late Medieval England', *Past & Present* 216 (2012), 41–78. 検認記録を使った他の実証研究も，19世紀の富豪が選択した宗派を分析している。

(28) Thomas N. Maloney, 'Migration and Economic Opportunity in the 1910s: New Evidence on African-American Occupational Mobility in the North', *Explorations in Economic History* 38 (2001), 147–65; Maloney, 'Ghettos and Jobs in History: Neighborhood Effects on African American Occupational Status and Mobility in World War I- Era Cincinnati', *Social Science History* 29 (2005), 241–67.

(29) J. Foweraker and R. Krznaric, 'How to Construct a Database of Liberal Democratic Performance', *Democratization* 8 (2001), 1–25; Scott Gates *et al.*, 'Institutional Inconsistency and Political Instability: Polity Duration, 1800–2000', *American Journal of Political Science* 50 (2006), 893–908; Lee B. Becker, Tudor Vlad, and Nancy Nusser, 'An Evaluation of Press Freedom Indicators', *International Communication Gazette* 69 (2007), 5–28.

(30) Sara McLaughlin *et al.*, 'Timing the Changes in Political Structures: A New Polity Database', *The Journal of Conflict Resolution* 42 (1998), 231–42; Tatu Vanhanen, 'A New Dataset for Measuring Democracy, 1810–1998', *Journal of Peace Research* 37 (2000), 251–65; Nils Petter Gleditsch *et al.*, 'Armed Conflict 1946–2001: A New Dataset', *Journal of Peace Research* 39 (2002), 615–37; Andreas Wimmer and Brian Min, 'The Location and Purpose of Wars Around the World: A New Global Dataset, 1816–2001', *International Interactions* 35 (2009), 390–417; Michael A. Elliott, 'The Institutional Expansion of Human Rights, 1863–2003: A Comprehensive Dataset of International Instruments', *Journal of Peace Research* 48 (2011), 537–46.

(31) Jeffrey G. Williamson, *Winners and Losers over Two Centuries of Globalization* (National Bureau of Economic Research, 2002): www.nber.org. revproxy.brown.edu/papers/w9161; Peter H. Lindert and Jeffrey G.Williamson, 'Does Globalization Make the World More Unequal?', in *Globalization in Historical Perspective* (University of Chicago Press, 2003), 227–76: www.nber.org.revproxy.brown.edu/chapters/c9590.pdf; David R. Green *et al.*, *Men, Women, and Money: Perspectives on Gender, Wealth, and Investment 1850–1930* (Oxford, 2011); Emily R. Merchant, Brian Gratton, and Myron P. Gutmann, 'A Sudden Transition: Household Changes for Middle Aged US Women in the Twentieth Century', *Population Research and Policy Review* 31 (2012), 703–26; Peter H. Lindert and Jeffrey G. Williamson, *American Incomes 1774–1860* (National Bureau of Economic Research, 2012): www.nber.org. revproxy.brown.edu/papers/

w18396; John Parman, 'Good Schools Make Good Neighbors: Human Capital Spillovers in Early 20th Century Agriculture', *Explorations in Economic History* 49 (2012), 316–34; 'Intergenerational Occupational Mobility in Great Britain and the United States Since 1850: Comment', *The American Economic Review* 103 (2013), 2021–40; Jan Luiten van Zanden et al., 'The Changing Shape of Global Inequality 1820–2000; Exploring a New Dataset', *Review of Income and Wealth* 60 (2014), 279–97.

(32) Massimo A. Bollasina, Yi Ming, and V. Ramaswamy, 'Earlier Onset of the Indian Monsoon in the Late Twentieth Century: The Role of Anthropogenic Aerosols', *Geophysical Research Letters* 40 (2013), 3715–20.

(33) Aiguo Dai, Kevin E. Trenberth, and Taotao Qian, 'A Global Dataset of Palmer Drought Severity Index for 1870–2002: Relationship with Soil Moisture and Effects of Surface Warming', *Journal of Hydrometeorology* 5 (2004), 1117–30; Francisco Alvarez-Cuadrado and Markus Poschke, 'Structural Change Out of Agriculture: Labor Push versus Labor Pull', *American Economic Journal: Macroeconomics* 3 (2011), 127–58; Urs Gimmi, Thibault Lachat, and Matthias Bürgi, 'Reconstructing the Collapse of Wetland Networks in the Swiss Lowlands 1850–2000', *Landscape Ecology* 26 (2011), 1071–83; Hans de Moel, Jeroen C. J. H. Aerts, and Eric Koomen, 'Development of Flood Exposure in the Netherlands during the 20th and 21st Century', *Global Environmental Change, Special Issue on The Politics and Policy of Carbon Capture and Storage*, 21 (2011), 620–7; Tello and Badía-Miró, 'Land-Use Profiles of Agrarian Income and Land Ownership Inequality in the Province of Barcelona'; Benjamin S. Felzer, 'Carbon, Nitrogen, and Water Response to Climate and Land Use Changes in Pennsylvania During the 20th and 21st Centuries', *Ecological Modelling* 240 (2012), 49–63; Peter Sandholt Jensen and Tony Vittrup Sørensen, 'Land Inequality and Conflict in Latin America in the Twentieth Century', *Defence and Peace Economics* 23 (2012), 77–94; Robert H. Bates and Steven A. Block, 'Revisiting African Agriculture: Institutional Change and Productivity Growth', *The Journal of Politics* 75 (2013), 372–84.

(34) Amartya Sen, *Poverty and Famines: An Essay on Entitlement and Deprivation* (Oxford, 1981)［アマルティア・セン（黒崎卓・山崎幸治訳）『貧困と飢饉』岩波書店, 2000］.

(35) Álvaro Franco, Carlos Álvarez-Dardet, and Maria Teresa Ruiz, 'Effect of Democracy on Health: Ecological Study', *British Medical Journal* 329 (2004), 1421–3.

(36) M. Rodwan Abouharb and Anessa L. Kimball, 'A New Dataset on Infant Mortality Rates, 1816–2002', *Journal of Peace Research* 44 (2007), 743–54; Tanya

L. Blasbalg et al., 'Changes in Consumption of Omega-3 and Omega-6 Fatty Acids in the United States During the 20th Century', *The American Journal of Clinical Nutrition* 93 (2011), 950–62; Jean M. Twenge, 'Generational Differences in Mental Health: Are Children and Adolescents Suffering More, or Less?', *The American Journal of Orthopsychiatry* 81 (2011), 469–72; Johan P. Mackenbach, Yannan Hu, and Caspar W. N. Looman, 'Democratization and Life Expectancy in Europe, 1960–2008', *Social Science & Medicine* 93 (2013), 166–75.

(37) Joerg Baten and Matthias Blum, 'Why Are You Tall While Others Are Short? Agricultural Production and Other Proximate Determinants of Global Heights', *European Review of Economic History* 18 (2014), 144–65.

(38) 'Declassification Engine': www.declassification-engine.org/.

(39) R. Rudy Higgens-Evenson, 'Financing a Second Era of Internal Improvements: Transportation and Tax Reform, 1890–1929', *Social Science History* 26 (2002), 623–51. Higgens-Evensonは以下のデータを使用。Richard Sylla, John B. Legler, and John Wallis, *Sources and Uses of Funds in State and Local Governments, 1790–1915* (機械読み取りが可能なデータ) (Ann Arbor, MI, 1995), はInteruniversity Consortium for Political and Social Research (ICPSR) にデータを保管した。

(40) http://landmatrix.org/en/about/.

(41) http://offshoreleaks.icij.org/search; https://wikileaks.org/; Nicholas Shaxson, *Treasure Islands: Tax Havens and the Men Who Stole the World* (London, 2011) [ニコラス・シャクソン (藤井清美訳)『タックスヘイブンの闇 ── 世界の富は盗まれている!』(朝日新聞出版, 2012)].

(42) Rosemary Randall, 'Loss and Climate Change: The Cost of Parallel Narratives', *Ecopsychology* 1 (2009), 118–29.

(43) Adrian M. Lister, 'Natural History Collections as Sources of Long-Term Datasets', *Trends in Ecology & Evolution* 26 (2011), 153–4; Ryan Tucker Jones, *Empire of Extinction: Russians and the North Pacific's Strange Beasts of the Sea, 1741–1867* (New York, 2014).

(44) http://seen.co/.

(45) https://www.recordedfuture.com/.

(46) Quentin Hardy, 'Crushing the Cost of Predicting the Future', Bits Blog, *The New York Times*: http://bits.blogs.nytimes.com/2011/11/17/crushing- the-cost-of-predicting-the-future/?_php=true&_type=blogs&_r=0.

(47) Stephan de SpiegeleireからJo Guldiへの私信 (2 January 2014)。

(48) Lea Berrang-Ford, James D. Ford, and Jaclyn Paterson, 'Are We Adapting to Climate Change?', *Global Environmental Change* 21 (2011), 25–33.

(49) Zachary Karabell, *The Leading Indicators: A Short History of the Numbers*

That Rule Our World (New York, 2014), 44.

(50) Tatu Vanhanen, 'A New Dataset Compared with Alternative Measurements of Democracy', in Hans-Joachim Lauth, Gert Pickel, and Christian Welzel (eds.), *Demokratiemessung: Konzepte und Befunde im internationalen Vergleich* (Wiesbaden, 2000), 184–206.

(51) Karabell, *The Leading Indicators*, 125, 130–5, 147–9.

(52) Richard Grove and Vinita Damodaran, 'Imperialism, Intellectual Networks, and Environmental Change: Unearthing the Origins and Evolution of Global Environmental History', in Sverker Sörlin and Paul Warde (eds.), *Nature's End: History and the Environment* (Basingstoke, 2009), 23–49; Sörlin and Warde, 'The Problem of the Problem of Environmental History: A Re-Reading of the Field', *Environmental History* 12 (2007), 107–30.

(53) Harold Perkin, *The Third Revolution: Professional Elites in the Modern World* (London, 1996); Max Weber, Science as a Vocation (1917) [マックス・ウェーバー（尾高邦雄訳）『職業としての学問』岩波文庫，1936，改訳，1980], in Weber, *The Vocation Lectures* (ed.) David Owen and Tracy B. Strong (Indianapolis, 2004), 1–31.

(54) Frédéric Lebaron, 'Economists and the Economic Order: The Field of Economists and the Field of Power in France', *European Societies* 3 (2001), 91–110; Stephen Turner, 'What Is the Problem with Experts?', *Social Studies of Science* 31 (2001), 123–49.

(55) Karl R. Popper, *The Poverty of Historicism* (New York, 1961) [カール・R. ポパー（久野収・市井三郎訳）『歴史主義の貧困 ―― 社会科学の方法と実践』中央公論社，1961]; Hayden White, *Metahistory: The Historical Imagination in Nineteenth-Century Europe* (Baltimore, 1975).

(56) Alberto Alesina, Paola Giuliano, and Nathan Nunn, 'On the Origins of Gender Roles: Women and the Plough', *The Quarterly Journal of Economics* 128 (2013), 469–530.

(57) Diego Comin, William Easterly, and Erik Gong, *Was the Wealth of Nations Determined in 1000 BC?* (National Bureau of Economic Research, 2006): www.nber.org/papers/w12657.ack. 以下も参照。Enrico Spolaore and Romain Wacziarg, *Long-Term Barriers to Economic Development* (National Bureau of Economic Research, 2013): www.nber.org/ papers/w19361.

(58) Boyd Hilton, *The Age of Atonement: The Influence of Evangelicalism on Social and Economic Thought, 1785–1865* (Oxford, 1992).

(59) Marshall Sahlins, *Stone Age Economics* (Chicago, 1972) [マーシャル・サーリンズ（山内昶訳）『石器時代の経済学』法政大学出版局，1984，新装版，2012]; David Graeber, *Toward an Anthropological Theory of Value: The False Coin of*

Our Own Dreams (New York, 2001); Graeber, 'A Practical Utopian's Guide to the Coming Collapse', *The Baffler* 22 (2013), 23–35.

(60) Geoffrey M. Hodgson, 'Darwin, Veblen and the Problem of Causality in Economics', *History and Philosophy of the Life Sciences* 23 (2001), 385–423.

(61) James Vernon, *Distant Strangers: How Britain Became Modern* (Berkeley, 2014), 133.

(62) この議論のもっとも公式の仮説は以下を参照。William H. Sewell, Jr, *Logics of History: Social Theory and Social Transformation* (Chicago, 2005); George Steinmetz, '"Logics of History" as a Framework for an Integrated Social Science', *Social Science History* 32 (2008), 535–53. 人新世に特に当てはまる一連のほかの原因としては，以下を参照。J. Donald Hughes, 'Three Dimensions of Environmental History', *Environment and History* 14 (2008), 319–30.

(63) 過去の多要因性と多様な未来の果てしなさの類似性を指摘する以下と比較せよ。David J. Staley, *History and Future: Using Historical Thinking to Imagine the Future* (Lanham, MD, 2007).

(64) 最近のいくつかの事例として，以下を参照。Helen Shenton, 'Virtual Reunification, Virtual Preservation and Enhanced Conservation', *Alexandria* 21 (2009), 33–45; David Zeitlyn, 'A Dying Art? Archiving Photographs in Cameroon', *Anthropology Today* 25 (2009), 23–6; Clifford Lynch, 'Defining a National Library in a Digital World: Dame Lynne Brindley at the British Library', *Alexandria* 23 (2012), 57–63; Jian Xu, 'A Digitization Project on Dongjing: Redefining Its Concept and Collection', *Microform and Digitization Review* 41 (2012), 83–6; Tjeerd de Graaf, 'Endangered Languages and Endangered Archives in the Russian Federation', in David Singleton, Joshua A. Fishman, Larissa Aronin, and Muiris Ó Laoire (eds.), *Current Multilingualism: A New Linguistic Dispensation* (Berlin, 2013), 279–96; John Edward Philips, 'The Early Issues of the First Newspaper in Hausa Gaskiya Ta Fi Kwabo, 1939–1945', *History in Africa* 41 (2014), 425–31.

(65) Simon Schama, 'If I Ruled the World', *Prospect* (21 August 2013): www.prospectmagazine.co.uk/magazine/if-i-ruled-the-world-september-2013-simon-schama/#.U7SBrKjXqBw.

結　論

(1) Sanford M. Jacoby, 'History and the Business School', *Labour History* 98 (2010), 212.

(2) Peter Suber, *Open Access* (Cambridge, MA, 2012); Martin Paul Eve, *Open Access and the Humanities: Contexts, Controversies and the Future* (Cambridge, 2014).

（3） Lynn Hunt, *Writing History in the Global Era* (New York, 2014), 120［ハント『グローバル時代の歴史学』，130頁］.
（4） James C. Scott, *The Art of Not Being Governed: An Anarchist History of Upland Southeast Asia* (New Haven, 2009)［ジェームズ・C・スコット（池田一人他訳）『ゾミア ── 脱国家の世界史』みすず書房，2013］.
（5） Matti Peltonen, 'Clues, Margins, and Monads: The Micro–Macro Link in Historical Research', *History and Theory* 40 (2001), 347–59; Marshall Sahlins, 'Structural Work: How Microhistories Become Macrohistories and Vice Versa', *Anthropological Theory* 5 (2005), 5–30.
（6） まさにこの方法を使った典型的作品で，ブローデルと長期持続に敬意を表するものとして，以下を参照。Saliha Belmessous, *Assimilation and Empire: Uniformity in French and British Colonies, 1541–1954* (Oxford, 2013). また，これと類似する長期持続の思想史における「時系列のコンテクスト理論」の構想としては，以下を参照。David Armitage, 'What's the Big Idea? Intellectual History and the Longue Durée', *History of European Ideas* 38 (2012), 493–507.
（7） Paul Carter, *The Road to Botany Bay: An Essay in Spatial History* (London, 1987), xxiii. Carter このイメージを James Boswell の『旅日記』から得ている。
（8） John Markoff and Verónica Montecinos, 'The Ubiquitous Rise of Economists', *Journal of Public Policy* 13 (1993), 37–68.
（9） http://republicofletters.stanford.edu/; Patricia Cohen, 'Humanities Scholars Embrace Digital Technology', *New York Times* (16 November 2010): www.nytimes.com/2010/11/17/arts/17digital.html; Cohen, 'Digitally Mapping the Republic of Letters', *New York Times Artsbeat Blog* (16 November 2010): http://artsbeat.blogs.nytimes.com/2010/11/16/digitally-mapping-the-republic-of-letters.
（10） Jerome de Groot, 'Empathy and Enfranchisement: Popular Histories', *Rethinking History* 10 (2006), 391–413.
（11） Andrew Davies and Julie-Marie Strange, 'Where Angels Fear to Tread: Academics, Public Engagement and Popular History', *Journal of Victorian Culture* 15 (2010), 268–79.
（12） Pamela Cox, 'The Future Uses of History', *History Workshop Journal* 75 (2013), 17–18.
（13） Craig Calhoun, 'Social Science for Public Knowledge', in Sven Eliaeson and Ragnvald Kalleberg (eds.), *Academics as Public Intellectuals* (Newcastle upon Tyne, 2008), 299–318.
（14） Fernand Braudel, 'Préface' (1946), in *La Méditerranée et le Monde méditerranéen à l'époque de Philippe II* (Paris, 1949), xiv［フェルナン・ブローデル（浜名優美訳）『地中海』第1巻，藤原書店，1991，23頁（訳を一部改めた）］.

(15)　J. Franklin Jameson, 'The Future Uses of History', *American Historical Review* 65 (1959), 70, quoted in Cox, 'The Future Uses of History', 18.

〈歴史・民族・文明〉

刀水歴史全書　92

これが歴史だ！　21世紀の歴史学宣言

2017年9月11日　初版1刷印刷
2017年9月19日　初版1刷発行

著　者　デイヴィッド・アーミテイジ
ジョー・グルディ

訳　者　平田雅博
細川道久

発行者　中村文江

発行所　株式会社　刀水書房

〒101-0065　東京都千代田区西神田2－4－1　東方学会本館
電話 03-3261-6190　FAX 3261-2234　振替00110-9-75805

印刷　亜細亜印刷株式会社
製本　株式会社ブロケード

 ISBN 978-4-88708-429-2 C1322

刀水歴史全書 —歴史・民族・文明—

四六上製　平均300頁　随時刊　(価格は税別)

1	樺山紘一 カタロニアへの眼 (新装版) 歴史・社会・文化 1979,2005(新装版)　000-X　四六上製　289頁＋口絵12頁　¥2300	西洋の辺境，文明の十字路カタロニアはいかに内戦を闘い，なぜピカソら美の巨人を輩出したか。カタロニア語を習い，バルセロナに住んで調査研究した歴史家によるカタロニア文明論
2	R.C.リチャードソン／今井　宏訳 イギリス革命論争史 1979　001-8　四六上製　353頁　¥2200	市民革命とは何であったか？　同時代人の主張から左翼の論客，現代の冷静な視線まで，革命研究はそれぞれの時代,立場を反映する。論者の心情をも汲んで著された類書のない学説史
3	山崎元一 インド社会と新仏教 アンベードカルの人と思想 〔付〕カースト制度と不可触民制 1979　*002-7　四六上製　275頁　¥2200	ガンディーに対立してヒンドゥーの差別と闘い，インドに仏教を復興した不可触民出身の政治家の生涯。日本のアンベードカル研究の原典であり，インドの差別研究のほとんど最初の一冊
4	G.バラクロウ編／木村尚三郎解説・宮島直機訳 新しいヨーロッパ像の試み 中世における東欧と西欧 1979　003-4　四六上製　258頁　¥2330	最新の中世史・東欧史の研究成果を背景に，ヨーロッパの直面する文明的危機に警鐘を鳴らした文明史家の広ヨーロッパ論。現代のヨーロッパの統一的傾向を最も早く洞察した名著。図版127点
5	W.ルイス，村上直次郎編／富田虎男訳訂 マクドナルド「日本回想記」 [再訂版]　インディアンの見た幕末の日本 1979　*005-8　四六上製　313頁　¥2200	日本をインディアンの母国と信じて密航した青年の日本観察記。混血青年を優しくあたたかく遇した幕末の日本と日本人の美質を評価。また幕末最初の英語教師として評価されて，高校英語教科書にものっている
6	J.スペイン／勝藤　猛・中川　弘訳 シルクロードの謎の民 パターン民族誌 1980　006-9　四六上製　306頁　¥2200	文明を拒否して部族の掟に生き，中央アジア国境地帯を自由に往来するアフガン・ゲリラの主体パターン人，かつてはイギリスを，近くはロシアを退けた反文明の遊牧民。その唯一のドキュメンタルな記録
7	B.A.トゥゴルコフ／加藤九祚解説・斎藤晨二訳 トナカイに乗った狩人たち 北方ツングース民族誌 1981　024-7　四六上製　253頁　¥2233	広大なシベリアのタイガを漂泊するエベンキ族の生態。衣食住，狩猟・遊牧生活から家族，氏族，原始文字，暦，シャーマン，宇宙観まで。ロシア少数民族の運命
8	G.サルガードー／松村　赳訳 エリザベス朝の裏社会 1985　060-3　四六上製　338頁　¥2500	シェイクスピアの戯曲や当時のパンフレット“イカサマ読物”“浮浪者文学”による華麗な宮廷文化の時代の裏面。スリ・盗賊・ペテン師などの活躍する新興の大都会の猥雑な現実

P.F.シュガー，I.J.レデラー 編／東欧史研究会訳

9 **東欧のナショナリズム**
歴史と現在
1981　025-5　四六上製　578頁　¥4800

東欧諸民族と諸国家の成立と現在を，19世紀の反トルコ・反ドイツ・反ロシアの具体的な史実と意識のうえに捉え，東欧紛争の現在の根源と今後の世界のナショナリズム研究に指針を与える大著

R.H.C.デーヴィス／柴田忠作訳

10 **ノルマン人**　[品切]
その文明学的考察
1981　027-1　四六上製　199頁　¥2233

ヨーロッパ中世に大きな足跡をのこしたヴァイキングの実像を文明史的に再評価し，ヨーロッパの新しい中世史を構築する第一人者の論究。ノルマン人史の概説として最適。図版70余点

中村寅一

11 **村の生活の記録**　（下）[品切]
(上)上伊那の江戸時代 (下)上伊那の明治・大正・昭和
1981　028-X　029-8　四六上製　195頁，310頁　¥1845　¥1800

村の中から村を描く。柳田・折口体験をへて有賀喜左衛門らとともに，民俗・歴史・社会学を総合した地域史をめざした信州伊那谷の先覚者の業績。中央に追従することなく，地域史として独立し得た数少ない例の一つ

岩本由輝

12 **ききき書き六万石の職人衆**
相馬の社会史
1980　010-7　四六上製　252頁　¥1800

相馬に生き残った100種の職人の聞き書き。歴史家と職人の心の交流から生れた明治・大正・昭和の社会史。旅職人から産婆，ほとんど他に見られない諸職が特に貴重

13　（欠番）

田中圭一

14 **天領佐渡**　（1）[品切]
(1)(2)村の江戸時代史 上・下 (3)島の幕末
1985　061-1，062-X，063-8　四六上製　(1)275頁 (2) 277頁 (3)　280頁　(1)(2) ¥2000 (3)¥2330

戦国末～維新のムラと村ビトを一次史料で具体的に追求し，天領の政治と村の構造に迫り，江戸～明治の村社会と日本を発展的にとらえる。民衆の活躍する江戸時代史として評価され，新しい歴史学の方向を示す

岩本由輝

15 **もう一つの遠野物語**　[追補版]
（付）柳田國男南洋委任統治資料六点
1994　＊130-7　四六上製　275頁　¥2200

水野葉舟・佐々木喜善によって書かれたもう一つの「遠野物語」の発見。柳田をめぐる人間関係，「遠野物語」執筆前後の事情から山人～常民の柳田学の変容を探る。その後の柳田学批判の先端として功績は大きい

森田安一

16 **スイス**　[三補版]
歴史から現代へ
1995　159-6　四六上製　304頁　¥2200

13世紀スイス盟約者団の成立から流血の歴史をたどり，理想の平和郷スイスの現実を分析して新しい歴史学の先駆と評価され，中世史家の現代史として，中世から現代スイスまでを一望のもとにとらえる

樺山紘一・賀集セリーナ・富永茂樹・鳴海邦碩

17 **アンデス高地都市**　[品切]
ラ・パスの肖像
1981　020-4　四六上製　図版多数　257頁　¥2800

ボリビアの首都ラ・パスに展開するスペイン，インディオ両文明の相克。歴史・建築・文化人類・社会学者の学際協力による報告。図版多数。若く多才な学者たちの協力の成功例の一つといわれる

A．ノーヴ／和田春樹・中井和夫訳　[品切]

18 **スターリンからブレジネフまで**

ソヴェト現代史

1983　043-3　四六上製　315頁　¥2427

スターリン主義はいかに出現し，いかなる性格のものだったか？　冷静で大胆な大局観をもつ第一人者による現代ソ連研究の基礎文献。ソ連崩壊よりはるか前に書かれていた先覚者の業績

19 （缺番）

増井經夫

20 **中国の歴史書**

中国史学史

1984　052-2　四六上製　298頁　¥2500

内藤湖南以後誰も書かなかった中国史学史。尚書・左伝から梁啓超，清朝野史大観まで，古典と現代史学の蘊蓄を傾けて，中国の歴史意識に迫る。自由で闊達な理解で中国学の世界に新風を吹きこむ。ようやく評価が高い

G．P．ローウィック／西川　進訳

21 **日没から夜明けまで**

アメリカ黒人奴隷制の社会史

1986　064-6　四六上製　299頁　¥2400

アメリカの黒人奴隷は，夜の秘密集会を持ち，祈り，歌い，逃亡を助け，人間の誇りを失わなかった。奴隷と奴隷制の常識をくつがえす新しい社会史。人間としての彼らを再評価するとともに，社会の構造自体を見なおすべき衝撃の書

山本　新著／神川正彦・吉澤五郎編

22 **周 辺 文 明 論**

欧化と土着

1985　066-2　四六上製　305頁　¥2200

文明の伝播における様式論・価値論を根底に，ロシア・日本・インド・トルコなど非西洋の近代化＝欧化と反西洋＝土着の相克から現代の文明情況まで。日本文明学の先駆者の業績として忘れ得ない名著

小林多加士

23 **中国の文明と革命**

現代化の構造

1985　067-0　四六上製　274頁　¥2200

万元戸，多国籍企業に象徴される中国現代の意味を文化大革命をへた中国の歴史意識の変革とマルキシズムの新展開に求める新中国史論

R．タカキ／富田虎男・白井洋子訳

24 **パ ウ ・ ハ ナ**

ハワイ移民の社会史

1986　071-9　四六上製　293頁　¥2400

ハワイ王朝末期に，全世界から集められたプランテーション労働者が，人種差別を克服して，ハワイ文化形成にいたる道程。著者は日系３世で，少数民族・多文化主義研究の歴史家として評価が高い

原田淑人

25 **古代人の化粧と装身具**

1987　076-X　四六上製　図版180余点　227頁　¥2200

東洋考古学の創始者，中国服飾史の開拓者による古代人の人間美の集成。エジプト・地中海，インド，中央アジアから中国・日本まで，正倉院御物に及ぶ美の伝播，唯一の概説書

E．ル・ロワ・ラデュリ／井上幸治・渡邊昌美・波木居純一訳

26 **モンタイユー**（上）（下）

ピレネーの村　1294～1324

(上)1990 (下)1991　＊086-7　＊125-3　四六上製　367頁 425頁　¥2800 ¥3301

中世南仏の一寒村の異端審問文書から，当時の農村生活を人類学的手法で描き，75年発刊以来，社会史ブームをまきおこしたアナール派第３世代の代表作。ピレネー山中寒村の，50戸，200人の村人の生活と心性の精細な描写

ダヴ・ローネン／浦野起央・信夫隆司訳

27 **自決とは何か**　［品切］

ナショナリズムからエスニック紛争へ

1988　095-6　四六上製　318頁　￥2800

自殺ではない。みずからを決定する自決。革命・反植民地・エスニック紛争など，近現代の激動を“自決 Self-determination への希求”で解く新たなる視角。人文・社会科学者の必読書

メアリ・プライア編著／三好洋子編訳

28 **結婚・受胎・労働**　［品切］

イギリス女性史1500～1800

1989　099-9　四六上製　270頁　￥2500

イギリス女性史の画期的成果。結婚・再婚・出産・授乳，職業生活・日常生活，日記・著作。実証的な掘り起こし作業によって現れる普通の女性たちの生活の歴史

M.I.フィンレイ／柴田平三郎訳

29 **民主主義―古代と現代**　［品切］

1991　118-9　四六上製　199頁　￥2816

古代ギリシア史の専門家が思想史として対比考察した古代・現代の民主主義。現代の形骸化した制度への正統なアカデミズムからの警鐘であり，民主主義の本質に迫る一書

木崎良平

30 **光太夫とラクスマン**

幕末日露交渉史の一側面

1992　134-0　四六上製　266頁　￥2524

ひろく史料を探索して見出した光太夫とラクスマンの実像。「鎖国三百年史観」をうち破る新しい事実の発見が，日本の夜明けを告げる。実証史学によってはじめて可能な歴史の本当の姿の発見

青木　豊

31 **和鏡の文化史**

水鑑から魔鏡まで

1992　139-1　四六上製　図版300余点　305頁　￥2500

水に顔を映す鏡の始まりから，その発達・変遷，鏡にまつわる信仰・民俗，十数年の蓄積による和鏡に関する知識体系化の試み。鏡に寄せた信仰と美の追求に人間の実像が現れる

Y.イチオカ／富田虎男・粂井輝子・篠田左多江訳

32 **一　世**

黎明期アメリカ移民の物語り

1992　141-3　四六上製　283頁　￥3301

人種差別と排日運動の嵐の中で，日本人留学生，労働者，売春婦はいかに生きたか。日系アメリカ人一世に関する初の本格的研究の始まり，その差別と苦悩と忍耐を見よ（著者は日系二世）

鄧　搏鵬／後藤均平訳

33 **越南義烈史**

抗仏独立運動の死の記録

1993　143-X　四六上製　230頁　￥3301

19世紀後半，抗仏独立闘争に殉じたベトナムの志士たちの略伝・追悼文集。反植民地・民族独立思想の原点（1918年上海で秘密出版）。東遊運動で日本に渡った留学生200人は，やがて日本を追われ，各地で母国の独立運動を展開して敗れ，つぎつぎと斃れるその記録

D.ジョルジェヴィチ, S.フィシャー・ガラティ／佐原徹哉訳

34 **バルカン近代史**

ナショナリズムと革命

1994　153-7　四六上製　262頁　￥2800

かつて世界の火薬庫といわれ，現在もエスニック紛争に明け暮れるバルカンを，異民族支配への抵抗と失敗する農民蜂起の連続ととらえる。現代は，過去の紛争の延長としてあり，一朝にして解決するようなものではない

C.メクゼーパー, E.シュラウト共編／瀬原義生監訳, 赤阪俊一・佐藤専次共訳

35 **ドイツ中世の日常生活**

騎士・農民・都市民

1995　＊179-6　四六上製　205頁　￥2800

ドイツ中世史家たちのたしかな目が多くの史料から読みとる新しい日常史。普通の“中世人”の日常と心性を描くが，おのずと重厚なドイツ史学の学風を見せて興味深い

神山四郎　［比較文明学叢書１］

36 **比較文明と歴史哲学**

1995　182-0　四六上製　257頁　￥2800

歴史哲学者による比較文明案内。歴史をタテに発展とみる旧来の見方に対し，ヨコに比較する多系文明の立場を推奨。ボシュエ，ヴィコ，イブン・ハルドゥーン，トインビーと文明学の流れを簡明に

神川正彦　［比較文明学叢書２］

37 **比較文明の方法**

新しい知のパラダイムを求めて

1995　184-7　四六上製　275頁　￥2800

地球規模の歴史的大変動の中で，トインビー以降ようやく高まる歴史と現代へのパースペクティヴ，新しい知の枠組み，学の体系化の試み。ニーチェ，ヴェーバー，シュペングラーを超えてトインビー，山本新にいたり，原理と方法を論じる

B.A.トゥゴルコフ／斎藤晨二訳

38 **オーロラの民**

ユカギール民族誌

1995　183-9　四六上製　220頁　￥2800

北東シベリアの少数民族人口1000人のユカギール人の歴史と文化。多数の資料と現地調査が明らかにするトナカイと犬ぞりの生活・信仰・言語。巻末に調査報告「ユカギール人の現在」

D.W.ローマックス／林　邦夫訳

39 **レコンキスタ**

中世スペインの国土回復運動

1996　180-4　四六上製　314頁　￥3300

克明に史実を追って，800年間にわたるイスラム教徒の支配からのイベリア半島奪還とばかりはいいきれない，レコンキスタの本格的通史。ユダヤ教徒をふくめ，三者の対立あるいは協力，複雑な800年の情勢に迫る

A.R.マイヤーズ／宮島直機訳

40 **中世ヨーロッパの身分制議会**

新しいヨーロッパ像の試み（2）

1996　186-3　四六上製　214頁　￥2800

各国の総合的・比較史的研究に基づき，身分制議会をカトリック圏固有のシステムととらえ，近代の人権思想もここから導かれるとする文化史的な画期的発見，その影響に注目が集まる。図写79点

M.ローランソン，J.E.シーヴァー／白井洋子訳

41 **インディアンに囚われた白人女性の物語**

1996　195-2　四六上製　274頁　￥2800

植民地時代アメリカの実話。捕虜となり生き残った２女性の見たインディアンの心と生活。牧師夫人の手記とインディアンの養女となった少女の生涯。しばしば不幸であった両者の関係を見なおすために

木崎良平

42 **仙台漂民とレザノフ**

幕末日露交渉史の一側面No.2

1997　198-7　四六上製　261頁　￥2800

日本人最初の世界一周と日露交渉。『環海異聞』などに現れる若宮丸の遭難と漂民16人の数奇な運命。彼らを伴って通商を迫ったロシア使節レザノフ。幕末日本の実相を歴史家が初めて追求した

U.イム・ホーフ／森田安一監訳，岩井隆夫・米原小百合・佐藤るみ子・黒澤隆文・踊共二共訳

43 **スイスの歴史**

1997　207-X　四六上製　308頁　￥2800

日本初の本格的スイス通史。ドイツ語圏でベストセラーを続ける好著の完訳。独・仏・伊のことばの壁をこえてバランスよくスイス社会と文化を追求，現在の政治情況に及ぶ

E.フリート／柴嵜雅子訳

44 **ナチスの陰の子ども時代**

あるユダヤ系ドイツ詩人の回想

1998　203-7　四六上製　215頁　￥2800

ナチスの迫害を逃れ，17歳の少年が単身ウィーンからロンドンに亡命する前後の数奇な体験を中心にした回想録。著者は戦後のドイツで著名なユダヤ系詩人で，本書が本邦初訳

今谷明・大濱徹也・尾形勇・樺山紘一・木畑洋一編

45 20世紀の歴史家たち

(1)日本編(上) (2)日本編(下) (5)日本編(続) (3)世界編(上) (4)世界編(下)

1997〜2006　四六上製　平均300頁　各￥2800

歴史家は20世紀をどう生きたか，歴史学はいかに展開したか。科学としての歴史学と人間としての歴史家，その生と知とを生々しく見つめようとする。書かれる歴史家と書く歴史家，それを読む読者と三者の生きた時代

日本編(上)　1997 211-8

1 徳富蘇峰（大濱徹也）
2 白鳥庫吉（窪添慶文）
3 鳥居龍蔵（中薗英助）
4 原勝郎（樺山紘一）
5 喜田貞吉（今谷　明）
6 三浦周行（今谷　明）
7 幸田成友（西垣晴次）
8 柳田國男（西垣晴次）
9 伊波普猷（高良倉吉）
10 今井登志喜（樺山紘一）
11 本庄栄治郎（今谷　明）
12 高群逸枝（栗原　弘）
13 平泉澄（今谷　明）
14 上原専祿（三木　亘）
15 野呂栄太郎（神田文人）
16 宮崎市定（礪波　護）
17 仁井田陞（尾形　勇）
18 大塚久雄（近藤和彦）
19 高橋幸八郎（遅塚忠躬）
20 石母田正（今谷　明）

日本編(下)　1999 212-6

1 久米邦武（田中　彰）
2 内藤湖南（礪波　護）
3 山路愛山（大濱徹也）
4 津田左右吉（大室幹雄）
5 朝河貫一（甚野尚志）
6 黒板勝美（石井　進）
7 福田徳三（今谷　明）
8 辻善之助（圭室文雄）
9 池内宏（武田幸男）
10 羽田亨（羽田　正）
11 村岡典嗣（玉懸博之）
12 田村栄太郎（芳賀　登）
13 山田盛太郎（伊藤　晃）
14 大久保利謙（由井正臣）
15 濱口重國（菊池英夫）
16 村川堅太郎（長谷川博隆）
17 宮本常一（西垣晴次）
18 丸山眞男（坂本多加雄）
19 和歌森太郎（宮田　登）
20 井上光貞（笹山晴生）

日本編(続)　2006 232-0

1 狩野直喜（戸川芳郎）
2 桑原隲蔵（礪波　護）
3 矢野仁一（挾間直樹）
4 加藤繁（尾形　勇）
5 中村孝也（中田易直）
6 宮地直一（西垣晴次）
7 和辻哲郎（樺山紘一）
8 一志茂樹（古川貞雄）
9 田中惣五郎（本間恂一）
10 西岡虎之助（西垣晴次）
11 岡正雄（大林太良）
12 羽仁五郎（斉藤　孝）
13 服部之總（大濱徹也）
14 坂本太郎（笹山晴生）
15 前嶋信次（窪寺紘一）
16 中村吉治（岩本由輝）
17 竹内理三（樋口州男）
18 清水三男（網野善彦）
19 江口朴郎（木畑洋一）
20 林屋辰三郎（今谷　明）

世界編(上)　1999 213-4

1 ピレンヌ（河原　温）
2 マイネッケ（坂井榮八郎）
3 ゾンバルト（金森誠也）
4 メネンデス・ピダール（小林一宏）
5 梁啓超（佐藤慎一）
6 トーニー（越智武臣）
7 アレクセーエフ（加藤九祚）
8 マスペロ（池田　温）
9 トインビー（芝井敬司）
10 ウィーラー（小西正捷）
11 カー（木畑洋一）
12 ウィットフォーゲル（鶴間和幸）
13 エリアス（木村靖二）
14 侯外廬（多田狷介）
15 ブローデル（浜名優美）
16 エーバーハルト（大林太良）
17 ウィリアムズ（川北　稔）
18 アリエス（杉山光信）
19 楊寛（高木智見）
20 クラーク（ドン・ベイカー 藤川隆男訳）
21 ホブズボーム（水田　洋）
22 マクニール（高橋　均）
23 ジャンセン（三谷　博）
24 ダニーロフ（奥田　央）
25 フーコー（福井憲彦）
26 デイヴィス（近藤和彦）
27 サイード（杉田英明）
28 タカキ，R．（富田虎男）

世界編(下)　2001 214-2

1 スタイン（池田　温）
2 ヴェーバー（伊藤貞夫）
3 バルトリド（小松久男）
4 ホイジンガ（樺山紘一）
5 ルフェーヴル（松浦義弘）
6 フェーヴル（長谷川輝夫）
7 グラネ（桐本東太）
8 ブロック（二宮宏之）
9 陳寅恪（尾形　勇）
10 顧頡剛（小倉芳彦）
11 カントロヴィッチ（藤田朋久）
12 ギブ（湯川　武）
13 ゴイテイン（湯川　武）
14 ニーダム（草光俊雄）
15 コーサンビー（山崎利男）
16 フェアバンク（平野健一郎）
17 モミリアーノ（本村凌二）
18 ライシャワー（W.スティール）
19 陳夢家（松丸道雄）
20 フィンリー（桜井万里子）
21 イナルジク（永田雄三）
22 トムスン（近藤和彦）
23 グレーヴィチ（石井規衛）
24 ル・ロワ・ラデュリ（阿河雄二郎）
25 ヴェーラー（木村靖二）
26 イレート（池端雪浦）

戸上 一

46 千 利 休

ヒト・モノ・カネ

1998 ＊210-6 四六上製 212頁 ￥2000

高価な茶道具にまつわる美と醜の世界を視野に入れぬ従来の利休論にあきたらぬ筆者が，書き下ろした利休の実像。モノの美とそれにまつわるカネの醜に対決する筆者の気迫に注目

大濱徹也

47 日本人と戦争

歴史としての戦争体験

2002 220-7 四六上製 280頁 ￥2400

幕末，尊皇攘夷以来，日本は10年ごとの戦争で大国への道をひた走った。やがて敗戦。大東亜戦争は正義か不正義かは鏡の表と裏にすぎないかもしれない。日本人の“戦争体験”が民族共有の記憶に到達するのはいつか？

K. B. ウルフ／林 邦夫訳

48 コルドバの殉教者たち

イスラム・スペインのキリスト教徒

1998 226-6 四六上製 214頁 ￥2800

9世紀，イスラム時代のコルドバで，49人のキリスト教徒がイスラム教を批難して首をはねられた。かれらは極刑となって殉教者となることを企図したのである。三つの宗教の混在するスペインの不思議な事件である

U. ブレーカー／阪口修平・鈴木直志訳

49 スイス傭兵ブレーカーの自伝

2000 240-1 四六上製 263頁 ￥2800

18世紀スイス傭兵の自伝。貧農に生まれ，20歳で騙されてプロイセン軍に売られ，軍隊生活の後，七年戦争中に逃亡。彼の生涯で最も劇的なこの時期の記述は，近代以前の軍隊生活を知る類例のない史料として注目

田中圭一

50 日本の江戸時代

舞台に上がった百姓たち

1999 ＊233-5 四六上製 259頁 ￥2400

日本の古い体質のシンボルである江戸時代封建論に真向から挑戦する江戸近代論。「検地は百姓の土地私有の確認である」ことを実証し，一揆は幕府の約束違反に対するムラの抗議だとして，日本史全体像の変革を迫る

平松幸三編

2001年度 沖縄タイムス出版文化賞受賞

51 沖縄の反戦ばあちゃん

松田カメ口述生活史

2001 242-8 四六上製 199頁 ￥2000

沖縄に生まれ，内地で女工，結婚後サイパンへ出稼いで，戦争に巻込まれる。帰郷して米軍から返却された土地は騒音下。嘉手納基地爆音訴訟など反戦平和運動の先頭に立ったカメさんの原動力は理屈ではなく，生活体験だ

52 （缺番）

原田勝正

53 日本鉄道史

技術と人間

2001 275-4 四六上製 488頁 ￥3300

幕末維新から現代まで，日本の鉄道130年の発展を，技術の進歩がもつ意味を社会との関わりの中に確かめながら，改めて見直したユニークな技術文化史

J. キーガン／井上堯裕訳

54 戦争と人間の歴史

人間はなぜ戦争をするのか？

2000 264-9 四六上製 205頁 ￥2000

人間はなぜ戦争をするのか？ 人間本性にその起源を探り，国家や個人と戦争の関わりを考え，現実を見つめながら「戦争はなくなる」と結論づける。原本は豊かな内容で知られるＢＢＣ放送の連続講演（1998年）

M.シェーファー／大津留厚監訳・永島とも子訳

55 **エリザベート—栄光と悲劇**

2000 265-7 四六上製 183頁 ￥2000

ハプスブルク朝の皇后“シシー”の生涯を内面から描く。美貌で頭が良く，自信にあふれ，決断力を持ちながらも孤独に苦しんでいた。従来の映画や小説では得られない“変革の時代”に生きた高貴な人間像

地中海学会編

56 **地中海の暦と祭り**

2002 230-4 四六上製 285頁 ￥2500

季節の巡行や人生・社会の成長・転変に対応する祭は暦や時間と深く連関する。その暦と祭を地中海世界の歴史と地域の広がりの中でとらえ，かつ現在の祭慣行や暦制度をも描いた，歴史から現代までの「地中海世界案内」

堀　敏一

57 **曹　　操**

三国志の真の主人公

2001 ＊283-0 四六上製 220頁 ￥2800

諸葛孔明や劉備の活躍する『三国志演義』はおもしろいが，小説であって事実ではない。中国史の第一人者が慎重に選んだ“事実は小説よりも奇”で，人間曹操と三国時代が描かれる

P.ブラウン／宮島直機訳

58 **古代末期の世界** ［改訂新版］

ローマ帝国はなぜキリスト教化したか

2002 ＊354-7 四六上製 233頁 ￥2800

古代末期を中世への移行期とするのではなく独自の文化的世界と見なす画期的な書。鬼才P.ブラウンによる「この数十年の間で最も影響力をもつ歴史書！」(書評から)

宮脇淳子

59 **モンゴルの歴史**

遊牧民の誕生からモンゴル国まで

2002 ＊244-1 四六上製 295頁 ￥2800

紀元前1000年に，中央ユーラシア草原に遊牧騎馬民が誕生してから，20世紀末年のモンゴル系民族の現状までを1冊におさめた，本邦初の通史

永井三明

60 **ヴェネツィアの歴史**

共和国の残照

2004 285-1 四六上製 270頁 ￥2800

1797年「唐突に」姿を消した共和国。ヴェネツィアの1000年を越える歴史を草創期より説き起こす。貴族から貧困層まで，人々の心の襞までわけ入り描き出される日々の生活，etc. ヴェネツィア史の第一人者による書き下ろし

H.バイアス／内山秀夫・増田修代訳

61 **敵　国　日　本**

太平洋戦争時，アメリカは日本をどう見たか？

2001 286-X 四六上製 215頁 ￥2000

パールハーバーからたった70日で執筆・出版され，アメリカで大ベストセラーとなったニューヨークタイムズ記者の日本論。天皇制・政治経済・軍隊から日本人の心理まで，アメリカは日本人以上に日本を知っていた……

伊東俊太郎　［比較文明学叢書 3］

62 **文明と自然**

対立から統合へ

2002 293-2 四六上製 256頁 ￥2400

かつて西洋の近代科学は，文明が利用する対象として自然を破壊し，自然は利用すべき資源でしかなかった。いま「自から然る」自然が，生々発展して新しい地球文明が成る。自然と文明の統合の時代である

P.V.グロブ／荒川明久・牧野正憲訳

63 **甦る古代人**

デンマークの湿地埋葬

2002 298-3 四六上製 191頁 ￥2500

デンマーク，北ドイツなど北欧の寒冷な湿地帯から出土した，生々しい古代人の遺体（約700例）をめぐる“謎”の解明。原著の写真全77点を収録した，北欧先史・古代史研究の基本図書

大濱徹也

64 **庶民のみた日清・日露戦争**

帝国への歩み

2003　316-5　四六上製　265頁　￥2200

明治維新以後10年ごとの戦争に明けくれた日本人の戦争観・時代観を根底に，著者は日本の現代を描こうとする。庶民の皮膚感覚に支えられた生々しい日本の現代史像に注目が集まる。『明治の墓標』改題

喜安　朗

65 **天皇の影をめぐるある少年の物語**

戦中戦後私史

2003　312-2　四六上製　251頁　￥2200

第二次大戦の前後を少年から青年へ成長した多くの日本人の誰もが見た敗戦から復興の光景を，今あらためて注視する少年の感性と歴史家の視線。変転する社会状況をくぐりぬけて今現われた日本論

スーザン・W. ハル／佐藤清隆・滝口晴生・菅原秀二訳

66 **女は男に従うもの？**

近世イギリス女性の日常生活

2003　315-7　四六上製　285頁　￥2800

16〜17世紀，女性向けに出版されていた多くの結婚生活の手引書や宗教書など（著者は男性）を材料に，あらゆる面で制約の下に生きていた女性達の日常を描く（図版多数集録）

G .スピーニ／森田義之・松本典昭訳

67 **ミケランジェロと政治**

メディチに抵抗した《市民＝芸術家》

2003　318-1　四六上製　181頁　￥2500

フィレンツェの政治的激動期，この天才芸術家が否応なく権力交替劇に巻き込まれながらも，いかに生き抜いたか？　ルネサンス美術史研究における社会史的分析の先駆的議論。ミケランジェロとその時代の理解のために

金七紀男

68 **エンリケ航海王子**

大航海時代の先駆者とその時代

2004　322-X　四六上製　232頁　￥2500

初期大航海時代を導いたポルトガルの王子エンリケは，死後理想化されて「エンリケ伝説」が生れる。本書は，生身で等身大の王子とその時代を描く。付録に「エンリケ伝説の創出」「エンリケの肖像画をめぐる謎」の２論文も

H .バイアス／内山秀夫・増田修代訳

69 **昭和帝国の暗殺政治**

テロとクーデタの時代

2004　314-9　四六上製　341頁　￥2500

戦前，『ニューヨーク・タイムズ』の日本特派員による，日本のテロリズムとクーデタ論。記者の遭遇した5.15事件や2.26事件を，日本人独特の前近代的心象と見て，独自の日本論を展開する。『敵国日本』の姉妹篇

E . L .ミューラー／飯野正子監訳

70 **祖国のために死ぬ自由**

徴兵拒否の日系アメリカ人たち

2004　331-9　四六上製　343頁　￥3000

第二次大戦中，強制収容所に囚われた日系２世は，市民権と自由を奪われながら徴兵された。その中に，法廷で闘って自由を回復しアメリカ人として戦う道を選んだ人々がいた。60年も知られなかった日系人の闘いの記録

松浦高嶺・速水敏彦・高橋　秀

71 **学　生　反　乱**

—1969—　立教大学文学部

2005　335-1　四六上製　281頁　￥2800

1960年代末，世界中を巻きこんだ大学紛争。学生たちの要求に真摯に向合い，かつ果敢に闘った立教大学文学部の教師たち。35年後の今，闘いの歴史はいかに継承されているか？

神川正彦　［比較文明学叢書 5］

72 **比較文明文化への道**

日本文明の多元性

2005　343-2　四六上製　311頁　￥2800

日本文明は中国のみならずアイヌや琉球を含め，多くの文化的要素を吸収して成立している。その文化的要素を重視して“文明文化”を一語として日本を考える新しい視角

藤川隆男編
73 **白人とは何か？**
ホワイトネス・スタディーズ入門
2005　＊346-2　四六上製　257頁　￥2200

近年欧米で急速に拡大している「白人性研究」を日本で初めて本格的に紹介。差別の根源「白人」を人類学者が未開の民族を見るように研究の俎上に載せ，社会的・歴史的な存在である事を解明する多分野17人が協力

W. フライシャー／内山秀夫訳
74 **太平洋戦争にいたる道**
あるアメリカ人記者の見た日本
2006　349-1　四六上製　273頁　￥2800

昭和初・中期の日本が世界の動乱に巻込まれていくさまを，アメリカ人記者の眼で冷静に見つめる。世界の動きを背景に，日本政府の情勢分析の幼稚とテロリズムを描いて，小社既刊『敵国日本』と対をなす必読日本論

白井洋子
75 **ベトナム戦争のアメリカ**
もう一つのアメリカ史
2006　352-1　四六上製　258頁　￥2500

「インディアン虐殺」の延長線上にベトナム戦争を位置づけ，さらに，ベトナム戦没者記念碑「黒い壁」とそれを訪れる人々の姿の中にアメリカの歴史の新しい可能性を見る。「植民地時代の先住民研究」専門の著者だからこその視点

L. カッソン／新海邦治訳
76 **図書館の誕生**
古代オリエントからローマへ
2007　＊356-1　四六上製　222頁　￥2300

古代の図書館についての最初の包括的研究。紀元前３千年紀の古代オリエントの図書館の誕生から，図書館史の流れを根本的に変えた初期ビザンツ時代まで。碑文，遺跡の中の図書館の遺構，墓碑銘など多様な資料は語る

英国王立国際問題研究所／坂井達朗訳
77 **敗北しつつある大日本帝国**
日本敗戦７ヵ月前の英国王立研究所報告
2007　＊361-5　四六上製　253頁　￥2700

対日戦略の一環として準備された日本分析。極東の後進国日本が世界経済・政治の中に進出，ファシズムの波にのって戦争を遂行する様を冷静に判断。日本文化社会の理解は，戦中にも拘わらず的確で大英帝国の底力を見る

史学会編
78 **歴史の風**
2007　＊369-1　四六上製　295頁　￥2800

『史学雑誌』連載の歴史研究者によるエッセー「コラム 歴史の風」を１巻に編集。1996年の第１回「歴史学雑誌に未来から風が吹く」（樺山紘一）から昨2006年末の「日本の歴史学はどこに向かうのか」（三谷 博）まで11年間55篇を収載

青木 健
79 **ゾロアスター教史**
古代アーリア・中世ペルシア・現代インド
2008　＊374-5　四六上製　308頁　￥2800

本邦初の書下ろし。謎の多い古代アーリア人の宗教，サーサーン朝国教としての全盛期，ムスリム支配後のインドで復活，現代まで。世界諸宗教への影響，ペルシア語文献の解読，ソグドや中国の最新研究成果が注目される

城戸 毅
80 **百 年 戦 争**
中世末期の英仏関係
2010　＊379-0　四六上製　373頁　￥3000

今まで我が国にまとまった研究もなく，欧米における理解からずれていたこのテーマ。英仏関係及びフランスの領邦君主諸侯間の関係を通して，戦争の前史から結末までを描いた，本邦初の本格的百年戦争の全体像

R. オズボン／佐藤 昇訳
81 **ギリシアの古代**
歴史はどのように創られるか？
2011　＊396-7　四六上製　261頁　￥2800

最新の研究成果から古代ギリシア史研究の重要トピックに新しい光を当て，歴史学的な思考の方法，「歴史の創り方」を入門的に，そして刺戟的に紹介する。まずは「おなじみ」のスポーツ競技，円盤投げの一場面への疑問から始める

藤川隆男

82 **人種差別の世界史**

白人性とは何か？

2011　＊398-1　四六上製　274頁　￥2300

差別と平等が同居する近代世界の特徴を，身近な問題（ファッション他）を取り上げながら，前近代との比較を通じて検討。人種主義と啓蒙主義の問題，白人性とジェンダーや階級の問題などを，世界史的な枠組で解明かす

Ch. ビュヒ／片山淳子訳

83 **もう一つのスイス史**

独語圏・仏語圏の間の深い溝

2012　＊395-0　四六上製　246頁　￥2500

スイスは，なぜそしていかに，多民族国家・多言語国家・多文化国家になったのか，そのため生じた問題にいかに対処してきたか等々。独仏両言語圏の間の隔たりから語る，今までに無い「いわば言語から覗くスイスの歴史」

坂井榮八郎

84 **ドイツの歴史百話**

2012　＊407-0　四六上製　330頁　￥3000

「ドイツ史の語り部」を自任する著者が，半世紀を超える歴史家人生で出会った人，出会った事，出会った本，そして様ざまな歴史のエピソードなどを，百のエッセイに紡いで時代順に語ったユニークなドイツ史

田中圭一

85 **良寛の実像**

歴史家からのメッセージ

2013　＊411-7　四六上製　239頁　￥2400

捏造された「家譜」・「自筆過去帳」や無責任な小説や教訓の類いが，いかに良寛像を過らせたか！　良寛を愛し，良寛の眞実を求め，人間良寛の苦悩を追って，その実像に到達した，唯一，歴史としての良寛伝が本書である

A. ジョティシュキー／森田安一訳

86 **十字軍の歴史**

2013　＊388-2　四六上製　480頁　￥3800

カトリック対ギリシア東方正教対イスラームの抗争という，従来の東方十字軍の視点だけではなく，レコンキスタ・アルビショワ十字軍・ヴェンデ十字軍なども叙述，中世社会を壮大な絵巻として描いた十字軍の全体史

W. ベーリンガー／長谷川直子訳

87 **魔女と魔女狩り**

2014　＊413-1　四六上製　480頁　￥3500

ヨーロッパ魔女狩りの時代の総合的な概説から，現代の魔女狩りに関する最新の情報まで，初めての魔女の世界史。魔女狩りの歴史の考察から現代世界を照射する問題提起が鋭い。110頁を超える索引・文献・年表も好評

J.＝C. シュミット／小池寿子訳

88 **中世の聖なるイメージと身体**

キリスト教における信仰と実践

2015　＊380-6　四六上製　430頁　￥3800

中世キリスト教文明の中心テーマ！　目に見えない「神性」にどのように「身体」が与えられたか，豊富な具体例で解き明かす。民衆の心性を見つめて歴史人類学という新しい地平を開拓したシュミットの，更なる到達点

W. D. エアハート／白井洋子訳

89 **ある反戦ベトナム帰還兵の回想**

2015　＊420-9　四六上製　480頁　￥3500

詩人で元米国海兵隊員の著者が，ベトナム戦争の従軍体験と，帰還後に反戦平和を訴える闘士となるまでを綴った自伝的回想の記録三部作第二作目 *Passing Time* の全訳。「小説ではないがそのようにも読める」(著者まえがき)

岩崎　賢

90 **アステカ王国の生贄の祭祀**

血・花・笑・戦

2015　＊423-0　四六上製　202頁　￥2200

古代メキシコに偉大な文明を打ち立てたアステカ人の宗教的伝統の中心＝生贄の祭りのリアリティに，古代語文献，考古学・人類学史料及び厳選した図像史料を駆使して肉迫する。本邦ではほとんど他に例のない大胆な挑戦

藤川隆男

91 妖獣バニヤップの歴史

オーストラリア先住民と白人侵略者のあいだで

2016　＊431-5　四六上製　300頁＋カラー口絵8頁　￥2300

バニヤップはオーストラリア先住民に伝わる水陸両生の幻の生き物。イギリスの侵略が進むなか，白人入植者の民話としても取り入れられ，著名な童話のキャラクターとなる。この動物の記録を通して語るオーストラリア史

ジョー・グルディ＆D. アーミテイジ／平田雅博・細川道久訳

92 これが歴史だ！

21世紀の歴史学宣言

2017　＊429-2　四六上製　250頁　￥2500

気候変動を始め現代の難問を長期的に捉えるのが歴史家本来の仕事。短期の視点が台頭する今，長期の視点の重要性の再認識を主張。歴史学研究の流れから，膨大な史料データ対応の最新デジタル歴史学の成果までを本書に

杉山博久

93 直良信夫の世界

20世紀最後の博物学者

2016　＊430-8　四六上製　300頁　￥2500

考古学，古人類学，古生物学，現生動物学，先史地理学，古代農業……。最後の博物学者と評されたその研究領域を可能な限り辿り，没後30年に顕彰。「明石原人」に関わる諸見解も紹介し、今後の再評価が期待される